# 中华译学馆

莫言题

中华译学馆宗旨

以中华为根，译与学并重，
弘扬优秀文化，促进中外交流，
拓展精神疆域，驱动思想创新

丁酉年冬月许钧撰 罗卫东书

中華譯學館·中华翻译家代表性译文库

许　钧　郭国良／总主编

# 梁宗岱 卷

黄建华／编

ZHEJIANG UNIVERSITY PRESS
浙江大学出版社

# 总　序

　　考察中华文化发展与演变的历史，我们会清楚地看到翻译所起到的特殊作用。梁启超在谈及佛经翻译时曾有过一段很深刻的论述："凡一民族之文化，其容纳性愈富者，其增展力愈强，此定理也。我民族对于外来文化之容纳性，惟佛学输入时代最能发挥。故不惟思想界生莫大之变化，即文学界亦然。"①

　　今年是五四运动一百周年，以梁启超的这一观点去审视五四运动前后的翻译，我们会有更多的发现。五四运动前后，通过翻译这条开放之路，中国的有识之士得以了解域外的新思潮、新观念，使走出封闭的自我有了可能。在中国，无论是在五四运动这一思想运动中，还是自1978年改革开放以来，翻译活动都显示出了独特的活力。其最重要的意义之一，就在于通过敞开自身，以他者为明镜，进一步解放自己，认识自己，改造自己，丰富自己，恰如周桂笙所言，经由翻译，取人之长，补己之短，收"相互发明之效"②。如果打开视野，以历史发展的眼光，

---

① 梁启超.翻译文学与佛典//罗新璋.翻译论集.北京：商务印书馆，1984：63.
② 陈福康.中国译学理论史稿.上海：上海外语教育出版社，1992：162.

从精神深处去探寻五四运动前后的翻译,我们会看到,翻译不是盲目的,而是在自觉地、不断地拓展思想的疆界。根据目前所掌握的资料,我们发现,在 20 世纪初,中国对社会主义思潮有着持续不断的译介,而这种译介活动,对社会主义学说、马克思主义思想在中国的传播及其与中国实践的结合具有重要的意义。在我看来,从社会主义思想的翻译,到马克思主义的译介,再到结合中国的社会和革命实践之后中国共产党的诞生,这是一条思想疆域的拓展之路,更是一条马克思主义与中国革命相结合的创造之路。

开放的精神与创造的力量,构成了我们认识翻译、理解翻译的两个基点。在这个意义上,我们可以说,中国的翻译史,就是一部中外文化交流、互学互鉴的历史,也是一部中外思想不断拓展、不断创新、不断丰富的历史。而在这一历史进程中,一位位伟大的翻译家,不仅仅以他们精心阐释、用心传译的文本为国人打开异域的世界,引入新思想、新观念,更以他们的开放性与先锋性,在中外思想、文化、文学交流史上立下了一个个具有引领价值的精神坐标。

对于翻译之功,我们都知道季羡林先生有过精辟的论述。确实如他所言,中华文化之所以能永葆青春,"翻译之为用大矣哉"。中国历史上的每一次翻译高潮,都会生发社会、文化、思想之变。佛经翻译,深刻影响了国人的精神生活,丰富了中国的语言,也拓宽了中国的文学创作之路,在这方面,鸠摩罗什、玄奘功不可没。西学东渐,开辟了新的思想之路;五四运动前后的翻译,更是在思想、语言、文学、文化各个层面产生了革命性的影响。严复的翻译之于思想、林纾的翻译之于文学的作用无须赘言,而鲁迅作为新文化运动的旗手,其翻译动机、翻译立场、翻译选择和翻译方法,与其文学主张、文化革新思想别无二致,其翻译起着先锋性的作用,引导着广大民众掌握新语言、接受新思想、表达自己的精神诉求。这条道路,是通向民主的道路,也是人民大众借助掌握的新语言创造新文化、新思想的道路。

回望中国的翻译历史,陈望道的《共产党宣言》的翻译,傅雷的文学翻译,朱生豪的莎士比亚戏剧翻译……一位位伟大的翻译家创造了经典,更创造了永恒的精神价值。基于这样的认识,浙江大学中华译学馆为弘扬翻译精神,促进中外文明互学互鉴,郑重推出"中华译学馆·中华翻译家代表性译文库"。以我之见,向伟大的翻译家致敬的最好方式莫过于(重)读他们的经典译文,而弘扬翻译家精神的最好方式也莫过于对其进行研究,通过他们的代表性译文进入其精神世界。鉴于此,"中华译学馆·中华翻译家代表性译文库"有着明确的追求:展现中华翻译家的经典译文,塑造中华翻译家的精神形象,深化翻译之本质的认识。该文库为开放性文库,入选对象系为中外文化交流做出了杰出贡献的翻译家,每位翻译家独立成卷。每卷的内容主要分三大部分:一为学术性导言,梳理翻译家的翻译历程,聚焦其翻译思想、译事特点与翻译贡献,并扼要说明译文遴选的原则;二为代表性译文选编,篇幅较长的摘选其中的部分译文;三为翻译家的译事年表。

需要说明的是,为了更加真实地再现翻译家的翻译历程和语言的发展轨迹,我们选编代表性译文时会尽可能保持其历史风貌,原本译文中有些字词的书写、词语的搭配、语句的表达,也许与今日的要求不尽相同,但保留原貌更有助于读者了解彼时的文化,对于历史文献的存留也有特殊的意义。相信读者朋友能理解我们的用心,乐于读到兼具历史价值与新时代意义的翻译珍本。

许　钧

2019 年夏于浙江大学紫金港校区

# 目　　录

## 三、雪　莱

## 四、雨　果

## 五、波特莱尔

## 六、尼　采

## 七、魏尔仑

## 八、梵乐希

## 九、里尔克

## 十、太戈尔

## 十一、莎士比亚十四行诗

## 十二、亚美尔

## 十三、巴士卡尔

## 十四、都　德

## 十五、蒙田试笔

# 十六、罗曼·罗兰

# 十七、梁宗岱创作诗英译

# 导　言

梁宗岱(1903—1983)，集诗人、翻译家、批评家与法语教育家于一身，学贯中西，才华横溢，在中国现代文学与翻译历史上具有独特的地位。

## 一、生平介绍及翻译成就

由于梁宗岱先生是我大学时期的业师，后又多年同事直至其逝世，因而我曾有幸在不同场合以口头或文字形成多次介绍过其生平业绩，后来还与赵守仁教授合作写下详尽的《梁宗岱传》(广东人民出版社，2013 年)，这里就据此做个浓缩版的生平介绍吧。

1903 年 9 月 5 日，梁宗岱出生于广西百色，祖籍广东新会。幼年时代因天资聪颖、勤奋好学，颇受其父钟爱，常课以"四书""五经"及唐宋八大家的诗文。启蒙于广西百色小学，后来转入新会中学，一年后又考入广州培正中学。在学期间，就已主编《培正学报》《学生周报》等。1923 年被保送入岭南大学文科就读。他文思敏捷，早年就对诗歌创作产生了浓厚的兴趣。他认为"真是诗的唯一深固的始基"。他常置身于大自然，刻意追求新诗创作的最佳境界，不时在广东的《越华报》《群报》等报刊上发表诗作。与此同时，他还在《太平洋》上接连发表了《小娃子》《深夜的 Violin》《泪歌》，在《学艺》上发表了《夜深了么?》等新诗。诗作接踵问世，各界赞誉亦随之而来。年仅 16 岁的梁宗岱被誉为"南国诗人"。广州报馆的记者闻讯纷至沓来。有一次，一位记者来访，梁宗岱出门迎接，问记者找谁，记者见他小小年纪，便信口答道："找你父亲梁宗岱。"梁宗岱慢条斯理地应道:"你不是要找梁宗岱么,我就是梁宗岱。"那位记者惊诧不已。那时的梁宗岱是意气风发的诗人,更是一个勇于探索的新青年。他对于中西文化互鉴具有深刻的认识,尤其是对当时的以西方思想为唯一参照、全盘西化的倾向有着强烈的批判:"慨自欧风东渐,惑外者一举一动悉仿欧西,以为吾国道德庸腐迂旧,于是将数千年之国粹尽举而吐弃之。流弊所极,廉耻丧,尊卑泯;假自由之名,行侵夺之实,遂成今日之现象。"①

1921年,梁宗岱应茅盾、郑振铎之邀加入"文学研究会",两年后与刘思慕组织"文学研究会广州分会"。未满20岁的梁宗岱成为颇有名气的文坛新星。1924年,商务印书馆出版了他的诗集《晚祷》。该诗集颇受"文学研究会"同仁的推崇,他们认为:"梁君之诗有独具的风格,与别的作家显有不同之处,喜欢研究新诗者不可不读。"②

梁宗岱不满足于已经取得的成就,更没有沉溺在赞扬声中。1924年秋,他毅然离开岭南大学,赴欧洲留学,长达七年之久。先后在瑞士的日内瓦大学,法国的巴黎大学,德国的柏林大学、海德堡大学就读,还曾赴意大利游学。他在巴黎大学文学院就读期间,结识了诗人、法兰西学士院院士保尔·瓦雷里(梁译梵乐希),1928年便在国内出版了他所翻译的瓦雷里诗作《水仙辞》。同时他也关心中华文化精华在世界的传播,将中国古典诗词译介到法国,于1930年在巴黎出版了译诗集《陶潜诗选》,将陶渊明这位大诗人第一次介绍给法国文学界。在青年时期,他便具有自觉的意识,十分注意吸收西方文学的精华,努力探索诗歌翻译的手法和技巧。他认为翻译就等于两颗心"遥隔着世纪和国界的携手合作",并以自己的严谨态度、精湛的艺术造诣,再现了中西名家佳作的原貌、意蕴和风格。他的译作《水仙辞》《蒙田试笔》《罗丹》《歌德与贝多芬》《交错集》《莎士比

---

① 梁宗岱. 字义随世风为转移今所谓智古所谓谲今所谓愚古所谓忠试述社会人心之变态并筹补救之方论//梁宗岱. 梁宗岱早期著译. 上海:华东师范大学出版社,2016:4.

② 黄建华. 梁宗岱小传//梁宗岱. 诗情画意:梁宗岱散文随笔选集. 北京:中央编译出版社,2010:366.

亚十四行诗》等均被国内不少出版社以单行本再版或收入《梁宗岱译诗集》《梁宗岱批评文集》等。香港文学评论家璧华先生在 1979 年香港出版的《梁宗岱选集》前言中赞道:"五四运动以来,除梁氏外,仅有朱湘、戴望舒、卞之琳等少数几个能达到这个水准。"《外国文学》也曾发表评论说:"梁译的特色是行文典雅、文笔流畅,既求忠于原文又求形式对称,译得好时不仅意到,而且形到、情到、韵到。"

　　九一八事变后,"祖国高于一切"的观念紧扣梁宗岱的心弦。他决心忍痛和在国外结识的女朋友分手。1931 年秋,梁宗岱从欧洲回到了祖国。之后的日子,主要在高校从事教育工作,先后任北京大学法文系主任、教授兼清华大学讲师,南开大学英文系教授,复旦大学外语系主任、教授。他一面从事教学工作,一面致力于诗歌理论的研究。1934 年至 1936 年,他先后出版了《诗与真》《诗与真二集》。这两本诗论集总结了他自己的创作实践经验,对我国新诗的创作和翻译有重要的指导意义和参考价值,是不可多得的佳作。香港评论界认为,这两本诗论集"可以和朱自清的《新诗杂话》、李广田的《诗歌艺术》以及艾青的《诗论》并列为五四以来最重要的诗论著作"①。

　　回国后,梁宗岱一直呼吁抗日,其心中中国必胜的信念十分坚定。他的文友罗念生对他这方面的表现,有一段短短的回忆:"1936 年至七七事变前我和他合编《大公报》的新诗特刊。事变时他打算到南方参加抗战工作。我们先后逃难到天津。有一天他陪我去打电报,在电报局外他和几个法国官兵谈及抗战的事,法国人说我们不行,他同他们争辩得很激烈。我们当时同住在一幢上,行至与住所仅距一条街的地方,警察不让通行,他一定要过去,因此我们两人被抓到法国巡捕房。我们正在被审问的时候,那几个法国官兵回巡捕房,他们听见我们的事,便示意警察把我们放

---

① 黄建华. 梁宗岱小传//梁宗岱. 诗情画意:梁宗岱散文随笔选集. 北京:中央编译出版社,2010:368.

了。从这些事可看出梁宗岱的爱国精神。"①

1939 年 1 月,梁宗岱发表了题为《胜利底条件》的抗敌文章。在文章中,他抨击腐败,呼吁抗战到底。1941 年 5 月,抗战大后方的诗人联名发表《诗人节宣言》,决定把端午节"这个民族的纪念日,作为中国的诗人节","这"是要效法屈原的精神,是要使诗歌成为民族的呼声……是要向全世界高举起独立自由的诗艺术的旗帜,诅咒侵略,讴歌创造,赞扬真理"。②梁宗岱不仅参与其事,而且还为第一届诗人节撰写了 5 万余言的长篇诗论——《屈原》。

新中国成立前夕,梁宗岱与广西教育家雷沛鸿合办西江学院,梁宗岱任教务长,并一度任代理院长。新中国成立后,西江学院并入广西大学。

1951 年 9 月至 1954 年 6 月,梁宗岱在百色被诬入狱,在中共中央和当时的广西省领导的干预下,经过调查,终于无罪释放。

1956 年梁宗岱被调至中山大学外语系任教,曾从事英、法语言文学教学。

梁宗岱生性乐观,胸怀坦荡,豪放不羁。他在"文革"期间备受折磨。1969 年下半年,周总理主持日常工作,中央开始落实政策。同年 11 月,梁宗岱获得自由。虽然一段时间只被安排在打字室工作,没有作为教授来使用,但梁宗岱仍然保持着一贯的乐观态度。

1970 年,梁宗岱转至广州外国语学院,专门从事法国语言文学的教学科研工作。粉碎"四人帮"后,他心情格外兴奋,年逾古稀仍然潜心著述,重译了《浮士德》上卷。在他重病住院直至临终前,还念念不忘下卷的翻译。1983 年 11 月 6 日梁宗岱辞世,带着他永不言败的刚毅,带着他"乐夫天命"的潇洒!

梁宗岱在高校从事教育工作近半个世纪,为祖国培养了大批优秀人

---

① 黄建华. 梁宗岱小传//梁宗岱. 诗情画意:梁宗岱散文随笔选集. 北京:中央编译出版社,2010:368-369.

② 黄建华. 梁宗岱小传//梁宗岱. 诗情画意:梁宗岱散文随笔选集. 北京:中央编译出版社,2010:369.

才,其中不少学生已成为很有成就的作家、教授、学者。例如,卞之琳、何其芳,这两位在我国享有盛名的诗人、学者、翻译家,早年都曾是梁宗岱的学生。

梁宗岱自小受其父亲的影响,对中医也产生了浓厚兴趣,他研制了"草精油"和"绿素酊"。经过若干临床试验,表明有一定的疗效。现今民间还流传着他一些行医济世的传说。

## 二、翻译思想

作为翻译家,梁宗岱有几点突出之处。首先他是诗人兼译者,他是步入文坛之后才登上译坛的。这样译家的文笔自然富于创作者的才思而较少一般硬译者的匠气。尤为难得的是,梁宗岱并没有像某些诗人译诗那样,恃才而对原作随意发挥或删减。且听他是怎样说的:"至于译笔,大体以直译为主。除了少数的例外,不独一行一行地译,并且一字一字地译,最近译的有时连节奏和用韵也极力模仿原作——大抵越近依傍原作也越甚。"(见《一切的峰顶》中的《序》)总之,既洋溢才气而又紧贴原文,是梁宗岱译作的一大特色。

其次,梁宗岱是双向的翻译家,既把外文(主要是法、英、德)译成中文,也把中文译成外文(主要是法、英),而且都达到极高的成就。他少年时代是在用英文授课的广州培正中学上学的,英文基础扎实,加之旅欧期间,通习法语、德语等,造就了他深厚的外译功底。他很早就把他写作的诗歌自译成法文、英文,在法国发表。他留法期间即已出版法译版《陶潜诗选》,这本诗选被诺贝尔文学奖获得者、法国作家罗曼·罗兰称为"一本杰作"。法国现代著名诗人保尔·瓦雷里也对此书甚为赞赏并亲自为译本作序。就这两点,已足见梁宗岱的外译功夫非常人可及。

此外,他在旅欧期间,积极参加法国的文艺沙龙,结识了一些当代的文坛大师,而且过从甚密,回国后还保持书信来往。上面提到的罗曼·罗兰和保尔·瓦雷里就是很好的例子。他还与让·普雷沃、玛塞尔·奥克莱等作家交情甚笃,他们从青年时代起,便开始切磋写作和译事。梁宗岱快速成长为著名的翻译家,和他这样的留学经历是密切相关的。

对于梁宗岱的翻译,中国文学与翻译学界有不少研究,均给予其高度的评价。南京大学的黄荭教授认为,梁宗岱的翻译具有思想的高度,以及明确的选择:"从他选择翻译的对象和文本就可以看到他的高度和品味。当时国内对外国文学,在某种程度上来讲还是一个很无知的状态,而梁宗岱出国后却能够在那么短的时间里就选出最好的作家进行译介,不管是德国的、法国的,还是英国的,比如德国的歌德、里尔克、尼采,法国的罗曼·罗兰、保尔·瓦雷里、波德莱尔、蒙田、都德,英国的莎士比亚、威廉·布莱克……他选的都是最好的作家,最好的文本,精华的精华。而且我们也可以看到,他不是依据普通民众的阅读喜好,而是考虑到中国社会、白话文的发展和新文化运动的需求,怀抱着'为求学识的充裕,为求社会的进步,为求国家的幸福'去选择他的翻译文本的。"①梁宗岱有着广阔的视野,其翻译活动在根本上基于对中西文学深刻的理解与独特的比较。青年学者钦文十分喜爱梁宗岱的译文,他认为梁宗岱的文学比较值得特别关注:"无论是他对歌德和瓦莱里的比较,还是歌德和李白之间的比较,他是从更深的本质上去发现中外作家之间的契合之处。传统上,比较文学关注影响研究,或者平行研究,比如某个题材如何进入另一个国家,作品在主题或形式上对异国作品的借鉴、吸收、改造等。但我觉得,梁先生是从精神本质上去把握李白和歌德的关系。他的立论出人意料,因为我们不太会把歌德和李白联系起来,因为觉得他们之间气质相差太大。冯至先生恰恰也写过一篇文章,对比歌德和杜甫,他认为这两个人更像。李白和歌德之间怎么扯上关系?但是你读完了梁先生的文章,又不得不佩服他,因为他是从诗性的本质出发,去发现两者之间的共同之处。这点真的特别了不起!"②

---

① 黄荭,钦文,张伟劼. 亦步亦趋的直译,更能体现原著的美感?——从八卷本《梁宗岱译集》谈开去. 文学报,2017-03-16(22).
② 黄荭,钦文,张伟劼. 亦步亦趋的直译,更能体现原著的美感?——从八卷本《梁宗岱译集》谈开去. 文学报,2017-03-16(22).

## 三、编选说明

华东师范大学出版社于 2016 年推出了由刘志侠、卢岚、何家炜主编并校注的"梁宗岱译集",这套书是至今为止最全、最完整的梁宗岱译作集。本卷的代表性译文就是从"梁宗岱译集"中选出的。这套书的出版帮我们省却了许多搜求的功夫,这里我要向刘志侠、卢岚、何家炜三位表示编选者的谢意,也感谢华东师范大学出版社为出版这套书所做出的努力。这套"梁宗岱译集"面世后,在中国文学与翻译界产生了广泛的影响。2016 年 9 月 24 日,法国文学研究会在华东师范大学举办了"梁宗岱文学翻译论坛",法语文学界的史忠义、徐真华、许钧、袁筱一、黄荭等教授,从同行、读者、晚辈的角度讲述了学界眼中的梁宗岱,高度评价了梁宗岱的翻译所蕴含的精神力量,认为对真理与人生永无止境的追求、刚正无畏的高尚人格是梁宗岱精神遗产的重要组成部分。2016 年 10 月 15 日,中国文学与翻译界在北京举办了"梁宗岱译集"首发式。据报道,著有《梁宗岱:穿越象征主义》的北京大学法语系主任、教授董强,中国人民大学教授、诗人王家新,以及著有《梁宗岱与中国象征主义诗学》的北京师范大学教授陈太胜,一同参加了"梁宗岱译集"首发式,并讲述了梁宗岱的"翻译人生"。在王家新看来,中国新诗有一个标志性的事件,就是 1936 年两本译诗集的出版:一本是卞之琳的《西窗集》,另一本就是梁宗岱的《一切的峰顶》。中国的诗歌翻译从"五四"时期就开始了,20 世纪 20 年代有徐志摩、郭沫若等很多翻译家,但王家新认为:"真正将诗歌翻译提升到一个更专业的水准,使它成为有自身尊严、自身标准、自身追求的这样一种艺术,恐怕要以这两本译诗集的出版为标志。"①对梁宗岱先生有过深入研究的陈太胜教授指出:"民国那一代人学习和研究西方文化,似乎自然而然地还是将自己的落脚点放到中国当时的文化建设上。梁宗岱同样如此。无

---

① 武靖雅. 被遗忘的翻译大家梁宗岱:他的翻译是中国新诗最精华的一部分. (2017-12-02)[2020-04-28]. https://www.sohu.com/a/207962741_176673.

论是翻译外文作品,还是介绍法国以象征主义为代表的文学思想,梁宗岱都将自己的关注点放还到中国自身的文化语境。"基于此,我们可以看到"在梁宗岱身上,其翻译所达到的成就,与其学术研究的成就,是相辅相成的。对梁宗岱这样兼有学者、诗人和翻译家多重身份的人来说,译笔生花的意义,并不仅仅在于对外国文学和文论的介绍,而是通过翻译所达成的文化借鉴"。①

作为一位杰出的翻译家,梁宗岱留下的译作并不多,这和他精选、精译的严谨态度有关。上乘的鉴赏力使他独具慧眼地选取了经得起时间考验的原作者,尽管当时这些原作者未必都是遐迩闻名的大家。奥地利诗人赖内·马利亚·里尔克就是一例,梁宗岱开始翻译他的作品时,里尔克的微弱声名并未远播到中国。而今天,里尔克在我国文学界可以说是赫赫有名的了。既然梁宗岱所选译的都是名诗人、大作家,作为编选者的我又如何去取舍呢?

选择通常是"见仁见智",我就交代一下心目中的几条"道道儿"吧。

第一条是选"名作佳译"。名家的作品中总有些更为人知也就是更出名的,这些便是我的首选。例如魏尔仑的《白色的月》《泪流在我心里》等四首,就如我们选读李白的诗篇时,不可绕开《月下独酌》《静夜思》《送友人》等名篇一样。那么"佳译"又如何确定呢? 我也有自己的"点子":

(1)借助有识之士的见解。例如,选取梁宗岱对歌德等德国作家的译作时,由于我不谙德文,更不熟悉德国文学,于是就梁译部分向德语教授求教,请他们指出心目中的优中之优,择善而从之。再如莎士比亚的十四行诗,有些研究者曾就某一首比对不同译者的译文,被肯定的梁译版我便率先选录,毕竟本人的见识有限,何况英语还不是我的第一外语。

(2)优先选取经译者本人反复校订过的。对莎士比亚十四行诗的部分译作就是按照此标准进行选录的。校注者刘志侠先生曾指出,将莎士

---

① 陈太胜. 在不朽的诗里与时同长——为《梁宗岱译集》出版而作. 人民日报,2016-11-15(24).

比亚十四行诗中的第 22 首与第 33 首的最终译文与初译对比,即可看出原译者一丝不苟的文字功夫。我们当然不可能舍之而不选。

(3)同一作品,如有不同时期的译文,毫不犹豫地选取后期者,这其中的不言自明之理,不必多说。

第二条是兼顾不同的文体,尽可能做到多样化。稍看篇目便知,本书中有诗歌、散文、长篇的选段,整卷的选章,等等。一句话,本书力求反映梁译的全貌。梁译分量较大的文体,我们多选一点,反之则少选一点。我们首先尊重原译者的选择,而不单纯以自己的好恶为准绳。关于散文这一部分,我觉得有必要就选入的《蒙田试笔》再做一点交代。记得我还是大学生的时候,便见到梁宗岱老师不时抱着一大摞手稿边吟哦边修改。他连下乡劳动都携带着这一大沓书稿。我好奇地询问后,才知道那便是《蒙田试笔》的译稿。我们正期待这部蒙田全译本问世之时,刮来了"史无前例"的风暴,梁家被吹得七零八落,《蒙田试笔》的译稿也只剩下残页片片。后来梁宗岱老师大概也整理过,现留存的都属原书的第一卷。1987年,湖南人民出版社出版了梁宗岱老师与我合作的一个《蒙田随笔》集,该书的第一部分就是梁宗岱老师残留下的译稿。梁宗岱老师原拟的书名为《蒙田试笔》。法文的书名是 *Essai*,这个词有"试验""尝试""试作"之意。随感式的散文冠以 *Essai* 的书名,蒙田是第一人。梁宗岱老师以"试笔"译"Essai"一词,可以说是恰到好处的。这次编选梁宗岱老师的代表性译文,为尊重他的原意,我保留了他的《蒙田试笔》的译名。

第三条是考虑今天一般读者的取向,照顾大众的欣赏趣味。例如,"就译论译",梁译的"圣诗"看来格调和韵律俱佳,但料想它未必为非信教的人士所喜读,我们就都割爱不选了。

由于心目中的"条条框框"较多,我的选目范围并不宽泛,不过,力求把精品呈现给读者,不正是编选者的责任吗?

另外,梁宗岱汉译法的《陶潜诗选》是他翻译生涯的一个高峰,本书之所以一首未录,并非因为它存在什么缺陷,而是按照本套"中华翻译家代表性译文库"的设计,汉译英之外,汉译其他语种的暂不考虑收录。

需要说明的是,在社会发展的历史进程中,语言文字的使用也在不断演变。梁宗岱所处时代的语言文字有很多用法跟我们现代汉语习惯有差别。他的写作经历文言文、白话文、新诗阶段,伴随着白话文和新文化运动的发展,字里行间留有历史的印痕,看得到语言和表达的变迁,除文学价值之外,对于历史文献的存留更有着特殊的意义,再加上原译文的表述对当今读者的阅读理解并不会造成大的困难,却有助于读者更贴近当时的文化原貌,认识那一段离我们渐行渐远的历史,所以我们的原则是只要不是笔误或排印错误,都最大限度地保持原貌。以下列出一些使用差别和处理方法,供读者参考。

(1)当时白话尚处于发展的早期,有许多字词用法的随意性较大,整个翻译界还没有普遍遵从的语言规范,因此在梁宗岱译文中有很多词语跟现在的用法存在不一致的地方。比如当年的"的"和"地"、"他"和"它"经常混用,"做"和"作"的区别也不明显,"当作"一般写成"当做"。又如"好吧"写作"好罢","发现"写作"发见","刻画"写作"刻划","呼吸"写作"呼息","想象"写作"想像","形式"写作"形势","记录"写作"纪录","神祇"写作"神祗","窃窃低语"写作"切切低语",等等,我们在编写时都保留了原貌。

(2)由于当时西方文学文化进入中国人的视野属早期,没有统一的译名,也没有普遍接受的译名规范,译者大多需要自创译名,如人名、地名、器物名以及各个学科的术语等,因此一些地名和人名的翻译与现今通用的译法有出入。对原译本中和现在通用译法不同的表述,如"太晤士"(即"泰晤士")、"滑铁炉"(即"滑铁卢")、"太戈尔"(即"泰戈尔")等,我们也都保持了原来的译法。

(3)若同一词语在不同的作品中写法不统一,如《问月》中的"飘流"和《论闲逸》中的"漂流",虽说是相同意义,但分属不同的作品,我们不做统一,保持译文原貌。

(4)译作中还有一些现在已经很少见甚至并不使用的表述和用法,我们基本上进行了查考,只要是历史上确实存在过的用法均予以保留,如果完全没有记载的则估计是原来的笔误或排印错误,就做必要的调整。例如,保留了"因为……的缘故""成为了"等不影响理解的表达方式。

最后,我还想发表一点感想。尽管梁宗岱译的全是难得的佳品,但不宜将其看作今天"不可逾越的高峰",一个时代有一个时代的文风,一个时代有一个时代的主流欣赏趣味。我们尊崇前人是敬仰他们当时所达到的高度,并不是说,他们的译作就是不可移易的"定译"了。"译无止境",如果今天有人试图重译入选"中华翻译家代表性译文库"中的原著的某些篇章,只要不是抄袭剽窃或胡编乱造,依我看应当受到鼓励,而不应加以抑制。但愿今天的译者能以前贤为榜样,勇攀当代译坛的新高峰!

黄建华

2020 年 4 月于广东外语外贸大学校园

# 一、歌　德

# 1 流浪者之夜歌(二)

一切的峰顶
沉静，
一切的树尖
全不见
丝儿风影。
小鸟们在林间无声。
等着罢:俄顷
你也要安静。

# 2　对月吟

你又把静的雾辉
笼遍了林涧，
我灵魂也再一回
融解个完全；

你遍向我底田园
轻展着柔盼，
像一个知己底眼
亲切地相关。

我底心长震荡着
悲欢底余音，
在苦与乐间踯躅
当寂寥无人。

流罢，可爱的小河！
我永不再乐：
密誓，偎抱与欢歌
皆这样流过。

我也曾一度占有
这绝世异珍!
徒使你充心烦忧
永不能忘情!

呜罢,沿谷的小河,
不息也不宁,
呜罢,请为我底歌
低和着清音!

任在严冽的冬宵
你波涛怒涨,
或在艳阳的春朝
催嫩蕊争放。

幸福呀,谁能无憎
去避世深藏,
怀抱着一个知心
与他共安享。

那人们所猜不中
或想不到的——
穿过胸中的迷宫
徘徊在夜里。

# 3 守望者之歌①

## ——译自《浮士德》

生来为观看，

矢志在守望，

受命居高阁，

宇宙真可乐。

我眺望远方，

我谛视近景，

月亮与星光，

小鹿与幽林，

纷纭万象中，

皆见永恒美。

物既畅我衷，

我亦悦己意。

眼呵你何幸，

凡你所瞻视，

不论逆与顺，

无往而不美！

---

① 选自《浮士德》第二部第五幕。——编者注（本书脚注若无特别说明，均为编者注。）

# 4　神秘的和歌②

——译自《浮士德》

一切消逝的

不过是象征；

那不美满的

在这里完成；

不可言喻的

在这里实行；

永恒的女性

引我们上升。

# 5 再 会

是真的么！星中的星，
我又把你压在心上！
唉,那别离底长夜是
多么深暗,多么悲怆！
是,果然是你,我快乐
底甘美亲切的源泉；
回首那过去的苦痛
我现在还不禁寒颤。

当世界,在混沌里,躺
在上帝永恒的胸内,
他用崇高的创造乐
把太初的时辰安排,
说出了:"要变化!"——于是
响了一声痛楚的"唉!"
宇宙,猛烈地挣扎,便
在现实里片片劈开。

光突然开放了:黑暗
于是和它仓皇分离；

森罗的单元,散开来,
立刻纷纷互相逃避。
在杂沓,荒野的梦里,
每个都向远处飞奔,
僵冷,在无穷的空间,
没有愿望,没有声音。

万有都暗哑和荒凉,
上帝初次感到寂寞!
于是他创造晨光去
垂怜那无边的冷落;
她把一片黯淡幻成
万千种和谐的色彩;
于是那刚才分离的
又能够开始去相爱。

于是带着猛烈冲动
有缘的又互相追寻;
脉脉的心情和视线
同转向无穷的生命。
管它是强夺或甘愿,
只要能够相擎相搂!
安拉用不着再创造,
我们创造他底宇宙。

这样,我乘着晨光底
翅膀,飞向你底嘴唇。
星夜用万千颗金印

使我俩结合更坚定。

我俩是众生底榜样

在欢乐或在悲哀里，

第二次呼喊："要变化！"

再不能把我们分离。

# 6 《浮士德》
## 天上序曲

　　本序曲的构思得自《圣经·约伯记》开端那段上帝和撒旦的对话。歌德在这里树立了全剧的中心思想——全剧的中心问题。靡匪士陀请求上帝以浮士德的灵魂付赌注,他以为浮士德虽异于一般凡夫,但是:

　　要是你允许我

　　在我的路上把他轻轻地引导……

　　……我要他啃泥土,而且非常乐意。

换言之,他可以诱惑浮士德沉溺于粗鄙下流的享乐,以致丧失他的灵魂,上帝则肯定浮士德,虽然:

　　他目前还在惶惑中把我侍奉,

　　不久我就要把他引到光明中。

而且,无疑地:

　　一个善人,当他在蒙昧中憧憬,

　　依旧认得出他应走的善径。

　　因而浮士德在他那不断的努力与无厌的追求中虽然从迷误走到迷误,他始终一念常惺,始终不昧于他那高尚的天性或神圣的天心。

　　只要他一天活在人世,

　　什么我都许可你尝试。

　　人一天努力总一天不免迷误。

这三行划下了上帝许可靡匪士陀的权限,也是后者误解他那打赌的
性质的症结。既然浮士德只在生时才任靡匪士陀摆布,他出卖灵魂
的契约当然不会得到上帝批准;天使们最后一刻把浮士德灵魂夺走
(《浮士德》下卷第五幕)并无悖于信义。其次,从伦理的立场,罪恶和
迷误,对于我们凡夫,是努力不可少的附属品,只有死水的沉滞或绝
对的安息才能避免。所以浮士德的为人的努力与追求虽然引他陷于
重重的迷津,最后一刻——因为他仍在向上的奋斗中——依然借了
神恩而得救。这或许是西方近代精神和我国旧伦理最基本的分歧
点:我国修行的极致在清心寡欲,等而下之,便是不求有功,但求无
过,结果容易流入绝对的安息,或死水的境地;当代西方则不妨有过,
但求有功,只有不断地努力,不断地向前推进!

> 人类的活动太容易放松,
>
> 他很快就爱上那绝对的安息;
>
> 所以我很愿意赐他这同僚,
>
> 去刺激,鞭策,当魔鬼帮他创造。

(译者原注)

(主。天上的侍卫。然后靡匪士陀夫列士①,三天使长走向台前。)

## 拉斐尔

> 曜灵循古道,
>
> 步武挟雷霆,
>
> 列宿奏太和,
>
> 渊韵涵虚清。
>
> 灵光励天使,

---

① **靡匪士陀夫列士**　即 Mephistopheles,欧洲传说中的魔鬼,后文简称靡匪士
陀。——编者注

深奥莫能明。
大哉造化工，
万古常如新。

**卡比卢**

神迅复神迅，
大块光华转；
曈曈开景曦，
乍复冥夜掩。
大海泛洪涛，
流沫深崖底。
大海与深崖
恒随天运徙。

**米赛朗**

浩浩暴风吹，
奔陆复趋海，
咆哮绕坤轴，
功威寰宇盖。
骇电倏一掣，
六合忽轰雷。
休哉！造化主，
悠悠阴阳移。

**合唱**

灵光励天使，
深奥莫能明。
大哉造化主，

万古常如新。

## 靡匪士陀

主啊,既然你又一度降临,
来访问我们下界的情形,
你往常又不是不愿意见我,
所以今天你也看见我在座。
宽恕我,我并不会花言巧语,
即使我要被合座所嗤;
我的悲愤一定使你发笑,
要是你不忘掉怎样发笑。
关于太阳和宇宙我不会说话:
我只看见人类怎样互相倾轧。
这世界的小上帝一点没有改,
他还是和太初的时候一样怪。
他或许比现在还活得好多少,
你要不给他一线天光的反照;
他叫这作理性,并把它来使用,
只为变得比禽兽更兽性得凶。
我觉得,除掉对尊容的敬意,
他和那长腿的蟋蟀真相似,
他整天在飞,而且边飞边跳,
马上又躺在草上唱它的老调。
要是老躺在草上也还罢了!
他还把鼻子去钻每一个泥窖。

## 主

难道你对我再别无可言?

你到这里来老是为抱怨？

世界上什么你都老看不来？

**靡匪士陀**

不,主呀！我觉得那里诚恳地坏！

人们的苦难真使我悲悯,

连磨折他们我都于心不忍。

**主**

你认识浮士德吗？

**靡匪士陀**

那博士？

**主**

我的仆人！

**靡匪士陀**

当然啦！他服侍你的方法真离奇。

这疯子,他不饮也不食人间的东西。

他那发酵的头脑带他到远方,

他本人也一半自觉他的疯狂。

他问天要那最灿烂的星斗,

又问地要那最高度的享受。

而无论远无论近,

都不能安他那扰攘的心。

**主**

他目前还在惶惑中把我侍奉，
不久我就要把他引到光明中。
园丁当然知道，当小树在婆娑，
它来年就要挂上累累的花果。

**靡匪士陀**

你打赌不？就是他你还要失掉，
要是你允许我
在我的路上把他轻轻地引导！

**主**

只要他一天活在人世，
什么我都许可你尝试。
人一天努力总一天不免迷误。

**靡匪士陀**

谢谢你！因为和死物
我从来不愿意有来往。
我尤其喜欢那丰满鲜红的颊。
为死尸我永远不在家；
对于这我正像猫跟耗子一样。

**主**

好，一切都任你摆布，
引这颗心灵离开它本源，
领导它，如果你抓得它住，
跟着你一直走入深渊。

但你得害羞，如果不得不自首；
一个善人，当他在蒙昧中憧憬，
依旧认得出他应走的善径。

**靡匪士陀**

好得很！但这并不会很久。
对我的打赌我一点也不会发愁，
如果有一天我大功告就，
请容我鼓起胸膛把凯旋高奏。
我要他啃泥土，而且非常乐意，
像那大名鼎鼎的蛇，我的兄弟。

**主**

那时你也可在这里自由出现；
对你的族类我从不很讨厌。
在一切否定的精灵当中，
对于我最不算累赘的是恶意。
人类的活动太容易放松，
他很快就爱上那绝对的安息；
所以我很愿意赐他这同僚，
去刺激，鞭策，当魔鬼帮他创造。
至于你们，真正的神灵之裔，
尽量享受那璀璨活泼泼的美！
让永远变动永远活跃的生机，
把你们在温甜的爱圈中抱紧；
而那在飘浮的形相中跳动的，
你们用不朽的思想把它凝定。

（天门闭上，天使长各自分散。）

### 靡匪士陀（独白）

　　我很愿意时常看看他老人家，

　　并且当心不要和他决裂。

　　这多和蔼！一个那么伟大的老爷，

　　亲自和魔鬼那么近人情地交接。

二、勃莱克

# 1 天真底预示

一颗沙里看出一个世界，
一朵野花里一座天堂，
把无限放在你底手掌上，
永恒在一刹那里收藏。

# 2　爱底秘密

别对人说你的爱，
　　爱永不该告诉人：
微风轻轻地吹
　　无影也无声。

我说我的爱，我说我的爱，
　　我告诉她我的心，
发抖，冰冷，鬼似的惊慌，——
　　啊！她不辞而行。

一个游客走来，
　　她离开我不久之后。
无影也无声，
　　他叹口气把她带走。

# 3  歌①

多么愉快我在田野间遨游！
　我赏尽了夏天的一切光彩，
直到我和爱的王子邂逅，
　他在太阳的晴晖中飘来。

他把百合花插在我的发边，
　把羞红的玫瑰往我额上戴，
他引我进他那美丽的花园，
　那里一切黄金的欢乐正盛开。

我的翅膀给五月的香露打湿，
　太阳燃起了我歌唱的怒火，
他把我捉到丝织的网里，
　把我在黄金的笼里关锁。

他喜欢坐着听我歌唱，
　然后笑哈哈地跟我嬉游，
然后张开我黄金的翅膀，
　嘲弄着我丧失了的自由。

---

① 译自布莱克组诗《歌》(Song)的第一首。

# 4　我的玫瑰树

有一朵花献给我，
　　这样的花五月从未开过；
但我说："我有棵艳丽的玫瑰树。"
　　我便把那朵花放过。

于是我走向我艳丽的玫瑰树，
　　日日夜夜把她服侍；
但我的玫瑰妒忌地避开，
　　她的刺却是我唯一的欢喜。

# 5　野花的歌

我漫步林中，
　　从绿叶丛中走过，
我听见一朵野花
　　在唱一支歌：

"我在黑暗里睡着，
　　在寂静的夜里。
我低诉我的恐怖，
　　我感到了欢喜。

"我早上出来，
　　像清晓般粉红，
去找新的快乐，
　　却碰到了嘲讽。"

# 6 春 天①

芦笛声!
忽已停!
小鸟们
常欣欣,
幽谷里
夜莺啼;
天空上
云雀唱,
喜洋洋,喜洋洋,去迎接新年。

小男孩
多欢快;
小女孩
甜又乖;
雄鸡叫,
你也笑;
婴儿歌
多快乐,

---

① 原刊"春",为与前一首《春》区别,改为"春天"。

喜洋洋,喜洋洋,去迎接新年。

小绵羊
来偎傍;
舐舐我
白头脖;
你软毛
我要拔;
我要吻
你软颊:
喜洋洋,喜洋洋,去迎接新年。

# 7　病的玫瑰

哦玫瑰,你病了!
　那看不见的虫
在夜间飞过,
　乘着怒吼的风,

已钻进你那
　浓红的欢乐的床心,
他那幽暗隐密的爱
　摧毁了你的生命。

# 8 伦 敦

我踯躅在每一条特权的街上，
　在那特权的太晤士河附近，
我发觉每副面孔都刻上
　软弱的印痕，苦难的印痕。

从每个婴儿的恐怖的哭声，
　从每个人的每一声叫嚷，
从每一句语音，每一个禁令，
　我都听出心造的镣铐的声响。

扫烟囱孩子的叫喊怎样令
　每座越扫越黑的教堂显得狰狞；
而每个不幸的士兵的叹息
　都化为鲜血注入宫墙里。

但最可怕是夜半的街头
　我听见年轻的卖淫妇的诅咒，
它枯萎了新生婴孩的眼泪，
　用瘟病把婚礼的殡车摧毁。

（译自《经验之歌》）

# 9 断 句

利剑在荒原上高歌，
镰刀在丰饶的田亩：
利剑他唱死亡之歌，
但不能使镰刀低头。

（译自《杂诗和断片》）

# 三、雪　菜

# 问　月

你这样苍白：是否
倦于攀天和下望尘寰，
伶仃孤苦地飘流
在万千异己的星宿间——
永久变幻，像无欢的眼
找不出什么值得久盼？

四、雨　果

# 1  播种季——傍晚

这正是黄昏底时分。
我坐在门楼下,观赏
这白昼底余辉照临
工作底最后的时光。

在浴着夜色的田野,
我凝望着一个衣衫
褴褛的老人,一把把
将未来底收获播散。

他那高大的黑身影
统治着深沉的耕地。
你感到他多么相信
光阴底有益的飞逝。

他独在大野上来去,
将种子望远处抛掷,
张开手,又重复开始,
我呢,幽暗的旁观者。

沉思着,当杂着蚩声,
黑夜展开它底影子,
仿佛扩大到了群星
那播种者庄严的姿势。

# 2　偷面包的汉子①

## ——悲惨图之一

一个做买卖的靠吃秤头发了财，

法律让他做法官。冬天,冷得很,

一个穷汉拿了一个面包养家。

看这屋里多拥挤! 这法官跑来

审问那穷汉。听清楚。多公正!

一个应有尽有,一个贫无立锥!

这法官——这商人——生气他浪费了

一个钟头,狠狠地望了那哭哭

啼啼的穷汉一眼,判他服苦役,

便翩然赴他郊外的别墅去了。

人散了;"很对",好人坏人齐声说。

只剩下一个苍白忧郁的基督②

在法庭的墙壁上高举着双手。

---

① 译自《静观集》(*Les Comtemplations*)第三卷《悲惨图》(*Melancholia*)第三节,标题
及说明为译者所加。

② **基督**　指挂在法庭壁上的基督像。高举着双手是一种无可奈何的绝望的表
情。——译者原注

# 3 赴 难

## （原题"返巴黎途中"）

谁此刻(连上帝或许也无法猜)
　　卜得准
究竟车轮要转向那一面:阴霾
　　或欢欣?

你那冥冥的手要揭晓什么谜,
　　啊命运?
那将是个无耻而不祥的影子
　　或晨星?

我同时瞥见了那极泰和极否;
　　黑的图!
因法兰西该得胜,而帝国只配
　　滑铁炉!

我要去,要回到你神圣的城心,
　　啊巴黎!
把这永远不灭的逐客的灵魂
　　带给你。

既然这时候大家要一齐动手，
　　傲而烈，
去粉碎墙外的暴虎和屋里头
　　那长蛇；

既然纯理想，无法把我们领导，
　　已沉没；
既然任谁多大都该殉难，多小
　　都能克；

既然眼见升起了暴徒的黑日
　　在天空；
既然在我们面前一切都是死
　　或光荣；

既然当这神圣的日子血在溅，
　　屋在烧；
既然这时候懦夫们瑟缩不前，
　　我来了！

而我的野心，当这外来的强盗
　　已临境，
是：对权位毫无分，对危险却要
　　占全分。

既然这些敌人，昨天还是上宾，
　　已入室，

我要去,要在你的错误前跪禀,
　　法兰西!

我要侮辱他们的歌,的鹰,的爪
　　和挑战;
求你允许我,你儿子,跟你一道
　　共苦难。

狠狠地,尊敬着(不顾他们笑谑)
　　你的祸,
我要吻你的脚,法兰西,眼冒着
　　泪和火。

你就要看见,法兰西,我虽微贱,
　　忠于你;
我灵魂里从来没有别的想念,
　　只有你。

你将会接受我,走出了黑暗,做
　　你儿子;
任那得意洋洋的人幸灾乐祸,
　　笑嘻嘻,

你不会嫌弃我的崇拜,祷告着,
　　眼迷晃
于你那金光灿烂的长胜前额,
　　如朝阳。

从前，当狂欢日小信①的人煊耀
　　和雀跃，
仿佛从些葡萄的枯枝发出了②
　　一堆火，

当你，沉醉于胜利，美梦和光灿，
　　边欢唱
边狂舞，给成功的辉煌的虚幻
　　所迷惘；

当你欢宴的乐队响彻了天地，
　　啊巴黎，
我逃避你就像从前那黑先知
　　逃避梯。

当帝国把你变成万恶的都市，
　　苦又闷，
我逃到大海的茫茫的悲哀里
　　去藏身。

悲愤地，听着你的歌，你的喧闹
　　和狂热，
我对你的梦，你的豪华，你的笑，
　　全拒绝。

---

① **小信**　原文 croit peu，包含"不信神，不守教规"的意义。
② **了**　有人主张"了"字现代口语读"啦"音，不能押韵。我却以为读诗和口语尽可不一致。英、法朗诵诗和歌唱多少保存古音，譬如字母 R。何况"了"字在京剧和其他地方剧都仍保存原音，且常常用来押韵，为什么新诗不能沿用？——译者原注

可是今天,当暴敌领着豺狗队
　　已突到,
今天,当你四周的世界在崩溃,
　　我来了!

在你被凌辱的时候紧靠着你,
　　法兰西,
啊母亲,把你链上我的环戴起,
　　我愿意。

我跑来,既然炮火的唾沫向你
　　如雨下。
你要看着我在你城墙上挺立,
　　或躺下。

在你闪着希望火炬的沃土上,
　　法兰西,
你会赐给我,来酬报我的流放,
　　一堆泥。

五、波特莱尔

# 1 契 合

自然是座大神殿,在那里
活柱有时发出模糊的话;
行人经过象征底森林下,
接受着它们亲密的注视。

有如远方的漫长的回声
混成幽暗和深沉的一片,
渺茫如黑夜,浩荡如白天,
颜色,芳香与声音相呼应。

有些芳香如新鲜的孩肌,
宛转如清笛,青绿如草地,
——更有些呢,朽腐,浓郁,雄壮。

具有无限底旷邈与开敞,
像琥珀,麝香,安息香,馨香,
歌唱心灵与官能底热狂。

# 2 秋 歌

## 一

不久我们将沦入森冷的黑暗；
再会罢，太短促的夏天底骄阳！
我已经听见，带着惨怆的震撼，
枯木槭槭地落在庭院底阶上。

整个冬天将窜入我底身：怨毒，
恼怒，寒噤，恐怖，和惩役与苦工；
像寒日在北极底冰窖里瑟缩，
我底心只是一块冰冷的红冻。

我战兢地听每条残枝底倾坠；
建筑刑台的回响也难更喑哑。
我底心灵像一座城楼底崩溃
在撞角①底沉重迫切的冲击下。

---

① **撞角** 欧洲中世纪用的一种攻城机，形如羊角。——译者原注

我听见,给这单调的震撼所摇,
仿佛有人在匆促地钉着棺材。
为谁呀?——昨儿是夏天;秋又来了!
这神秘声响像是急迫的相催。

## 二

我爱你底修眼里的碧辉,爱人,
可是今天什么我都觉得凄凉,
无论你底闺房,你底爱,和炉温
都抵不过那海上太阳底金光。

可是,还是爱我罢,温婉的心呵!
像母亲般,即使对逆子或坏人;
请赐我,情人或妹妹呵,那晚霞
或光荣的秋天底瞬息的温存。

不过一瞬!坟墓等着!它多贪婪!
唉!让我,把额头放在你底膝上,
一壁惋惜那炎夏白热的璀璨,
细细尝着这晚秋黄色的柔光!

六、尼　采

# 1　威尼斯

倚着桥栏
我站在昏黄的夜里。
歌声远远传来：
滴滴的金泻在
粼粼的水面上。
画艇①，光波，音乐——
醉一般地在暮霭里流着……

我底灵魂是张弦琴，
给无形的手指轻弹，
对自己偷唱
一支画艇底歌，
为了彩色的福乐颤抖着。
——有人在听么？

---

① **画艇**　原文 Gondola，是威尼斯独有的一种小艇，与我国底画艇本迥然二物；不过二者皆为游乐而设，这一点却颇相仿佛。——译者原注

# 2　松与雷

我今高于兽与人；
我发言时——无人应。

我今又高又孤零——
苍然兀立为何人？

我今高耸入青云，——
静待霹雳雷一声。

七、魏尔仑

# 1　白色的月

白色的月
照着幽林，
离披的叶
时吐轻音，
声声清切：

哦，我底爱人！

一泓澄碧，
净的琉璃，
微波闪烁，
柳影依依——
风在叹息：

梦罢，正其时。

无边的静
温婉，慈祥，
万丈虹影
垂自穹苍

五色辉映……①

幸福的辰光!

---

① 本诗第三节字面和原作微有出入。原作末三行大意是"垂自月华照耀的穹苍",译
文却用"万丈虹影"把诗人所感到的"无边的静"Visualized(烘托)出来。因为要表
现出原作音乐底美妙,所以擅自把它改了。——译者原注

# 2　泪流在我心里

泪流在我心里，
雨在城上淅沥：
哪来的一阵凄楚
滴得我这般惨戚？

啊，温柔的雨声！
地上和屋顶应和。
对于苦闷的心
啊，雨底歌！

尽这样无端地流，
流得我心好酸！
怎么！全无止休？
这哀感也无端！

可有更大的苦痛
教人慰解无从？
既无爱又无憎，
我底心却这般疼。

# 3 狱 中

天空,它横在屋顶上,
　多静,多青!
一棵树,在那屋顶上
　欣欣向荣。

一座钟,向晴碧的天
　悠悠地响;
一只鸟,在绿的树尖
　幽幽地唱。

上帝呵! 这才是生命,
　清静,单纯。
一片和平声浪,隐隐
　起自城心。

你怎样,啊,你在这里
　终日涕零——
你怎样,说呀,消磨去
　你底青春?

八、梵乐希

# 水仙辞

## （以安水仙之幽灵）

哥呵,惨淡的白莲,我愁思着美艳,
把我赤裸裸地浸在你溶溶的清泉。
而向着你,女神,女神,水的女神呵,
我来这百静中呈献我无端的泪点。

无边的静倾听着我,我向希望倾听。
泉声忽然转了,它和我絮语黄昏;
我听见银草在圣洁的影里潜生。
宿幻的霁月又高擎她黝古的明镜
照澈那黯淡无光的清泉底幽隐。

我呢! 全心抛在这茸茸的芦苇丛中,
愁思,碧玉呵,愁思着我底凄美如梦!
我如今只知爱宠如幻的渌水溶溶,
在那里我忘记了古代蔷薇底欢容。

泉呵,你这般柔媚地把我环护,抱持,
我对你不祥的幽辉真有无限怜意。
我的慧眼在这碧琉璃的霭霭深处,

窥见了我自己底秀颜底寒瓣凄迷。

唉！秀颜儿这般无常呵泪涛儿滔滔！
间乎这巨臂交横的森森绿条
昏黄中有一线腼腆的银辉闪耀……
那里呵,当中这寒流淡淡①,密叶萧萧,
浮着一个冷冰冰的精灵,绰约,缥缈,
一个赤裸的情郎在那里依稀轻描！

这就是我水中的月与露底身,
顺从着我两重心愿的娟娟倩形！
我摇曳的银臂底姿势是何等澄清！……
黄金里我迟缓的手已倦了邀请;
奈何这绿阴环抱的囚徒只是不应！
我底心把幽冥的神号掷给回声！……

再会罢,潋潋的碧漪中漾着的娟影,
水仙呵……对于旖旎的心,这轻清的名
无异一阵温馨。请把蔷薇底残瓣
抛散在空茔上来慰长眠的殇魂。

愿你,晶唇呵,是那散芳吻的蔷薇,
抚慰那黄泉下彷徨无依的阴灵。
因为夜已自远自近地切切低语,
低语那满载浓影与轻睡的金杯。
皓月在枝叶垂垂的月桂间游戏。

---

① 淡淡 以冉切,水流安平貌。——译者原注

我礼叩你，月桂下，晃漾着的明肌呵，
你在这万籁如水的静境寂然自开，
对着睡林中的明镜顾影自艾。
我安能与你妩媚的形骸割爱！
虚妄的时辰使绿苔底残梦不胜倦怠，
它欲咽的幽欢起伏于夜风底胸怀。

再会罢，水仙……凋谢了罢！暮色正阑珊。
憔悴的丽影因心中的轻喟而兴澜。
蔚蓝里，袅袅的箫声又恻然吹奏
那铃声四彻的羊群回栏的怅惘。
可是，在这孤星掩映的寒流澹澹，
趁着迟迟的夜幕犹未深锁严关，
别让这惊碎荧荧翠玉的冥吻销残！

一丝儿的希望惊碎这融晶。
愿涟漪掠取我从那流逐我的西风。
更愿我底呼息吹彻这低沉的箫声，
那轻妙的吹箫人于我是这般爱宠！……

隐潜起来罢，心旌摇摇的女灵！
和你，寂寞的箫呵，请将缤纷的银泪
洒向晕青的皓月脉脉地低垂。

# 九、里尔克

# 1  严重的时刻

谁此刻在世界上某处哭，
无端端在世界上哭，
在哭着我。

谁此刻在世界上某处笑，
无端端在世界上笑，
在笑着我。

谁此刻在世界上某处走，
无端端在世界上走，
向我走来。

谁此刻在世界上某处死，
无端端在世界上死，
眼望着我。

# 2 这村里

这村里站着最后一座房子
荒凉得像世界底最后一家。

这条路,这小村庄容纳不下,
慢慢地没入那无尽的夜里。

小村庄不过是两片荒漠间
一个十字路口,冷落而悸惴,
一条傍着屋宇前去的通衢。

那些离开它的,飘流得远远,
说不定许多就在路上死去。

# 3　欺诈怎样到了俄国

我这里邻近还有一位朋友。他是一个金发患风瘫的人,无论冬夏,都坐在他那靠着窗口的椅子上。他可以显得很年轻;是的,他那倾听着的脸上有时几乎露出几分稚气。反之,有些日子他却老起来,时刻像年光般在那上面流过,于是他当然变成一个老头子,他那双疲倦的眼睛几乎已经放弃了生命了。我们相识已经许久。最初我们老是互相凝视,后来,不知不觉地,我们互相微笑,又互相点头一年之久,然后,天知道从哪时起,我们竟互相谈天说地起来,随兴所至,毫无选择。

"晨安,"我走过的时候他唤道。(他底窗口还是开向那静谧而丰饶的秋天。)"我好久没有看见你了。"

"晨安,爱瓦尔德。"

我照常走近他底窗口。

"我曾经旅行去。"

"你到哪里去?"他带着不忍耐的眼光问道。

"到俄罗斯去。"

"啊!那么远?"

他略往后倾,然后说:

"那是怎样的一个国度呢,这俄罗斯?很大,是吗?"

"是的,"我答道,"大而且……"

"我问了一句傻话吗?"爱瓦尔德微笑着打断我底话,脸红起来。

"不,爱瓦尔德,正相反呢。当你问我:那是怎样的一个国度呢?许多事情我都看得更清楚了。譬如,俄罗斯底边界。"

"在东方吗?"我底朋友问。

我心里想:不是。

"在北方吗?"那患风瘫的问。

"你知道,"我忽然想起说,"看地图的习惯把人们弄坏了。一切在那上面可不都是平而且滑吗? 当他们把四大洲划分后,他们便以为完事了。一国可并不是一幅地图。它是有山陵和深渊的。就是在高处和低处,它也得和一些东西接触。"

"嗯。"我底朋友思索道,"你说得很对。在这两方面俄罗斯和什么为界呢?"

忽然,这残废的人像一个幼童似地高抬双眼。

"你知道的。"我喊道。

"也许是和上帝罢?"

"是的,"我赞成说,"和上帝为界。"

"呀,对了。"我底朋友完全了解似地应声说。过后他才仿佛有几分怀疑:

"那么,上帝是个国度吗?"

"我想并不,"我回答道,"但在原始的语言里,许多事物都有着同样的名字。也许有一个帝国称号为'上帝',而那统治者也名为'上帝'的罢。那些简单的民族常分不开他们底国度和皇帝;两者都是伟大和仁慈,可怕和伟大。"

"我知道,"那坐近窗口的人慢慢地说道。"这交界,人们在俄罗斯也感觉到吗?"

"他们每件事都感到这个。上帝底权威在那里是很大的。人们从欧洲运许多东西过去,一越过边界,便变成石头了。间或有些宝石,但那只对于一些富人,一些所谓'智识阶级'的人有用;至于那养活百姓的面包,却来自那边,那另一个帝国。"

"百姓一定有过剩的面包罢?"

"不，事实并不是这样。为了种种的场合。从上帝那里的输入是很困难的。"

我试去引导他离开这思想：

"但人们从这浩大的邻国采纳了许多风俗。比方一切礼节。人们对沙皇说话几乎像对上帝一样。"

"呀，他们并不说：'陛下'吗？"

"不，他们称呼两者都是：小爸爸。"

"他们都在两者底面前下跪吗？"

"他们对他们倒身下拜，用额头触地，哭泣而且说：'我犯罪了，饶了我罢，小爸爸。'"

德国人看见这个，以为是卑鄙的奴性。我以为不然。跪拜底意义是什么呢？那就是：我有敬意。但单是揭帽便够了，德国人说。不错，点头，鞠躬，也可以说是恭敬底表示：有些国度地方太窄了，不能容人人都躺在地下，于是便造成了这些"简笔字"。但不久人们便机械地使用这些"简笔字"，不再体会它们底意义了。所以在那些时间或空间允许的国度里，应该把这美丽和重要的字完全写出来：敬意。"

"是的，如果我做得到，我也下跪呢。"那风瘫的梦想道。

"但是，"半晌我接着说，"还有许多别的东西来自上帝呢。人们感觉每件新的东西，每套衣服，每盘新菜，每个美德甚至每个罪恶，都必须先经过上帝认可，才能流行。"

那残废的望着我，几乎害怕的样子。

"我这话是根据一个故事说的，"我赶快安慰他道，"根据一个'比连纳'，像他们所说的，意思就是：一件过去的事。我想把它底内容简单地对你说。题目是：欺诈怎样到了俄国？"

我靠近窗口，于是那患风瘫的便闭起眼睛来，像他所很愿意做的，每当他听见一个故事在什么地方开始的时候。

那可怕的伊凡要强逼他邻近的国王贡献，以讨伐恫吓他们，如果他们不把黄金送到莫斯科,送到那座白城来。那些国王,经过了会议之后,齐声说:"我们对你提出三个谜。请你在我们定好的日子到东方来,在那块白石头附近。我们将在那里聚齐等你解答。如果你解答得对,我们就马上把你所要求的十二吨金送给你。"

起初那沙皇伊凡·华司里维支反复沉思,但白城底繁多的钟声扰乱他的心。于是他召唤他底学者和顾问;那些不能答复这些问题的,他下令把他们带到那红色的大校场去(人们正在那里建立那供献给赤裸的华司里神的庙宇的),把他们枭首。这职务令时间过得那么快,以致忽然他已经要首程赴东方,走向那些国王等着他的那块白石头去了。他连一个答案都没有。

但路程既很遥远,他总还有遇到一个智士的机会;因为,这时候,许多智士都在亡命,为的是每个国王都要把他们枭首,当他觉得他们不够智慧的时候。

可是一个智士也没有在天边出现。一天早晨,他远远望见一个满脸胡子的瓦匠正在起一间礼拜堂,已经搭好筑台了,正忙着把小椽加上去。他觉得非常奇怪,看见这老瓦匠老是从教堂顶下来,一块一块地拾取那堆在地下的小椽,而不一次多拿几块放在他底围裙里。因此他得频频在梯子上爬上爬下,你真不知道他要几时才能够安好这几百块小椽。沙皇忍不住了:

"蠢材,"他喊道(这是俄罗斯一般人对农夫的称呼),"蠢材,你应该认真多带一些木头,然后爬上礼拜堂去,那就简单得多了。"

那农夫刚好下来,停住了,把手高举到眼上,然后说:

"还是由我自己做去罢,沙皇伊凡,每个人知道他自己的职业总比别人多些;但你来得正好,我要把三个谜底答案给你,那是你在东方,离这里不远的那块白石头处得要知道的。"

于是他把那三个答案一一教给他。沙皇惊愕到竟不知怎样感谢他好。

"我应该拿什么来酬谢你呢?"他终于问了。

"什么都不用。"那农夫说,一面拾了一块小橡,想踏上楼梯去。

"站住,"沙皇命令说。"这样不行。你得要立一个愿。"

"那么,小爸爸,你既要这样,就把你从东方国王得来的十二吨黄金中的一吨赏给我罢。"

"好罢,"沙皇批准说,"我就给你一吨黄金。"

于是他加鞭奔驰而去,以免在路上忘记了那些答案。

后来,当沙皇带着那十二吨黄金从东方回来的时候,他把自己关在莫斯科底宫殿里,在那五个大门的紫禁城中,把那些金一吨又一吨地倒在大殿底发亮的地板上,直到他面前耸立一座真正的金山,投射一个大黑影在地上。忘了他底许诺,沙皇连那第十二吨的金也倒出来了。他想重新把它装上,但又惋惜他得要从这辉煌的金阜取出这许多。夜里,他走到院子里去,拿些细沙把那吨填到四分之三满,蹑着脚步走回宫殿里,将金铺在沙上,然后,第二天早上,遣一个使者把那吨运到这旷阔的俄罗斯里那老农夫起礼拜堂的地方。当他看见那信使行近的时候,他从那依旧还未起好的屋顶下来,喊道:

"不要要了,朋友。把你这盛着三分沙一分金的吨带回去罢。我并没有什么用处。告诉给你底主人听,一直到现在俄罗斯还没有欺诈。如果从今以后他发觉他再不能倚靠任何人,那是他底过错;因为他教人家怎样欺骗,他底榜样将世世代代都有许多人仿效。我并不需要黄金,没有黄金我也可以活。我并不希冀他底金,我只希冀他底真诚和廉洁。他不给我这个,竟想欺骗我。把这番话告诉你底主人,那带着他底坏良心和金袍坐在他那莫斯科底白城里的可怕的沙皇伊凡·华司里维支。"

跑了几分钟之后,那信使又回头看了一次:农夫和礼拜堂都不见了。那堆着木橡的地方是平而且空的。于是那人害怕起来,向着莫斯科疾驰而去,喘息跑到沙皇面前,语无伦次地把刚才经过的事告诉他,并且说农夫不是别的,就是上帝。

"我很想知道他说得对不对。"我底朋友低声说,当我底故事最后的回声消逝之后。

"也许罢，"我答道，"但你知道，老百姓是迷信的。"

"可惜得很。"那风瘫的诚恳地说。

"你不愿意改天再讲一个故事给我听吗？"

"当然愿意，但有一个条件。"

我再走近窗口。

"什么条件呢？"爱瓦尔德愕然问道。

"你得要随时把这些全讲给邻近的小孩子听。"我说。

"啊，那些小孩子现在这么少到我这里来。"

我安慰他道：

"他们一定会来的。大概你近来无心讲故事罢，或因为缺少题目，或因为过多。但当一个人知道一个真故事，你以为它能够长久秘密吗？断不！这自然互相传述的，尤其是在小孩们中间。"

"再见罢。"于是我便走开了。

同日，小孩们都听见这故事了。

（译自《上帝底故事》）

# 4 听石头的人

我又到我底风瘫的朋友家里。他带着他那特殊的微笑说：

"关于意大利你从不曾对我说过什么。"

"这是否说我该及早追补那失掉的光阴呢？"

爱瓦尔德点头并且闭起眼睛来听了。于是我开始：

我们所感到的春天，在上帝看来，不过像一个悠忽的小小微笑溜过地面。这时候大地仿佛记起什么似的；到夏天它便对大众高声述说，直到在秋天无边的静里变乖了，它默默地对孤寂者密语。你和我所活过的春天加起来也填不满上帝一刹那。春天，如果要上帝觉到它存在，不该仅逗留在草原和树上，它得要用某种方法深深感动人心，因为这样它就不在时间里，而在永恒里在上帝面前演奏了。

有一次，这个发生了，上帝底眼光把它玄秘的飞翔悬在意大利上面。底下，地面非常明亮，时光像金一样闪耀着，可是斜印在那上面，像条阴暗的路似的，伸展着一个肩膀很宽，沉重而且浓黑的人影。更远一点，在他面前，他那双手底影子焦躁而且拘挛地工作着，时而在比沙，时而在拿坡里，有时更消失在大海底晃漾的波动上。上帝不能把他底眼光离开这双他起初以为合十祷告的手——可是从那里溅射出来的祷词却把它们大大地打开了。群空中起了一阵沉默。一切圣徒都跟着上帝底眼光移动，而且，和他一样，凝望着那把意大利遮掩了一半的影子。天使底歌声在唇上停止了，星星都在颤抖着，怕做错了什么，并且，谦逊地，静待上帝底震怒。

可是并没有这样的事发生。天空整个儿张开在意大利上面,于是拉斐尔(Raphael)在罗马跪着,菲耶索莱山(Fiesole)上幸福的弗拉·安杰利科(Fra Angelico)站在云端,感受着无限的欢乐。这时候无数的祷告在路上奔驰,在天与地之间。但上帝只认识其中一个:米开朗基罗底力量像葡萄园底芳香向着他氤氲上升。他苦于这力量占据了他整个思域。他更往下倾,发现了那在工作的人,从肩膀上瞥见了那双听石头的手,忽然害怕起来:难道石头也有灵魂么? 为什么这人在倾听着石头呢? 于是他看见那双手醒来了,它们在探索着那像坟墓似的石头,里面闪着一个柔弱的垂死的声音:

"米开朗基罗,"上帝惴惴地喊道,"谁在石头里?"

米开朗基罗侧耳倾听;他底手发抖了。他用哑重的声音答道:

"你,上帝。还有谁呢? 但是我到不了你那里。"

于是上帝明白他在石头里,他觉得窒塞不安。整个天空只是一块石头,他被关在中间,希望米开朗基罗底手把他救出来。他听见它们来了,可是还远远地。同时那雕刻大师重复俯向他底作品。他不断地想道:你不过是一块小石头,别人就很难得在你里面找到一个人影。我却在这里感到一只手臂:那是约瑟底;玛利亚在这里低俯着,我感到她那颤栗的手搀着那死在十字架的我们主耶稣。如果这块小云石容得下这三个,我为什么不能使整个沉睡的民族从一块大石头矗立起来呢? 于是他三两下工夫就把那座 Pieta(圣母哭尸图)底三个像解放出来,但是并不完全揭开面孔上那石幕,仿佛怕它们底深沉的悲哀会渗进他底手,使它们变成风瘫一样。同时他也就跑到另一块石头去。但每次他都不愿意把那丰满的光明赐给一个前额,或把最清纯的曲线赐给一只手,而当他塑造一个女人的时候,也不在她底口周围安上那最后的微笑,使她底美不完全泄漏出来。

这时他正在起草那尤利乌斯二世(Juledella Rovere)教皇底墓。他想在那铁做的罗马教皇上面建造一座山,并且添上一个在那里繁殖的民族。给无数朦胧的计划所激动,他走向云石坑里。那山坡耸立在一个可怜的村庄上。在许多橄榄树和枯萎的石丛中,新鲜的裂缝露出来,像一张灰白的脸半掩在那渐渐老去的鬓发下。米开朗基罗在这蒙着的额头面前站了许久,忽然瞥见一对石做的大眼睛从底下注视他。他觉得自己在这注视的影响下渐渐长大起来了。现在他也高耸出地面了,他自己觉得永远是这座山底兄弟般并排列着。山谷在他脚下往后退,和在一个登山的人底背后一样,村里的茅屋像羊群般挤作一团,石头底面孔在白色的石幕下也显得越近越亲切起来,表现着一种静待的神气,同时又已经在动底边沿了。

米开朗基罗沉思道:

"人打不碎你,因为你是完整的一块。"

然后高声说:

"我要完成你。你是我底作品。"

于是他回翡冷翠去。他看见一颗星,和礼拜堂圆顶底阁。黄昏围绕着他脚下。

忽然,到了罗曼拿门的时候,他踌躇起来了。两行屋宇像手臂般伸向他,它们已经把他抓住并拖到城里了。街道越狭越昏暗;他回到家里的时候,他觉得自己被幽冥的手紧握住,再不能逃脱了。他躲到客厅里,又从那里躲到那间他常常在那里写作的纸下,几乎没有二尺长的房里。四壁向他走拢来,仿佛在和他那过度的伟大挣扎,强迫他恢复从前那狭小的形体。他任其自然。他跪下来让它们把他形成。他在自己里面感到一种谦虚,一种想变成渺小的愿望。于是一个声音来了:

"米开朗基罗,谁在你里面?"

于是那人在他那狭小的房里把额头搁在手上,低声说:

"你,我底上帝。还有谁呢?"

于是上帝的四周立刻宽起来了,他举起那挂在意大利空中的面孔四顾:圣者在他们底冠袍里站着,天使们在万千灿烂的星辰中往来,带着他们底歌像些充满了光明的水壶;而天空是无穷无尽的。

我底风瘫的朋友举起他底眼睛追随着那流荡在空中的暮云。

"上帝就在那里么?"他问。

我默着,然后俯向他:

"爱瓦尔德,我们就在这里么?"

于是我们热烈地握手。

（译自《上帝底故事》）

# 5　罗丹论

罗丹未成名前是孤零的。荣誉来了，他也许更孤零了吧。因为荣誉不过是一个新名字四周发生的误会的总和而已。

关于罗丹的误会很多，要解释起来是极困难的事。而且，这是不必要的；它们所包围的，只是他的名字，而决不是那超出这名字范围的作品。这作品已经成为无名的了，正如一片平原是无名的，或者像大海一样在地图上、典籍里和人类心目中才有名号，而实际上只是一片汪洋、波动与深度而已。

我们将要在这里论及的作品已经生长有年，而且还一天天长大起来，像一座森林一般，片刻也不停息。我们穿插于千百件作品中，心悦诚服于那层出不穷的发现与创造，我们便自然而然地转向这双手——上述的一切都出自于这双手。我们记起人类的手是多么渺小，多么易倦，它们能移动的时间又那么短促。我们于是访问那挥使这双手的人。这人究竟是谁呀？

他是一位老人。他的生平是属于那些不容叙述——无终无极的生命之一。这生命早已抽根，它将延长，深入一个伟大时代的深处，而且对我们仿佛已经过去了不知许多世纪了。我们对此一无所知。我们想象它必定经过某种童年，在某处，在穷苦中挣扎的童年，彷徨、无依、无闻。而这童年或许还在也说不定，因为——圣奥古斯丁（Saint Augustine）说得好——它究竟躲到什么地方去了呢？他的生命，或许，包含他已往一切的时光，期待与放任的时光，怀疑的时光，和悠久的痛楚的时光，是毫无所失、毫无所遗忘的,是在消逝中长成的。或许如此吧,我们无从知道。但是我们可以断言,只有这样的生命,才能够产生那么丰富和美满的行为;只有这样的生命(其中什么都是同时发展与苏醒,什么都是永无止境的)才能够长春永健,不断地向着崇高的功业上升。将来总有一天,人们会凭空架造这生命的历史,它的迷误,它的琐事和轶闻。他们会叙述一个幼童常常忘了饮食,因为他觉得拿一把顽钝的小刀来雕琢一块粗木比饮食更为重要;他们会以种种非凡的遭遇点缀他的成年,预兆他未来的光荣和伟大。诸如此类的传说,永远是那么流行和深入人心。譬如,我们尽可以选择下面几句话,相传是五百年前一个僧侣对那年幼的米赛·歌伦比(Michel Colombe)说的:"努力呀,孩子,尽情观赏这圣波尔雕花的钟儿和兄弟们美丽的作品吧。观赏,爱上帝,你就可以享受伟大事物的恩惠了。"你就可以享受伟大事物的恩惠了……在他出发的一个十字路口,一个亲切的情感(可是比那僧侣的声音低沉得多)或许对我们这青年人这样说。因为这正是他所寻求的:伟大的事物的恩惠。

巴黎的卢浮宫里,无数使人联想到南国的蓝天和滨海晴光的玲珑剔透的古物当中,兀立着许多沉重的石头,是从邃古传下来,而且要遗留至遥远的将来的。这些石头有些正酣睡着,显然在静候某种最后审判而醒来;有些生意盎然,有动作,有姿势,那么新鲜活泼,仿佛人们特意把它们保留,以待将来赐给一个偶然行经那里的童子。而这种生命,不独那些远近知名、有目共赏的杰作有之;就是那些被人忽略、无名、冷僻的小品,也一样地充满着这深切内在的生气,和那一切众生共具的、丰富的、触目惊心的、彷徨的神色。甚至静默,那有静默的地方,也是由成千成万匀整均衡的震荡的刹那组成的。那里有许多小小的雕像,特别是形形色色的兽类,走着,或团聚着。如果一只鸟儿在那里栖止呢,我们就知道那是一只鸟儿,一片蔚蓝的天从它背后透露出来围绕着它,一片大地折叠在它每根羽毛上,而且我们可以把这片大地铺开,把它展拓到无穷。

就是那些耸立在天主教堂顶,或盘坐、蹲伏在台柱下,伛偻,憔悴,懒洋洋到什么也不愿负载的飞禽走兽,亦莫不如是。它们当中有狗,有松鼠,有喜鹊,有毒蝎,有龟,有鼠,还有蛇。至少每类占其一吧。这些生物似乎是从外面,在林中或路上捉回来的;不过久困在石刻的花叶和蔓藤底下度日,才渐渐变成目前这种将永远保持的形态罢了。但是也有生来就属于这雕塑的世界,并没有它生的回忆的。它们从始就是这崔巍、廓落、突兀、峭立的世界的居民。它们那狂热的瘦态露出嶙峋的骨骼。它们张口吐舌,如驯鸽般咕咕欲鸣,因为附近的钟声把它们的听觉毁坏了。它们并不负载任何东西,而只昂头展脚,就这样帮助那些石头一块一块地叠上去。有些抱着鸟儿,栖立在桅栏上,仿佛确实在赶路,不过想在那里暂歇几百年,去眺望那不断地增长的大城市而已。别的呢,是犬族的苗裔,从檐端向下垂,随时准备把雨水从它们竭力要呕吐而膨胀的口倾泻出来。一切都是经过修改和校正的,但它们的生命却毫无损失;相反,它们却更强烈更蓬勃地活着,活着那产生它们的时代的热烈沸腾的生命。

而且无论谁看见了这些生物,就会感到它们并不是由一时的妄念,或带着游戏性质,企图去发明新奇花样而产生的。它们的母亲是痛苦。因为害怕那由严厉的信仰带来的冥冥中的刑罚,人们于是逃避到这有形的世界里;耐不过踌躇与彷徨,人们于是投身于这创造的工作中。他们依然要在上帝身上找寻这一切。可是再也不倚靠捏造一些偶像或试用其它办法去表现他了——他,那可望不可及的;唯有把苦难的人们所有的恐惧,所有的悲哀,以及一切穷困的姿态带到他家里,放在他手上和心中,才能够充分表示人们的虔敬。这样做要比绘画好;因为绘画原也是一种幻象,一种精巧优美的骗术。他们所求的却是纯朴和真。天主教堂里的怪诞的雕刻,那无数妖孽和禽兽的十字军就这样诞生了。

如果我们从中世纪的雕刻回顾到古代,又从古代回顾到那渺渺茫茫的太初,我们可不觉得人类的灵魂永远在清明或凄惶的转捩点中,追求这比文字和图画、比寓言和现象所表现的还要真切的艺术,不断地渴望把它自己的恐怖和欲望,化为具体的物么?文艺复兴时代可算是最后一次掌握这伟大的雕刻术;那时候万象更新,人们找着了面庞的隐秘,找着了那在展拓着的雄浑的姿势。

现在呢？那催迫我们用这震撼人心的强劲的工具去阐释它的谜，去解开它的不可解的纠纷的时代，可不再来临了么？各种艺术都多多少少更新了；热忱和期待在它们血管中奔流和沸腾；可是或许只有雕刻一术，依然在对过去的伟大的敬畏中踌躇着，被呼召去找出其它艺术正在热望中摸索探寻的东西。它要普渡一个几乎所有的冲突都在冥漠中进行的痛苦的时代。躯体就是它的喉舌。而这躯体，我们最后一次见到的是什么时候呀？一层一层地，年代的衣裳已把它遮盖住，可是在这些尘壳的保障下，那潜滋暗长的灵魂已把它转变，而且毫不喘息地把它的面目修改了。它已经变成另一个了。如果我们现在把它揭开，说不定它会呈现出千万种姿态，对于那在这期间产生的一切新颖的和无名的，以及对于那些从潜意识涌现出来，像异域的河神在血流声中露出他们鲜血淋漓的脸一般的古代的神秘。而这躯体不仅比那古代的躯体不曾减少了美艳，它的美却要更深宏。又经过二千年之久，生命把它搂抱在手里，把它陶冶，把它切磋琢磨了。绘画无时不梦想着这躯体，以晨光来点缀它，以暮霭来透射它，以千般柔情和欢愉来偎它，把它当花瓣般轻抚，让自己在它的波澜上荡漾——可是雕刻，这躯体所直接隶属的雕刻，却还未曾认识它自己的产业呢！

这里是一个重任，像世界一般大。而那站在这重任之前的，却是一个无名的、在幽暗中用双手的劳动去换面包的人。他是孤独无伴的。如果他真是一个做梦者呢？他就会做一个美梦，一个奥妙的、无人能解的梦，一个悠久的、百年如一日的梦。然而这个在塞佛尔工厂（Manufacturede Sèvres）里靠工作糊口的青年，却是一个特殊的做梦者，他的梦出现在他那双手上，而他立刻去把它实现。他感到要从何处着手，一种内在的宁静把智慧之路指示给他。在这里已经透露罗丹与大自然的深沉的契合了，关于这契合，那称他为自然之力的诗人乔治·罗廷伯（Georges Rodenbach）曾经写下不少的名言。不错，罗丹的灵魂里实在有一种使他几乎浩荡到无名的沉毅，一种沉默超诣的仁慈，一种属于大自然的大沉毅、大仁慈——大自然，我们知道，是赤手空拳去悠闲地严肃地跋涉那到丰稔的长途的。罗丹又何尝立志培植出大树来？他起先只把种子撒下，或者可以说埋在地心。这种子便开始向下发展，把根儿一一往下扎，等到根儿扎稳了，然后轻易从地面探出头来。这样做是需要许多许多时日的。罗丹的几个好友催促他的时候，他说"不用忙"。

然后战争来了，罗丹去比利时京城，他不得不按时工作。他为一些私人邸第和交易所做了一些人像和一些群像；又为安卫尔斯（Anvers）公园陆士市长（Bourgmestre Loos）的石像的四角做了几个庞大的雕像。他只小心谨慎依照别人的意思制作，绝不许他自己一天天长大的个性插嘴。他的真正发展却在别处：或压缩在工作的余暇，在黄昏的茫昧中；或展开在寂寞的夜半，在严静的深宵里。罗丹不知经过了多少日月，忍受着他的精力的分割。他具有那些建立丰功伟绩的英雄的力量，那些为人群造福的豪杰的沉毅。

当他忙着为比京交易所挥斧的时候，不消说他会感觉到一桩很明显的事实：那些收罗雕塑家的作品的大厦，那些像磁石般吸收以往的雕刻的天主教堂，已不再有人建筑了。现在，每个石像是孤立的，正如一幅屏画是孤立的；而它再不需要什么墙壁，也和后者无异。连屋顶它也不需要了。它已经成为一个可以独自存在的物了。我们自然也应该完完全全赐给它一个完整的物的生命，使我们可以绕它而行，从四面八方观赏它。同时它又应该多少不同于旁的物，一些人人都可以随意抚玩的平凡的物。它应该是不可捉摸的，不可侵犯的，超越机缘和时间的，孤寂光灿如先知的面庞的；我们应该给它一个适当稳固的、非轻忽武断所能安置的地位；把它插在空间的沉静的延续和它的伟大的规律中，使它在包围着它的空气中如在神龛里一样，因而获得一种保障，一种支持，一种崔巍不可企及性。所有这些全凭它本身的唯一存在，而不是倚靠它所蕴含的意义。

罗丹知道，首先要对人体有彻底的认识。他一步一步地探索人体的面，于是，看呵，一只手从外面确定与划分它的面，其准确程度无异于人体自身固有的划定。他愈向他的孤寂的道路前进，他愈跑在偶然性的前头，于是一条法则引导他去发现另一条。最后，他的探求完全集中在这面上了。这面是由光与物的无数接触组成的。每次接触都与别的不同,每次都有其特殊状态。它们有时仿佛互相迎合,有时却只羞怯地点头,有时呢,它们互相错过如两个陌生的路人。那里有无限的地方,却无处无生命,无处是空洞无物的。

这时候罗丹已发现他的艺术的基本元素,或者可以说,他的宇宙的细胞了。这就是面,那界线分明,色调万变的广大的面,无论什么都应该由它造成的。自那一刻起,这面遂成为他的艺术——那使他劳瘁,使他吃苦,使他废寝忘餐的艺术的唯一资料了。他的艺术并不建立在什么伟大的思想之上,而在于一种小小的认真的实现上,在那可以攀及的某种东西上,在一种能力上。他丝毫骄傲也没有。他全心献给这不显赫而粗重的美,他还可以恣意观赏、呼唤和裁判的。当一切都完成的时候,正如牛羊联群结队到泉边喝水,当夜色已阑、再无异物活跃在森林里的时候,那伟大的就会翩然而来。

罗丹的最富于独创性的工作,遂与这发现同时开始了。现在,雕刻上一切传统的概念,对于他完全失掉它们的价值了。再无所谓姿势、组合或结构了。只有无数活生生的面,只有生命,而他所找出的表现方法却直达这生命的肺腑。现在他的唯一考虑,就在于怎样支配生命及其丰裕。凡视线所及,罗丹无处不抓住了生命。他在最偏僻的角落也抓住它,观察它,追逐它。他在它踟蹰不前的路口等待它,在它飞奔的地方跑去和它相会,他到处都发觉它一样伟大,一样庄严,一样迷人。这躯体没有一部分是卑微而可忽视的:什么都蓬蓬勃勃地活着。那镌刻在面孔上的如在日晷上的生命,是易于认识,而且与时光的流逝有关的;那蕴藏在躯体里面的,却更飘逸、更伟大、更神秘、更悠久了。在这里,它或者赤裸裸地呈露,或者必要时姗姗地漫步,或者呢,在傲岸者当中,它就昂然大踏步了。从面庞的舞台隐退,它卸却铅华,毫无掩饰地仁立在服装的后台。在这里,罗丹发现了他当代的世界,正如他从天主教堂认识了中世纪的世界一样。聚拢在一个神秘的幽暗的中心,包含在一个有机体里,承受着它的改造和管辖。于是每个人变成了一座教堂,而这千千万万教堂,没有一座是相同的,没有一座不是生动的。但问题在于怎样表明它们都是从上帝身上树立起来的。

一年又一年,罗丹在这生命的路上前进,细心虚怀,如一个小学生在开步走。没有一个人知道他的苦心孤诣,他既没有可诉衷曲的人,朋友也少而又少。在那维持他糊口的日常工作后面,他的未来功业一声不响地潜伏着,静候它的时辰。他读书很多。在比京的街上,居民习见他来来往往,老是一本书在手里;然而这本书或许不过是在那期待着他的浩大的任务中,一个借以沉埋在他的自我里的托故而已。像对于一切大有为的人一样,那任重致远的心情自然在他里面激起一种冲动,一种增加和鼓足干劲的勇气。当疑惑来临的时候,当踌躇与彷徨来临的时候,当一切转变中的生物所共具的焦躁,夭亡的恐惧或饥寒交迫来临的时候,无不在他身上碰到一种一往无前的缄默的抵抗,一种固执,一种坚定和确信——这种种堂皇的、还未展开的伟大的胜利旗帜。这或许就是在这万难纷集时骤现于他眼前的过去,他所百听不厌的天主教堂的声音吧。就是从典籍里也显现许多鼓励他的事物。他第一次读但丁的《神曲》( *La Divine Comédie* )。那简直是一个启示,他看见无数异族的苦难的躯体在他面前挣扎。超出于时间以外,他看见一个给人剥掉外衣的世纪,他看见一个诗人对他的时代的令人难以忘却的大审判。里面许多形象都支持他。而当他读到一本书叙述眼泪流在尼古拉三世(Nicolas III)的脚上时,他就知道有些脚是会流泪的,有些泪水是无处不到的,是灌注人的全身,或从每个气孔溅射出来的。于是他从但丁走向波特莱尔。在这里,既没有审判厅,也没有诗人挽着影子的手去攀登天堂的路;只有一个人,一个受苦的人提高他的嗓子,把他的声音高举出众人的头上,仿佛要把他从万劫中救回来一样。而在这些诗中,有些句子简直是从字面走出来,仿佛不是写成的,而是生成的,有些字或一组组的字,在诗人热烘烘的手里熔作一团了,有些一行一行地浮凸起来,你可以抚摩它们,更有些全首十四行,简直像雕饰模糊的圆柱般支撑着一个凄惶的思想。他隐约地感到这艺术,在它骤然止步处,正与他所寤寐思服的艺术的起点相毗连;他感到波特莱尔是他的先驱,一个不惑于面貌,而去寻求躯体里那更伟大、更残酷而且永无安息的人。

从那天起,这两位诗人遂成了他永久的良友了。他的思路往往超过他们的前头,却永远归宿到他们那里。这时候,罗丹的艺术正在形成和准备中,他所认识的整个人生是无名而且无意义的,他的思想便不能不在诗人的书本中穿插,在那里寻找一个过去。后来,当他在创作时重新回想这些题材,种种形象就如旧梦般显现出来,沉痛而且真实,走进他的作品里正如回到故乡一样。

经过了多年寂寞的努力之后,他终于试把一件作品公之于众了。这简直是对舆论界发出的一个问题。而舆论只消极地答复。于是罗丹又闭门独处十三年,在无声无闻中创作,沉思,尝试,直到他的艺术完全成熟了,直到他能够自由挥使他的工具,不受那与他无涉的时代影响和牵制了。或许正因为他的发展是在不断的寂静中进行的,当大众为了他而争辩,或反对他的作品的时候,他后来才能有那么镇静和坚定的态度去应付一切。因为众人开始怀疑的时候,他已经没有丝毫怀疑了。他什么都置诸度外了。他的命运已经不依赖众人的赞许或咒骂了;当人家以为可以用讥诮和仇视来践踏他时,他已经坚定不移了。在他演变的期间,从没有什么外来的声音在他耳边喧响过,既没有褒奖诱惑他,也没有贬责骚扰他。像帕尔思瓦尔①(Parsival)那样,他的作品在清净里独自长大起来,独自和永恒的大自然一起。只有他的工作和他晤谈。他和它晤谈在清晓,在梦回的辰光;而晚上呢,余音在他手上缭绕,正如在一个刚停奏的乐器上一样。他的作品之所以那么倔强,是由于他出世时已经完全长成,已经不是一件在演变中求人承认的东西,而是一个使人非承认不可的不能抹煞的现实,清清楚楚的站在那里。正如一个国王接到他国内要建造一座城池的禀奏,他在批准时考虑,踌躇,终于亲赴该地去调查;但是,看呀,一座坚固的大城,有墙,有堞,有门,已巍然耸立在他面前,仿佛要传诸万年

———————————

① **帕尔思瓦尔** 中世纪欧洲传说中的虔诚骑士。

一般;这样,群众,当他们首肯来临视时,罗丹的作品已整个高矗在那里了。

罗丹的成熟期可以两件作品为界:始之以《塌鼻人》(*L'Hommeaunezcassé*)的头,终之以《青铜时代》(*L'Áge d'airain*),罗丹起初名之为《原始人》(*L'Homme des premiers âges*)的肖像。《塌鼻人》在1864年被美术展览会(Le Salon)拒绝了。这是可以理解的。在这作品里,我们感到罗丹的艺术已完全成熟,丰盈和稳定。它那毫无顾虑的伟大的自白和当时盛行的"学院式"的美的要求又那么背驰。吕德(François Rude)徒然把一些粗野的姿势和洪亮的呼喊赐给凯旋门上的反抗女神。巴里(Antoine Louis Barye)徒然创造了许多柔捷的野兽;而人们对卡尔波(Jean Baptiste Carpeaux)的《舞蹈》(*La Danse*)又讥笑到他们熟视无睹为止。一切都没有改变。人们所追求的雕刻依然是模特儿式的,注重姿势和寓意的,一种容易、懒慢、便宜的手工业,只要多少能够精巧地模仿几种因袭的姿势便心满意足了。在那样的环境中,那《塌鼻人》的头,或许已足以引起那只有他后来的作品才能引起的风波了吧。然而人们所以拒绝它,谁知不正因为它是一个无名的人的作品,不屑一顾便把它拒绝了呢。

我们可以感到罗丹创造这个头的动机,一个渐渐老去的丑怪的人的头,那塌了的鼻子更增加他脸上沉痛的神气;生命的丰盈全聚拢在这眉目里;所以这脸上毫无排偶的平面,毫无重复,而且无处是空虚、暗哑或淡漠的。这面庞不独经过生命的点化,而且到处都洋溢着无限的生命。仿佛在命运的洪流中,如在那冲刷和啮蚀的旋涡里一样,一只无情的手把它支持着。如果我们把这个面具在手里旋转,我们就会惊讶于它的侧面之不断变化,而这变化又无一是偶然、犹豫或模糊的。这个头上没有一根线条、一个交错、一个轮廓不经过罗丹的审视或熟筹。我们可以想像怎样某些皱纹来得早些,某些来得晚些,以及无数充满了痛楚的年代,怎样在那些纵横于这个脸上的许多裂缝之间流过去了。我们知道这脸上的许多痕迹,有些是徐徐地、几乎踌躇地镌下来的,有些起初只轻描淡抹,到后来才由习惯或一个频频而来的思想深深地琢成;我们可以认出那在一夜间刻下的尖锐的刀痕,仿佛鸟儿的嘴在一个失眠人的疲劳不堪的头上琢成的一样。我们几乎难以想象,这一切能够在一个小小的脸上呈现出来,而那么一个沉痛的无名的生命能够从这一作品中产生出来。如果我们把这面具放在自己面前,我们就会以为我们站在一座巍峨的塔巅,俯瞰一片巉岩的广原,无数人已经从那迷茫的路上走过了。但是试把它再举到手上,我们就握住一件我们应该称之为美的东西,因为它是那么完美无瑕。可是这美并不仅由于它的工作之精妙绝伦,而是由于一种匀称的感觉,一种在各个波动的平面之间形成的均衡,一种所有这些激动的元素都在它里面震荡和消失的感觉。如果我们给这悲痛面孔的万千呼声抓住,我们会立刻感到这呼声并不含有控诉的口气。它并不要对宇宙宣告;它仿佛负载着对自己的裁判(它的一切矛盾的调和),以及一个承担得起自己的重负的沉毅。

罗丹创造这面具时,对着他的是一个沉静地坐着的人,带了一副沉静的面孔,然而那是一个生人的面孔;当他开始去探寻的时候,他立刻发现这面孔是充满了波动、扰攘和起伏的。每条线纹有之,每一平面的斜度亦有之,影子像在睡眠中移动,光在它的额上恬静地来去。然则静根本不存在,就是死也没有;因为在溶解过程中,死仍是属于生命的:溶解本身也是一种动。的确,宇宙间一切都是动;假如艺术想给生命一个忠实亲切的解释,它就不能把那根本不存在的静作为理想。其实,古代艺术又何尝认识一个这样的理想! 我们只要想到《忒克》(Niké),这雕刻不仅把一个美女赴约会的动作传度给我们,同时也是希腊辉煌的泱泱大风的不朽的形象。即最古的文化传下来的石刻也不是静的。如水在瓶里一般,活生生的面的扰攘被禁锁在原始崇拜的蕴藉的祭奠的姿势里。无数川流在那些盘坐着的幽闭的神像中流泻;至于那站立着的呢,它们都具有一种姿势,泉水似的从石上涌出,重复降到石上,溅起了无数的涟漪。因为动作与雕刻的要素(简单地说,就是与物的本体)原是无冲突的;只是某种动作,那不曾获得丰满的发展的,那没有其它动作支持它的均衡的,它的姿势才越出了物的范围。雕刻这东西与往昔的城池相仿佛,它们完全活在它们的城墙里;居民不因此而屏气窒息,生命的姿势亦不因此而局促不舒展。不过什么都不越过城墙的界限,什么都不在门外露面,而且对于城外丝毫期望也没有。一座雕刻的动作不管如何大,不管它是万里长空或是无底深渊做成的,它必定要在雕像的身上归宿,正如那伟大的圈儿必定要自己封闭起来一样——一件艺术品在里面过日子的孤寂的圈儿。这是活在前代雕刻里的一条无形的规律。罗丹认识它的存在。一切物的特征,就在于它们对自己的全神贯注,所以一件雕刻是那么宁静;它不该向外面有所要求或希冀,它要与外物绝缘,只看见它身内的东西。它本身便包含着它的环境。把这空灵不可及的姿态,这内倾的节奏,这不可逼视的明眸赐给蒙娜丽莎(*La Joconde*)画像的,就是达·芬奇这个"雕刻师"。无疑地,他的斯科查(*Francesco Sforza*)亦是一样,一种仿佛完成了使命的公使堂堂皇皇地回国的姿势,使它栩栩如生。

从《塌鼻人》的面具到《青铜时代》的雕像这一长时间,罗丹的心灵经历了几许在沉默中的发展。新的关系把他更密切地和过去的艺术结合在一起。这伟大的过去,曾经重负似的压倒了许多艺术家,却成了背着他飞腾的翅膀。因为如果他这时候的愿望和追求不曾得到人们的首肯或印证,他却得诸古代的艺术和天主教堂的阴影重重的幽暗。人们虽不和他说话,石头却对他谈心。

《塌鼻人》向我们表明,罗丹怎样晓得在一个面孔上找寻他的路,《青铜时代》证实了他对人体的无限支配力。"塑像大师",这严肃而又不夸大的头衔,中古时代的大师们用以互相尊称的,自然而然地归属于他。这里是一个与真人同大的裸体,不仅各部分都充满生命,而且处处都显示出同样强的表现力。那沉重的、醒觉的痛苦表情,以至那对于这沉重的依恋,一切写在面孔上的,无不清清楚楚楚地在这躯体最微小部分认得出来。每部分都是一个各有他的说法的口。最严厉的眼也不能在这座雕像上找出比较不生动、不准确、不清晰的地方。一种力量仿佛从地心直透这躯体的万千血脉。那是一株大树的剪影——这株树儿忐忑不安,因为三月的暴风当前,它的夏天的果实和丰盛又已经不在根上,而将慢慢地升到那群风争相追逐的树干里了。

这座雕像还在另一点上有深重的意义。它在罗丹的作品中指示出姿势的产生。这生长起来、逐渐发展到那么伟大雄劲的姿势,已经在这里溅射出来,像一道泉水沿着躯体汩汩流出一样。从原始时代的幽暗醒来,这姿势仿佛在发育中跋涉于这作品的广原上,好像已跋涉了几千万年,远超过我们,甚至远超过那些未来的人们。它在高举的双臂上缓慢地展拓,可是这双臂已经那么沉重,其中一只手已经重复在头上憩息了。不过这手已经不再昏睡了,它只高高地在那肃静无哗的脑梢聚精会神,准备着去工作,那绵延不绝、不能逆料它的终局的工作。而它的右脚呢,第一步已站了起来,静候出发了。

关于这姿势,我们可以说,它像关闭在一颗坚实的蓓蕾里沉睡着。思想的烈火和意志的风暴:它开放起来,于是,看呵,显现的便是这具有雄辩而且煽动的双臂的《施洗者约翰》(*Saint Jean Baptiste*),带着一种仿佛感到后面有人跟着来的雄壮的步伐。这个人的躯体已经不是完整无损了:沙漠的火穿过他,饥饿侵蚀他,各种狂渴焚烧他。他不折不挠,并且变得极端坚强了。他那隐士的瘦躯无异于一条木柄,上面插着他的步履的叉儿。他走着。他走着,仿佛他胸怀着全世界,仿佛在用他的步伐测量广阔的大地。他走着,他的臂儿证明他在走动,他的手指也分开来在空中划出进行的符号。

这座《施洗者约翰》是罗丹作品中第一个走动的人。许多别的便接踵而来。于是《加莱义民》(*Les Bourgeoisde Calais*)开始他们沉重的步伐,而他们每步都似乎准备着《巴尔扎克》(*Balzac*)的挑战的步伐的雄姿。

可是那些站立着的人们的姿势也逐渐展开,关闭,并且像燃着的纸般卷起来,变得更坚强,更周密,更有生气。比方这夏娃的像,原定放在《地狱之门》(*La Portede l'Enfer*)上,像一个怕冷的人,她的头深深埋在那交叉的双臂的黑暗里,她的背脊是圆的,她的颈项看起来几乎是横着的,她那倾斜的姿势无异在侧耳倾听她自己的身躯,因为一个陌生的未来在里面开始蠕动了。仿佛就是这未来的重量影响这女人的肢体,把她往下坠,把她从那使她分心的生命拖出来,回到母性的深沉而卑微的奴役里。

永远永远地,在选择姿势的时候,罗丹重新回到内倾的态度,回到这向人们最亲切的深渊的倾听。那题名《冥思》(*La Méditation*)的奇妙的石像就是这样的态度。还有那无法忘却的《心声》(*La Voixintérieure*),雨果歌中最隐秘的声音,在诗人的纪念碑上几乎给义愤的音声盖过了。从来未有一个人体那么集中在它最亲切的部分的周围,那么驯服于自己的灵魂,而又给自己富于弹力的血液所挽留的。在这深深地俯向侧面的躯体上面,颈脖怎样微微举起,伸拓,和支持那倾听着的头儿高出生命的遥远涛声之上,在我们心灵里唤起那么宏大透彻的感应,我们简直不能想起一个更惊心动魄、更内在的姿势。我们很诧异地发觉它没有手臂。关于这点,罗丹觉得手臂对于他未免是太容易的解决办法了,它们与那想不靠外界助力、完全包藏在自己里面的身躯,多少总是不协调的。我们可以想起邓南遮(Gabriele d'Annunzio)一个剧本里的都丝,当她悲痛万分地被抛弃之后,没了臂她还要拥抱,没有手她还想挽留。在这一幕里,她的躯体学会了一个远超过她自己的爱抚,是她的最令人难以忘怀的表演之一。她给我们一个这样的印象:手臂是一种奢侈品,一种装饰、是些富裕和无节制的人的所有物,我们可以任意摒弃,以达到极端贫乏的。她并不像牺牲一件重要的东西;我们至多可把她比拟成一个把她的杯子作赠品,而自己向溪中吸饮的人,一个赤条条的,并且在她的深沉的裸露里略带呆气的人罢了。罗丹的无臂的石像亦然;它们并不缺少任何必需的东西。我们站在它们面前,无异于站在整体的面前完备,美满,丝毫不需要增补。那不完备的感觉并不是由于我们的视觉,而是由于一种复杂的反省,一种玄弄博学的陋习,使我们认为一个人体必定要具有臂儿,否则不完备或不成其为人体。距离现在不久,人们曾经反对过印象派的画边截断的树儿,可是没有多少时候人们便习于这种印象;人们,至少画家是这样吧,已经学会去了解和相信:一件艺术品的完整不一定要和物的完整相符合。它是可以离开实物而独立,在形象的内部成立新的单位,新的具体,新的形势和新的均衡的。雕刻又何尝不如是?艺术家的任务就在于用许多物造成一件新的、唯一的,或从物的一部分造成一个世界。罗丹的作品里有些手儿,有些孤立而且小小的手儿,并不附属于任何躯体,却一样生气勃勃。有些手直竖起来,愤怒而带着恶意,有些仿佛用五个竦立的指儿狂吠,如地狱里那五道咽喉的狗一样。有些手在走着,在睡着,有些在醒着;有些在犯罪,而且负载着一个沉重的遗传;有些却疲倦,再不想望什么,只蜷伏在一隅,像些生病的畜牲,因为它们知道再没有人能够帮助它们了。可是手儿已经是一个复杂的机体,一个三江口,许多自远而来的生命在那里总汇,以便投身于行动的洪流里。它们自有它们的历史、传说,它们的特殊的美;人们承认它们有自己的发展,自己的愿望,自己的感情、气质和脾性的特权。但罗丹,从他自身的经验知道,人体是由无数生命的戏剧组成的,这生命到处都可以变为独创而伟大,而且他能够把一个整体的丰盈和独立性,赐给这辽阔的震荡的面的任何一部分。正如一个人体,对于罗丹,所以成为整体,全在于一种共通的动作(内在的或外在的)运用它的四肢和全力;同样,几个不同的人体的各部对于他,可以由一种内在的需要互相依附而融成一个有机体。一只手放在另一个躯体的肩膀上或腿上,便不再完全属于它原来的躯体:它和它所抚摩或握住的物品已经组成一件东西,一件无名而且不属于任何人的新的东西;现在问题就在于这件特殊的又有其确定范围的东西。

这发现是罗丹聚拢许多形象的方法的基础;所以他的人物是那么异常地紧凑,他的雕刻的形象是那么团结,无论怎样都不肯放松。他并不将搂抱的人物做出发点,他并没有许多"模特儿"来安排和组合,他从接触最密切处着手,把它当做作品的焦点;哪里有新事物发生,他立刻动手去把他的工具的全部知识,献给那随着一件新事物的诞生而来的神秘的显现。我们可以说,他只在那些溅射出闪光的地方下功夫,而且他只看见整个身躯给闪光照耀的部分。那题名《吻》( Le Baiser )的少女和男子的雕像的动人处,就在于对生命的英明而准确的分配——在这接触着的面上,我们感到一层层的涟漪,一阵阵美的预感和力的寒颤渗透了这两个躯体。因此我们似乎看见这亲吻的幸福洒遍了这两个躯体的全部;它像初升的太阳,而它的光普照各处。然而更神妙的是另一个亲吻,在这亲吻的周围屹立着,像围墙包围着一座花园一般,这便是题名《永久的偶像》(*L'Éternelleidole*)的杰作。这座大理石的一个复制品,从前是加里尔(Eugène Carrière)收藏的;在他的住宅的静谧黄昏里,这座玲珑剔透的石头活着,像一道清泉永远更新着同样的波动,一股迷魂的力量不断地循环升降。一个少女跪着,她的倩躯温柔地折叠起来。她的右臂向右伸展,她的手儿在摸索中找着她的脚尖。在这三条线中间,从那里没有一条路可以通到宇宙去的;她的生命和秘密关闭起来;她脚下的石头把她高举,而她就这样地跪着。在这少女所处的态度里,在她的梦想或沉寂中,我们似乎骤然认出了古代残酷宗教里的女神那种凝神默想的圣洁而古朴的态度。她的头微微向前倾;带着一种宽容、高洁和沉毅的神气,仿佛从一个静夜的高处,她凝视着在她脚下把面孔全伏在她胸前,如在万花丛中的男子。他,那男子,也是跪着的,可是比她更低,在石头的很低部分,他的手儿躲在背后,无异于空虚而无价值的物件。右手是展开的,我们可以透视进去。从这座雕刻浮现出一种充满了神秘的伟大,我们简直不敢(对于罗丹的作品往往如是)给它任何意义——它所含的意义实在太多了。思想如影子般在它上面流过。可是,在每个思想背后,它依然屹立着,新鲜而且瑰秘,在它的无名的光辉里。

这作品有几分炼狱的意味。天堂近了,却还未达到,地狱相去不远,却还未忘掉。而在这里,一切光亦都从接触中透视出来——从两个躯体的接触,以及那女人与她自身的接触。

就是那惊人的《地狱之门》,罗丹在孤寂中经营了二十多年而至今还待熔铸的,亦不过是两个活生生的面的接触这个新题目永远更新的阐发而已。他一面探寻面的波动,一面进行他对于面的配合,不知不觉达到了要寻求那些互相接触的躯体的境界——那些躯体的接触要更猛,更坚强,更有力。两个躯体互相接触之点愈多,它们愈不耐烦地互相投入怀里,如两种性近的化学体一样。而它们所组合的新的整体也愈稳固而有生气。但丁的记忆返回来了:乌谷利诺(Ugolino)和那些旅客们,但丁与维吉尔

(Virgile)之互相偎贴,淫荡者的拥抱,和当中竖起来的像一株枯树般的那贪夫的曲折的姿势。山陀儿①(Centaure)、巨人、妖怪、海女、山精和女山精,一切异教林中的兽神,野性而且凶悍的,都走到罗丹这里来了。于是他全神贯注去创造。他把但丁梦里一切人物及奇形怪影都体现出来了,把它们从他记忆的簸荡深渊里钓出来,一一予以成为实物的轻松的解放。成千万的人物和队伍就是这样诞生的。然而他从诗人的话里所得的节奏,究竟属于另一个时代;这些节奏在那使它们复苏的工作的人里面,唤醒了他对万千别的姿势的知识,根据诗人的诗创造出来的取与失的姿势,受苦与失望的姿势;而他的不疲倦的手不断地、更远更远地超出佛罗伦萨的世界以外,创作出永远是新的姿势和形象。

这个严肃而专心致志的工人,从不去寻求题材,亦不希冀在他的一天天成熟的工具的权力以外有别的创造,骤然恍悟他在这条路上穿过生命的各种戏剧;现在,那恋爱之夜的万丈深渊,充满了苦与乐的幽暗面,在他面前展开了,在这里,仿佛仍在原始的英雄时代里,人们是赤裸裸的;在这里,面目全熄灭了,只有躯体是唯一的真实。像一个生命的寻求者,他带着如焚的官感走进搏斗的大混沌里,而他所见所闻的无不是:生命。他周围的空间并不变为狭窄、褊小和混浊,它展拓开来。卧室的气味远了。这里就是生命,一千度包含在每刹那里,在欲望与痛苦里,在疯狂与凄怆里,在得与失里。这里是一个无尽的欲望,是一个把宇宙的泉水倾进去也要像一滴水干去的狂渴,在这里没有虚妄,没有背盟,而赐和取的姿势至少在这里是确凿和伟大的。这里是罪恶和诅咒,刑罚和幸福,我们骤然领悟:掩饰这一切,埋没这一切,却又装扮到似乎绝无其事的世界,必定要变为贫乏的。

事实是这样。与人类的历史同时演奏的还有一部历史,一部不知粉饰、礼教、派别和阶级,只知搏斗的历史。这历史也自有它发展的过程。它从本能变成了思慕;从男性对女性的欲望变成了人和人的依恋。这历

---

① **山陀儿** 希腊神话中的人头马身怪物。

史也就是这样出现于罗丹的作品里。依然是两性的永久搏斗,可是女人已经不是一个被征服或驯伏的畜牲了。她是充满了欲望和像男人一般清醒的。我们可以说他们俩团聚在一起,一块儿去寻找他们的灵魂。一个人在夜里站起来,带着屏息的脚步走向别一人那里,实无异于一个寻金者想在两性的十字路口掘取他所需要的大幸福。而在种种罪恶里,在种种违背天性的享乐里,在那想给生命一个无限的意义的种种绝望和失败的尝试里,都带有几分那造成许多大诗人的怅惘。在这里,人类的饥荒超出它自己以外。在这里,手儿向着无穷伸拓。在这里,眼儿睁着,瞥见了死亡,却毫不畏怯;在这里,无希望的、英雄的生命舒展着,它的光荣如微笑般隐现,如玫瑰花般开谢。这里有欲望的风涛与期待的烦躁;这里有梦儿化为现实,有现实消失在梦里。在这里,像在一个大赌馆里,有无限的力的资产来付孤注。这一切都在罗丹的作品里。他,一个经历过种种生活的人,在这里找着了生命的团圆和美满。那每点都是意志的身躯,那些简直就是呼唤的形象的嘴,都仿佛从地心竖立起来。他找着了太初的神祇的姿势,兽类的敏捷和美丽,原人舞蹈的晕眩,已被遗忘的祭祀的节奏,这一切都很奇妙地与那在艺术上走了弯路,并对这种种启示熟视无睹的、长时间形成的新姿势联结起来。这些新姿势特别引起他的兴趣。它们是焦躁的。正如一个找不到东西的人渐渐变得惝恍、松懈和急躁,把周围的物件弄成一团乱,仿佛要强迫它们协助他去寻找似的;这样,那找不着它的意义的人类的姿势,也愈做愈不耐烦,愈焦急、匆迫和暴躁。于是一切生存问题都一一被摇动和翻掘出来,坦卧在它的四周,但同时它的脉搏的跳动也愈踌躇。它已不再有古人用来把捉一切事物的那种果断的筋肉的准绳,已不像那些古雕刻所保存下来的只注重始点和终点的姿势。在这两种单纯动作之间,无数转变的过程已经插进去,而现代人的生命,他的动作和他的无能又都在这些过渡期间发生。攫夺的手势既不同,招呼、持和放的样子亦迥异。对于万事万物,都增加了许多经验,同时又重新增加了许多愚昧,增加了许多疑难和障碍,增加了许多对已往的哀悼,也增加了许多判断力、节制和考虑,而减少了许多武断。罗丹把这些姿势一一创造出来。他从一个或几个人物的身上抽取一部分,依照他自己的方法构成一种新的东西。他把一切热忱的生命,一切娱乐的花朵,一切罪恶的重量,赐给千百个并不比他的手儿大的人物。他创造了无数无数的躯体:有些互相交接和扭作一团,像一些相咬的野兽般捆在一起,终于像一件物一般降到无底深渊里;有些像面孔般倾听着,控制住他们的冲动像控制住他们的手臂一般,准备冲出去;有些身躯成串的、成圈的、成球的,像累累的葡萄般,里面流通着从痛苦的根儿升起的罪恶的甘液。只有达·芬奇在他的世界末日的宏伟描绘里,曾经用过同样卓越的力量把人们团结在一起。像在那里一样,这里也有许多人投身于万丈深潭中,或把他们婴儿的头颅撞碎,以免他们在这大痛苦里长大——可是这些人物太多了,决非《地狱之门》的两扇大门和框儿所能尽容。罗丹选了又选。他把一切太孤零不能隶属于这伟大的整体的,一切不是这和谐所绝对需要的,通通删掉;他让那些人物和队伍自己找寻它们的位置,他静心观察他手创的人物的生命,他侧耳倾听每个人的意志,然后一一成全它们。于是这门上的宇宙渐渐浮现出来。它那拥挤着雕塑的形象的面开始勃然有生气:带着渐渐柔化的阳纹,门右的人物的骚动像人声般息灭下去。在门的外框,无论哪方面都是飞升,向上拉、向上抽的动;反之,那两扇门却是下降,向下滑,向下崩溃。一片颇宽的面积把它们的高边和外框的横面凸出的边儿隔开。前面,在静锁着的空间里,是《思想者》(Le Penseur)的雕像,一个因为深思的缘故,彻悟了这整个光景的宏伟和恐怖的人的雕像。他坐着,凝神而且缄默,脑中载着无数的形象和思想,而他的全部力量(那是一个行动者的力量)都在沉思着。他全身都是头脑,血管里的血液就是脑浆。他是这门的中心点,虽然在他的头上,和框儿一样高,还有三个人站着①。是深渊推动着他们,从远处把他们抽出来。他们的头互相接近,三只手臂向前伸;他们一块儿走着,指向同一地点,向下面,在那用整个重量把他们坠下

---

① **三个人站着**  《地狱之门》人物群像之一,位于门顶,后独立成像,题名《三个影子》(Trois Ombres)。

去的深渊里。然而那沉思者却要在他里面把他们负担起来。

在那些因这扇门而得见天日的雕刻中,艺术价值极高的很多。把它们一一列举和叙述是不可能的。罗丹自己曾经说过,他至少要费一年的唇舌才能把他的一件作品形容尽致。我们只可以说这些石膏的、铜的或石的小作品,与古代艺术里许多小小的兽像无异,往往给我们极其伟大的事物的观感。罗丹的雕刻工作室里有一个原籍希腊的小豹的模型,才不过手儿那么大(原作现藏巴黎国立图书馆集古室);当我们从前面透视它腹下四肢的灵活而坚硬的爪儿中间,我们真以为在窥探着那些筑在岩石里的印度寺院的深殿;这作品的身材是那么渐渐地增长和伸拓,以至于广漠无垠。罗丹的一部分小雕刻亦如是。他把许多空地,无限完整而界划分明的空地赐给它们,于是它们便长大起来了。空气在它们四周无异在磐石的四周。如它们当中有些动作是向上升的,天空就似乎立刻给它们举起来,而它们的坠落也曳群星而俱下。

或许就是在这时期,诞生了从两膝投身于她自己纷披的水淋淋的头发间的《水神》(*La Danaïde*)吧。我们只要绕这座大理石一周,便会得到一个奇妙的印象:一条长的、很长的路,沿着迂回丰美的背脊,以达到那埋在石里如在深长的呜咽里的面孔,以达到那纤柔的手,那像一朵临谢前轻语生命的手。还有《幻影,依卡尔的女儿》(*L'Illusion, La Fille d'Icare*),一个无可奈何的、深长下坠的、使人晕眩的变形。还有那组题名为《人和他的思想》(*L'Homme et sa pensée*)的。它表现一个跪着的男子,由他的额头的接触,在石里唤醒了一个女人的轻盈的形象,这形象却仍然贴附在石上;如果我们要解释它,我们就应该欣赏这额头与思想的融洽无间的结合;因为只有他的思想是活着,并站在他面前;其次便是顽石了。和这群像接近的,还有那罗丹名之为《沉思》(*La Pensée*)的,从石里突出、凝神默想的头。腮部以下完全埋在石里。这简直是从潮湿的延续的浓睡里慢慢儿举起来的、一副充满了光明与生命的面孔。还有那《加里亚提德》(*La Caryatide*)。已经不是那轻轻地或沉重地支持着一块石的重量的笔直的形象,或者因为那块石已能自主这形象才藏身其下了。一个女性的裸体跪着,头向前倾,完全压缩在她自身里,并完全给她的负担的手捏就,这负担的重量源源不绝地下降于她的四肢和全体。这躯体的最微小部分都支撑着石的全部,如一个更大、更古、更坚强的意志,可是她那注定要毕生背负的命运却不因而中止。她背着,像人们在梦中背着"不可能"一样,并且找不着出路。而她的倾颓,她的晕倒,依然是一种背负的动作。等到疲乏来了,终于使她的身躯倒卧下来,躺着,她还是背负着。她将无终无极地背负着。这就是《加里亚提德》。

我们尽可以(如果我们要)用许多深思妙想来陪衬、环绕和解释罗丹的大部分作品。对那些不习惯仅靠观赏以达到美的路的人,还有许多旁的路。一些通过高贵、伟大并充满了形象的意义的弯路。这些裸体雕像的无限准确与妥帖,它们的节奏完美而均匀,它们的比例惊人的内在美;和那渗透了它们的每一部分的丰富的生命,似乎这一切使事物美丽的原则,同时也使它们能够不可超越地体现它们的创造者赐给它们的标题的含义。罗丹的雕刻中,从没有一个标题依附在作品上如兽之依附于树上。它只在物的附近居留,并靠着它生活,如一个看守者一样。我们请教于他固可获得许多消息,但是懂得忽略他的人,就会觉得更清静,更少麻烦,并且所得的消息也更详尽。

无论他工作的最初冲动是从一个标题得来,无论鼓动他工作的是一个故事,一出戏剧,一段历史背景,或一个真实的人物,只要罗丹一动手,这题材的表现便渐渐变为一件无名的实物:移植到手的语言里,那跟着来的种种要求,自然也各有其只与雕刻的操作有关的新意义。

像是一个准备阶段,在罗丹的素描里,已发现这种对原来标题的忘却与转化了。罗丹对于这种艺术也自有其表现方法。因此,这几千张画稿也是他的人格的特殊、亲切的启示。

譬如那些日子最久的中国墨素描,它们的光和影的效果具有一种惊人的力量。其中如那令人想起伦勃朗的《男人与公牛》(*L'Homme au taureau*),如年轻的圣约翰的头或那表现叫喊的《战神》(*Le Génie de la Guerre*)的面具;一切帮助画家去认识平面的生命以及它们与周围空气的关系的速写和习作。其次便是用轻快的手腕描绘的裸体，有些是具备各种轮廓，用敏捷的钢笔轻抹的；有些却幽闭在一个单纯的轮廓的震荡的旋律里，从那里崛起一个不可磨灭的纯粹的姿势。罗丹应一个藏书家之请，用来点缀一本《恶之华》（*Fleurs du mal*）的许多钢笔画就是这样。如果我们只说及这些画对于波特莱尔的诗之深刻体会，这就等于不说，如果我们记起这些诗本身是如何的饱和，似乎拒绝一切外来的补充和提高，我们必定试图多说一点；而事实上，在罗丹的婉妙的线条与诗句融会处，我们感到一种补充和提高的印象，这些画稿的迷人的魔力就在此。那幅配合《穷人之死》（*La Mort des pauvres*）一诗的画，简直超过这首伟大的诗的内容，因为它的姿势带着那种单纯与不断增长的伟大，我们真以为它磅礴了宇宙，从晨光以至落日。

他的铜版画亦是这样。它们那无限柔和的线纹，透露出如一盏美丽的琉璃灯的极端的轮廓，这轮廓无时不玲珑地刻划出来，在现实的本质上流过。

于是终于轮到那些瞬息的、在不觉间逝去的姿势的奇妙的纪录了。罗丹认为，模特儿在不留神的顷刻间的微妙动作，很敏捷地描下来，可以蕴藏一种我们梦想不到的表现力，因为我们不惯以灵活而坚决的注意去窥伺之故。他一面目不转睛去窥察模特儿，一面把纸张完全交托给他那活泼纯熟的手，于是画下了无数从未有人见过，永远给人忽略的姿势。而从那里流露出来的表现力却真浩荡无极；许多相应相求的动作，从未有整体儿给人掌握或公认过的，都显现出来了——它们包含了一种可称为野兽的生命的直接的热和力。一支赭墨淋漓的笔迅速地挥动着，轻重如意地穿过这轮廓，把一片封闭的面画得那么生动，我们简直以为站在一些塑像之前。于是又一度发见了一片充满了无名生命的新区域；一个无底深渊，一切喧响的脚步都在那上面残踏过的，拿它的水献给一个用竹枝来指引他的手探水源的人。

就是目的在造像的时候，对于题材的素描也是准备工作的一部分，从那里罗丹慢慢地、专心致志地去奔赴那遥远的任务。因为我们固不能把他的雕刻当作印象派看,但他所大胆而准确的固定下来的无数印象总不能不算一个大资源,从那里他选取最重要和最必需的,把它们融化在一个成熟的概括里。当他从所探寻或构造的躯体走向面庞的时候,他必定常常会感到一个从风沙扑面的野外走到一个少长咸集的大厅的印象;这里,什么都是拥挤和阴沉的,一种室内的空气浸润着眉弯和唇阴。如其躯体上只有波动和潮汐,那在面孔上的却是空气了。那简直像一些曾经发生过许多满挤着期待的哀与乐的事件的房间。而且没有一件事是完全过去的,没有一件事可替代前一件;它们只平排列着,在那里留存,像瓶里的花般萎谢下去。可是谁从狂风扑面的外面来,必定把"海阔天空"带到屋里去。

《塌鼻人》就是罗丹创造的第一个肖像。在这作品里他那通过面孔来表现的方法已获得完全的发展,我们感到他对于脸上一切的无限制的虔诚的专注,他对于命运所划下的每条线纹之重视,他对于那富于创造的生命(甚至在它的摧残销蚀处)之信心。他在盲目的信仰里创造这《塌鼻人》,不问这个人的生命又一度从他手里流过的究竟是谁。他创造他正如上帝创造第一个人一样;唯一的念头只是要产出生命,那无名的生命。然而他永远带着更多的认识、更多的经验和魄力回到人们的面孔来。他再不能看见脸纹而不想及那曾经活动于其上的日子,那日日夜夜在面孔的四周旋转,仿佛永不能竣工的成群工匠了。于是对于生命的一种沉静和慎重的复述,遂成为这成长了的人对于那满布字迹的面庞一种起初只是摸索着的,然后一天天胆大起来的有把握的诠释。他并不给幻想以余地;他绝不虚构。他一刻也不轻视他的工具所特有的沉重的步伐。乘着无论什么翅膀以超越它是容易的事。像从前一样,罗丹在它旁边走着,越过了一切应越过的悠长的阶段,像农民跟在牛车后面般向前走。可是他一边犁田,一边却不断地思念着他的乡土、耕地的深度、头上的青天、风的步骤和雨的下降,一切坏的及能损害的,一切过去而又再来和永远存在的。

现在,他相信,既摆脱了纷纭万象的困惑,他从这一切当中认清楚了永恒,那使创痛所以良善、苦难所以慈爱、悲哀所以美丽的主因。

这与他所创造的肖像同时开始的对人生的解释,在他的作品里一天天向前展拓,这是他的浩瀚的发展的最后一环,也是最高峰。它慢慢地开始。带着无限的小心,罗丹在这条路上启程。他重新从一个面走到一个面,紧紧地跟着大自然走,听从它的领导。我们简直可以说,就是大自然指示给他许多眼看不见的地方。当他着手去经营这些地方,从许多烦琐的纠纷提取伟大的单纯时,他实无异于基督用一个崇高的寓言来洗刷那些用混乱的杂题质问他的人们的谬误。他完成了大自然的一个意图。他完成了一件在演变中仓皇失措的东西,他发现了事物间的关系,正如浓雾的黄昏发现树梢儿在远处起伏波动。

满载着他全部学识的活泼泼的重量,他像一个未来的人,观察那些在他四周生活的人们的面孔。所以他所创造的肖像是那么意外地眉目分明,同时却具有一种曾经在雨果和巴尔扎克的诗文中登峰造极的预言式的伟大。做一个肖像,对于他简直就是在模特儿的脸上寻求永恒,由这一点永恒,它加入了一切永久事物的洪流。他从未造过一副面孔而不把它略略向着永恒提高,像我们把一件物向天照,以便更纯粹更真切地了解它的形状一样。这并非我们所谓美化,就是所谓"典型化"也不恰当。他所做的实超过这一切。他把"持久的"和"消逝的"分开,他裁判,而他是公正的。

他所创造的全部肖像,即使置铜版画不算,也包含许多成功而庄严的作品。有铜的、大理石的、石膏的、砂石的半身像,有泥塑的面具和头。女人的肖像永远在他各时期的作品中重现。藏在卢森堡美术馆的有名的半身像①,就是最早的一座。它充满了奇异的生命,美丽而且带有几分女性的丰韵。可是从面的单纯与和谐的观点看,许多后来的作品显然居上了。这肖像或许是罗丹的唯一作品,其美丽不靠雕刻家的本领;它的价值大部分在于那久已在法兰西的艺术传统里植根深固的"妩媚"。它多少还以法

———
① **有名的半身像** 指《魏交纳夫人》(*Mme Vicuña*)半身像,现藏罗丹纪念馆。
———译者原注

兰西传统里的雕刻所特有的"优美"见长,还没有完全摆脱那对于一个美人的漂亮的观念——罗丹不久便由他天生的严肃和刻苦的工作超过了。不过我们应该在这里提及,罗丹还有这种遗传性需要征服;他要在他身内窒息一种先天的力量,以变为极端贫乏。他并不因此而不是法国人;建筑中世纪的天主教堂的大师们也是法国人呢。

后来的妇女肖像却另具一种美,没有那么漂亮,却深沉了许多。关于这,我们或许要提及罗丹所塑造的多是异邦的、尤其是美国的妇女的肖像。其中有些制作得异常精美,有些石头清纯空灵如古代的琳琅,有些面孔上的欢笑是那么飘忽不定,在脸纹上那么婉转地游戏,简直随着每度呼吸起伏。紧闭着的嘴唇的谜,凝视着永久的月夜或迷茫的梦的眼睛。同时,罗丹似乎酷爱将妇女的面庞当作她的美丽躯体的一部分看。她的眼睛固然是身躯的眼睛,口亦是身躯的口。当他把女人这样整个看待和创造时,那面孔立刻表现出一种深刻动人的蕴藉的生命,就是所有的女人的肖像,虽然制作精心得多,也远远被超过了。

男人的肖像却不然。我们比较容易设想一个男子的要素完全集中在面孔的幅员上。我们甚至可以想象有些刹那(静谧的刹那和内在的兴奋的刹那)全部的生命都是在面孔上显示出来的。当罗丹要塑造一座男人的肖像时,他就选择,或者不如说,创造这样的刹那。他并不看重第一次印象,也不把第二、第三或其余次的印象看重。他只观察和记录着。他记下许多不置一词的动作,无数的转身和半转身,四十个简写和八十个侧面。他袭取模特儿的习惯或偶尔的表情,一些在形成中的表情,疲乏或使劲的表情。他深深地认识脸纹上的一切过程,知道每朵微笑的来源和去路。他把人的面孔看作他亲自参预的舞台,他是在他自己的环境里,其中没有一件事他不注意或不及注意。他并不听模特儿自道,他只要知道他亲眼看见的东西,而他却无一不看见。

这样,许多光阴都花在每座半身像上。材料一天天增加,或用钢笔或用中国墨描下来,或收藏在他的记忆里,因为罗丹也把他的记忆当作最可靠最适用的工具呢。在面对着模特儿的当儿,他的眼睛所见比手所能记录的多。他一点也不遗忘。所以往往在模特儿离开他之后，他的工作(凭着他的丰富的记忆力)才真正开始。他的记忆是那么浩荡无边，印象并不在里面变色，只习惯在那里居留。于是当它们从那里溜到手上时，它们简直就像是他的手儿的自然姿势。

这工作方法使他贮蓄了几千万个生命的刹那：他那些半身像所给我们的印象就是这样。那无数相去如天渊的对比，那许多出人意料的过渡，所以积聚成一个人及其源源的发展的，在这里全融洽于美妙适当的节奏里，带着一种内在黏力缔结起来。这些人无一不是从他们灵魂的各种纬度发现出来的，他们性情的各种气候都呈露于他们头颅的半球上。

这里是雕刻家《达鲁》(*Jules Dalou*)，他里面颤栗着一种刚愎而贪婪的精力与神经的疲倦；这里是《罗施弗尔》(*Henri de Rochefort*)的富于冒险性的面具；这里是《米尔波》(*Octave Mirbeau*)，行动家的脑后荡漾着诗人的幻梦与怅惘；这里是罗丹认识最深的《普维·德·夏凡》(*Puvis de Chavannes*)画师和《雨果》(*Victor Hugo*)诗翁；这里是超出一切的、具有不可形容的美的铜像《约翰·保罗·劳仑斯》(*Jean Paul Laurens*)。这半身像或许是卢森堡美术馆最重要的作品。它的面呈现着那么丰满和深刻的感觉，它的姿态那么幽闲，它的神气那么轩昂、激动又那么清醒，使人不得不想像这作品是大自然从雕刻家手里夺来，珍重保存如它所最抚爱的宠物之一。这辉煌的铜像，其铜质如火般透过煤烟的墨黑，灿烂而闪烁，更足以完成这艺术品的凄惶的美。

还有《勒帕热》(*Jules Bastien Lepage*)的半身像，宏丽而且忧郁，带着一个受苦人的神气，而他的工作无刻不是对于他的事业的不断的诀别。它是为这画家的故乡丹韦勒造的，现在还安放在这座小村的墓园里，所以它简直是一个纪念碑。其实罗丹的雕像，由于它们的完整以及它们那趋向伟大的集中，无一不具有几分纪念碑的意味。它们只缺少一种对于面的较大的单纯化，对于必需的元素之更严厉的选择，以及一个较遥远的可见性的条件。罗丹所创造的纪念碑往往更接近这些要求。他先从《珂路德·日雷纪念像》(*Le Monument à Claude Gelée*)着手，这是为南锡城建造的。从这第一个有趣味的尝试以至《巴尔扎克》的浩大的成功,简直是一个峻险的攀登。

罗丹的好些纪念碑已到美洲去,其中最成熟的一座未建立便毁于智利之乱了。这就是林奇将军(Patricio Lynch)的纪念碑。正如达·芬奇的杰作失传一样,这铜像,它的表现力及人物与台座之间奇妙的和谐或许胜于前作,可惜未能保留下来。根据藏在罗丹纪念馆的小石膏模型,我们可以肯定这雕像是属于一个癯瘦的人,威风凛凛地坐在马鞍上。他并不像一个强暴的武夫,却带着一种更颤动的筋肉;仿佛只因履行职责才使用权威,毫不把权威混入他的生命一样。在这里,将军向前指的手已经从纪念碑的全体,从人物和台座上高举起来。就是雨果诗翁的姿势,也完全根据这动作而得到它那不可磨灭的造诣,这来自远方的一些什么,这使我们一见即信服的力量。这个对着大海谈心的老人的有生命的大手,不仅来自诗人,而且降自群峰的极巅,降自它说话之前即在那里默祷的山峰。这里,雨果是一个逐客,格尔涅西岛(Guernesey)上的孤独者,而那些环绕着他的艺术女神,并不像临视着一个被抛弃者的许多形象,这一点,实在是这座纪念碑的众妙之一:她们只是使他的寂寞化为有形而已。通过许多孤立的内在化和集中(我们可以说),罗丹在诗人的亲密的四周塑造了这个印象;依然是从接触点的个性化出发,他把这些神采奕奕的人物造成功了一个坐着的人的肢体。她们环绕着他,正如他某一天留下来的伟大的姿势一样。这些姿势是那么美,那么年轻,以致一位女神体恤它们,使它们寓形于一些美女的形象里,不让它们消逝。

关于诗人本身的肖像,罗丹曾做了许多习作。在吕辛能公馆的招待会中,罗丹不知曾经几度从窗角观察和记录这位老人的动作及其生气勃然的脸上的表情。这些准备工作终于产生了罗丹创造的许多雨果的肖像。可是对于纪念碑,他要求更深入更透辟。他把一切孤立的印象通通拒绝了,把它们在远远的某处聚拢来;正如荷马把一串叙事诗组合成一个人物,罗丹把他记忆里的许多形象融合成一个唯一的肖像,他将传说的伟大,赐给这最后的无双的肖像,似乎这一切究竟不过是一段神话,而且都回溯到海滨一座怪石上,在这大石的奇形怪状中,远古的民族曾经把它看成是一个在那里沉睡着的人。

每当历史的题材或人物要求复苏于他的艺术里时,罗丹往往把化"消逝的"为"永久的"本领重新发挥出来;最卓越的或许就是《加莱义民》了。这作品取材于法华沙尔(Jean Froissart)的《通鉴》(Les Chroniques)里的几行文字,那是英王爱德华三世围攻加莱的故事;《通鉴》叙述加莱市民如何因饥荒而恐栗;英王如何不允赦宥他们;后来终于首肯了,却勒令他们当中六个最高贵的市民自首,"任胜利者屠杀"。他要挟他们离城时要"光头、赤足、锁颈,以及把城堡的钥匙拿在手里"。《通鉴》现在描写城内的情景了,它叙述市长如何下令敲钟,全城居民如何在广场上集中。他们都听见哀耗了,他们期待而且缄默着。可是英雄已经在他们当中站起来了,那豪杰们,那视死如归的人们。到这里,群众的号啕与哀叫仿佛在史家的笔下汹涌着。他自己也似乎悚栗了片刻,而带着颤动的笔写下去。可是他又冷静起来了。他记载了四个人的名字,而忘掉其余两个。他告诉我们第一个是城中最富有的居民,第二个富贵双全,还有两个娇女,第三个曾继承了先人百万产业,第四个是前者的弟弟。他记载他们连衬衣也脱掉,用绳子拴住颈脖,然后带着城堡的钥匙启程。他记载他们如何走进英王的营门,英王如何虐待他们,以及刽子手已经在旁边等着。可是英王终因王后的哀求而饶了他们。"她软化了他的心,"法华沙尔说,"因为她正在怀孕。"《通鉴》所记止此。

但是对于罗丹,材料已经很够了。他感到这段历史中之一刻有一件大事发生,一件不知时代和名字的事,一件独立的单纯的事。他全神贯注在离城那一刻。他仿佛目睹这些人如何动身;他感到他们每个人当中,过去的生命又一度跳动,每个都满载着他的过去,昂然站在那里,准备把它带出老城去。六个人在他面前出现,各有各的相貌,只有两兄弟相差无几。但是每个都有他下决心的方式,每个都有他活这最后一刻的方式,用他们的灵魂去活着,用那保持生命的躯体去忍受着。于是连形象也在他眼前消灭了。无数姿势从他的记忆中突然显现出来。拒绝的姿势,诀别的姿势,听天由命的姿势,络绎而至。他把他们都采集在一起,把他们一一塑造。他们从他的渊博的学识流到手上,正如成百的英雄从他的记忆里站起来,蜂拥前去献身于祭坛。他把一百个全取录了,把他们铸成了六个英雄。他把他们塑成赤裸裸的,在他们震荡着的雄辩的躯体里各自为命。他们的躯干魁伟绝伦,与他们的决心一样。

他创造那垂臂的老人,双臂的骨节已给年龄坠软了;他赐给他沉重而迟钝的步履,老人们共具的艰难的步履。一种疲乏的神气泛流在他的脸上和胡子间。

他创造那手提着钥匙的人。他里面还充溢着多年的生命,而这一切都压缩于最后一刻。他难过极了。他的嘴唇闭着,手儿紧紧地咬着钥匙。他放火在他的力量里,于是这力量便在他身内把自己烧成灰烬。

他创造那用双手捧着他的低垂的头的人,仿佛还想把自己深深关闭起来,以获得一刻的清静。

他创造那两兄弟:一个还依依回顾,一个却低着头,作一种坚定与服从的姿势,仿佛已经把它递给刽子手了。

然后他创造那“只从生命穿过”的人的渺茫的姿势。法华沙尔称之为“过客”。他已经动身了,却还一度回顾,并非回顾城门,也不是回顾那些啜泣的人,也不是回顾他的伴侣,他只回顾他自己。他的右臂举起来,伸展,摇晃;他的手在空中张开,放走了一些不知什么东西,正如人们把自由放给笼鸟一样,这是一切犹豫与疑惑的启程,属于未来的幸福,属于目前虚待的痛楚,属于那些不管住在哪里而我们或许有一天会碰到的人;属于明天或后天的一切可能性,亦属于人们想象以为遥远、温甜、沉静,而且将经过一个很长时间才来临的死。

这座雕像,如果孤立在一座林木阴翳的古园里,可作一切夭逝的人的纪念碑。

罗丹就这样地给这六个人各以特殊的生命,在生命的最后一刻。

这些孤立的人物巍然屹立于他们的单纯的伟大里。我们会想起多纳太罗(Donatello),或许更会想起斯留特(Claude Sluter)及其先知们,想起第戎的修道院。

骤然看来,罗丹似乎只把他们聚拢在一起。他赐给他们同样的服装、衬衣和绳索,把他们分作两行平排列着。三个正在举步的在第一行,其余的略向左转,仿佛要赶上前面三个似的。这座纪念碑的地点原定加莱的市场,正是他们从前动身处。这些缄默的雕像本应就树立在那里,只用一个很矮的台座承起来,并不比日常生活高出许多,仿佛这惊心动魄的动身还可以随时骤临一般。

加莱的市民可不肯接受那么一个矮的台座,因为与习惯太相左了。于是罗丹又提出第二个办法。他建议在海边建立一座四方的楼阁,上下一样宽。两层高,平凡的墙壁,那六个市民就在楼顶兀立,在大风与长天的寂寞里。这建议自然也被拒绝了,虽然它的确与作品的精神相符合。如果这设计得到实现,我们就会有机会欣赏这群像周密到怎样的程度:六个孤立的人,却团结得像一件物品一般。同时这六个雕像并不互相接触;使它们联成一气的只是那特殊参预其间的空气而已。

我们只要环绕这座雕像一周,便要讶然于这些纯粹而伟大的姿势,起伏升降如复叠着的旗帜般,何等荡漾和曲折。一切都那么分明,绝无侥幸的容身所。像罗丹的作品中一切群像一样,这群像完全把自己关闭起来,自成一个世界,一个整体,那在圈里充满着的流转的生命却不会因此而有所损失。这里没有人物间的接触,而只有轮廓的交错:这交错也是一种接触,不过为空气的媒介减弱了许多,并受它的修改和影响而已。无数遥遥的接触已经发生,无数的来往,与我们有时看见的云山的会合一般,中间的空气已经不是一种间隔的鸿沟,而是一种方向,一种轻轻地逐渐递减的过程。

对于罗丹,空气的参预永远是一件极重要的事。他把一切物品,一层一层地嵌入空间里,所以它们具有与一切物品迥然不同的伟大、自尊和不可言喻的成熟。不过现在由于他一边解释自然,一边不知不觉加强了一种表现方式,于是气氛和他的作品的关系也显得加强了,把那连成一气的面包围得更热烈。如果这些物从前是兀立在空间里,现在罗丹却似乎把它们拉向它们自己,只有在天主教堂顶少数禽兽雕刻的身上,我们可以找到同样的表现。对于它们,空气也似乎特别融在一起,似乎只因为空气所流过的地方是凹或凸而变为风或静,果然,当罗丹把他的作品的面凑集成高峰时,当他建造高耸的事物或挖掘无底的岩洞时,他从事于他的艺术,实无异于大气从事于几千万年交托给它的万物。它也简易了许多,深沉了许多,并且产生了尘埃,已经由雨和冰,太阳和风涛,把这些物高举起来,使其达到一种徐徐度过去的生命了。

在《加莱义民》里,罗丹已通过自己的方法觅得那包含他的艺术的不可磨灭的原理的效果。用这个方法也可以创造一些遥遥在望的东西。这些东西不仅是给附近空气包围着,简直是给一碧长空包围着。他能够像镜子般用一片活生生的面去把远方捕捉和移动;他能够塑造一个他认为伟大的姿势,并强迫空间去加入。

那瘦削的青年,跪着,双手向后抛在空中,作一种无穷的呼吁的姿势的就是这样。罗丹起初称它为《浪子》(L'Enfant prodigue),可是不知为什么,它忽然取得《祷告》(La Prière)这题名①。它简直超过这题名。这并不是一个跪在父亲面前的儿子。这姿势使上帝成为必需,而一切需要上帝的人们都包含在创造这姿势的人里。一切"无限"都属于这座石头,它是孤零零地存在于世上的。

巴尔扎克的像亦如是。罗丹赐给它的伟大,也许超过作家的本来面目。他简直把它的元素抓住,并且超过这元素;在这元素的最远的可能性四周,他划下那雄浑的轮廓,仿佛久已列于最古的民族墓里的纪念碑中了。他整个儿为这座雕刻不知辛苦了多少年,他曾经游览过巴尔扎克的故乡,那频频出现于这位小说家书中的都连纳(La Touraine)的风景;他曾读过他的书翰,细细比较他留下的画像,在他的作品里不断地往来穿插;他在这作品的模糊的纷纭的路上,碰到了无数酷似巴尔扎克的人,有全家的,有全代的,一个深信他的创造者还活着的世界,一个似乎靠他而诞生,

---

① 《祷告》 罗丹后来把这个题名用于另一个雕像,参加 1910 年全国美术展。

并且无时不见到他的世界。他看见这千百人物，无论干什么，只关心他的创造者。正如我们可以凭观众的神色测度台上的情节，罗丹在这千百副面孔中访寻那对于他们还未成过去的人。和巴尔扎克一样，他相信这世界的真实，而且居然能够暂时厕身其间。他生活着，仿佛是巴尔扎克把他创造出来，一声不响地混进这些群众里。他的最重要的经验就是这样得来。其它一切可供使用的，都比较没有那么雄辩；那些铜版的照片只能供给最普通的记号点，毫无新颖之处。人们从学生时代就认识它们所代表的面孔，只有马拉美（Stéphane Mallarmé）所藏的一幅，描绘巴尔扎克不穿外衣，挂着吊带的比较出色。幸而还有许多同时代人的笔记可以帮助他。戈蒂叶（Théophile Gautier）的谈话，龚古耳（Edmond et Jules Huot de Goncourt）的笔记，和拉马丁（Alphonse de Lamartine）描写的美丽的肖像。此外呢，就只有在法兰西戏院陈列的大卫（David d'Angers）刻的半身像，和布朗日（Louis Boulanger）画的小肖像了。

给巴尔扎克的精神浸透，罗丹于是开始去经营他的外貌。他根据许多身材与巴尔扎克仿佛的模特儿，雕成了七个态度各异的裸体，全是一气呵成的。他用的全是些矮而大，肢重臂短的人。准备工作完成后，他才大致依照纳达尔（Félix Nadar）的铜版影片传下来的对于作家的概念，造成一个巴尔扎克。但是他感到这还不能有什么极大的把握。他回到拉马丁的描写。他读着："他具有一个元素的面孔"，又："他的灵魂是那么丰盈，所以负载他那沉重的躯体若无其事"。罗丹感到这几句话确定了问题的大部分。他试把七件僧侣穿的黑袈裟，巴尔扎克写作时常穿的，披在那七个裸体像上面，以便得到最后的答案。可是，慢慢地，从形象到形象，罗丹的洞见扩大起来。于是，他终于瞥见他了，他瞥见一个魁梧的身躯，带着雄浑的步伐，身体的重量全消失在黑袈裟的倾坠中。强壮的颈项靠着蓬松的头发，头发里簇拥着一副在沉醉里凝望着创造力在沸腾的面孔，一个元素的面孔。这就是巴尔扎克，在他的横溢的创造力里，那许多宗族的创立人，那无数命运的浪费者。这是一个目光不需要对象的人；纵使世界是空虚的，他那双眼亦会把它清理和整顿好。这是想由虚构的银矿致富，由一个异国的丽姝获得幸福的人。这是创造的本体在巴尔扎克身上现形，创造的骄傲，创造的高贵，创造的晕眩和陶醉。那往后倾的头在这座雕像的峰顶活着，正如舞蹈于喷水泉的光辉上的翻跹。一切重浊都变为轻清，升而复降了。

罗丹就是这样瞥见巴尔扎克在那强烈的集中和悲剧的夸大之一刻，也就是这样把它创造出来。这洞见并不消灭，它已完全实现了。

罗丹以空间来包围他的作品中一些具有纪念碑性的伟大产品——这个发展同时也赐给其它作品一种新颖的美。凭了这发展，它们有着它们的特殊关系。在较新近的作品中，有许多小群像全仗它们的严密的外表，和对于大理石的巧妙的处理而感动我们。即在光天化日下，这些大理石也保持着一种从黄昏中一切白色的物品放射出来的神秘的熠耀。这并不是由于各交错点的生命，因为同一群的人物与各部分之间，常常剩下许多表面似乎多余的大理石的面，而其实在深处把两块大理石联结起来。这并非一件偶然的事。这些空隙的填塞足以阻止目光越过群像本身，而散失在作品以外的空虚里；这些面可以使那因这些空隙而显得锋利的形象的边缘保持它们的圆滑的曲线，蚬壳似的承受外来的光，而且不知不觉融化在里面。当罗丹尽量吸引空气去接近作品的面时，他简直像是把这座大理石溶化了：全座大理石再也不只是一个坚实而丰润的轮廓；而它的最后最轻盈的轮廓呢，不过是一线空气的震荡而已。光碰在上面便骤然失掉它的意志，不再从上面流过，而流向别的东西去了；它只偎贴着石儿，踌躇，流连，终于停留在大理石上。

把多余的光线这样堵塞住，罗丹不觉便走到浮雕。果然，罗丹正在预备一座宏伟的浅浮雕，在里面，他想将他从那些小小的群像获得的光的效果完全调和起来。他想建造一座崔巍的圆柱，柱的四周盘旋着一条浅浮雕的带儿，沿着螺旋线上的是一架给拱门关住的楼梯。墙壁在走廊里活着，如在自己的气氛里，一种熟悉"明暗"秘密的雕刻艺术将诞生出来，一种属于阴影的雕刻，一种与树立在天主教堂进口的作品相接近的雕刻。

《劳动塔》(*La Tour du travail*)就是要这样建造的。在这盘旋而上的浅浮雕上面,将展开一部劳动史,这条长带将在地窟下与那些在矿井里老去的人开始它的征途,它将穿过各种各样的职业,从喧嚷热闹的职业以至最沉默的职业,从高炉以至心房深处,从斧头以至脑海。塔门口站着两个像:日和夜;塔顶将高竖两个插翼的神使,表示昊苍的祝福一直降到塔上,因为这座劳动的纪念碑将是一座塔。罗丹并不企图将一个伟大的人物或伟大的姿势去象征劳动;劳动不是可遥望的东西;它只体现在工场里,在书房里,在脑海里,在幽暗里。

他有好几个工场;有些比较为人知道的,是他接客和收邮件之所;别的呢,僻处一隅,没有人知道它们的踪迹。这些就是一无所有的陋巷和布满了灰色和烟尘的贫民窟。可是它们的贫乏实无异于上帝的大贫乏,在这里,三月来了,树木便苏醒起来。它们有几分孟春的意味,一个沉潜的希望和一种深重的严肃。

或许就在这样的工场里,劳动塔终有长成的一天吧?目前,它虽不过是一个计划,我们总不能不提及这计划对我们的意义。如果这纪念碑终有一天建立起来,人们就要感到即在这作品里,罗丹亦绝无超过他的艺术范围的野心。今天劳动的形象显现于他面前,实无异于从前恋爱的形象。这是生命的一个新启示。但是这个工人,那么整个儿活在物里,在作品的深处,他绝不能借助于艺术的简易方法以外的方法去感应任何启示。这新生命对于他至多不过有这样的意义:新的面,新的姿势。因此,他周围一切都变为单纯的,他不会再走错路了。

罗丹这种特殊的发展,不啻赐给这个混乱时代的各种艺术以一个暗号。

人们终有一天会认识这位伟大艺术家所以伟大之故,知道他只是一个一心一意希望能够全力凭雕刀的卑微艰苦劳动而生存的工人。这里面几乎有一种对于生命的捐弃;可是正为了这忍耐,他终于获得了生命:因为,他挥斧处,竟浮现出一个宇宙来呢!

# 十、太戈尔

# 他为什么不回来呢？

## (《园丁集》第三十六首)

他低声说："吾爱,举起你的眼吧。"

我严厉地骂他,说："走!"但他只是不慌。

他站在我的面前抱着我的双手。我说："离开我!"但他只是不走。

他把他的脸儿贴近我的耳。我急顾他一眼说："羞啊!"但他只是不动。

他的唇触着我节颊。我颤栗而口:"太大胆了!"但他只是不害羞。

他插一朵花在我的发里。我说:"这是无用的!"但他只是呆呆地站立。

他把我颈上的花圈"奴手"去走了。我哭着问我的心道:"他为什么不回来呢?"

二一,七,二五,译于广州培正学校

# 十一、莎士比亚十四行诗

# 1 第1首

对天生的尤物我们要求蕃盛，
以便美的玫瑰永远不会枯死，
但开透的花朵既要及时凋零，
就应把记忆交给娇嫩的后嗣；
但你，只和你自己的明眸定情，
把自己当燃料喂养眼中的火焰，
和自己作对，待自己未免太狠，
把一片丰沃的土地变成荒田。
你现在是大地的清新的点缀，
又是锦绣阳春的唯一的前锋，
为什么把富源葬送在嫩蕊里，
温柔的鄙夫，要吝啬，反而浪用？

　　可怜这个世界吧，要不然，贪夫，
　　就吞噬世界的份，由你和坟墓。

# 2　第5首

那些时辰曾经用轻盈的细工
织就这众目共注的可爱明眸，
终有天对它摆出魔王的面孔，
把绝代佳丽剁成龙钟的老丑：
因为不舍昼夜的时光把盛夏
带到狰狞的冬天去把它结果；
生机被严霜窒息，绿叶又全下，
白雪掩埋了美，满目是赤裸裸：
那时候如果夏天尚未经提炼，
让它凝成香露锁在玻璃瓶里，
美和美的流泽将一起被截断，
美，和美的记忆都无人再提起：

　　但提炼过的花，纵和冬天抗衡，
　　只失掉颜色，却永远吐着清芬。

# 3　第8首

我的音乐,为何听音乐会生悲?
甜蜜不相克,快乐使快乐欢笑。
为何爱那你不高兴爱的东西,
或者为何乐于接受你的烦恼?
如果悦耳的声音的完美和谐
和亲挚的协调会惹起你烦忧,
它们不过委婉地责备你不该
用独奏窒息你心中那部合奏。
试看这一根弦,另一根的良人,
怎样融洽地互相呼应和振荡;
宛如父亲、儿子和快活的母亲,
它们联成了一片,齐声在欢唱。

　　它们的无言之歌都异曲同工
　　对你唱着:"你独身就一切皆空。"

# 4 第 11 首

和你一样快地消沉,你的儿子
也将一样快在世界生长起来;
你灌注给青春的这新鲜血液
仍将是你的,当青春把你抛开。
这里面活着智慧、美丽和昌盛;
没有这,便是愚蠢、衰老和腐朽:
人人都这样想,就要钟停漏尽,
六十年便足使世界化为乌有。
让那些人生来不配生育传宗,
粗鲁、丑陋和笨拙,无后地死去;
造化的至宠,她的馈赠也最丰,
该尽量爱惜她这慷慨的赐予:

　　她把你刻做她的印,意思是要
　　你多印几份,并非要毁掉原稿。

# 5　第 12 首

当我数着壁上报时的自鸣钟，
见明媚的白昼坠入狰狞的夜，
当我凝望着紫罗兰老了春容，
青丝的卷发遍洒着皑皑白雪；
当我看见参天的树枝叶尽脱，
它不久前曾荫蔽喘息的牛羊；
夏天的青翠一束一束地就缚，
带着坚挺的白须被舁上殓床；
于是我不禁为你的朱颜焦虑：
终有天你要加入时光的废堆，
既然美和芳菲都把自己抛弃，
眼看着别人生长自己却枯萎；

　　没什么抵挡得住时光的毒手，
　　除了生育，当他来要把你拘走。

# 6　第15首

当我默察一切活泼泼的生机
保持它们的芳菲都不过一瞬，
宇宙的舞台只搬弄一些把戏
被上苍的星宿在冥冥中牵引；
当我发觉人和草木一样蕃衍，
任同一的天把他鼓励和阻挠，
少壮时欣欣向荣，盛极又必反，
繁华和璀璨都被从记忆抹掉；
于是这一切奄忽浮生的征候
便把妙龄的你在我眼前呈列，
眼见残暴的时光与腐朽同谋，
要把你青春的白昼化作黑夜；

　　为了你的爱我将和时光争持：
　　他摧折你，我要把你重新接枝。

# 7 第 18 首

我怎么能够把你来比作夏天？
你不独比它可爱也比它温婉：
狂风把五月宠爱的嫩蕊作践，
夏天出赁的期限又未免太短：
天上的眼睛有时照得太酷烈，
它那炳耀的金颜又常遭掩蔽：
被机缘或无常的天道所摧折，
没有芳艳不终于凋残或消毁①。
但是你的长夏永远不会凋落，
也不会损失你这皎洁的红芳，
或死神夸口你在他影里漂泊，
当你在不朽的诗里与时同长。

　　只要一天有人类，或人有眼睛，
　　这诗将长存，并且赐给你生命。

---

① **消毁**　原刊"销毁"，据文汇报版修订。

# 8 第 19 首

饕餮的时光,去磨钝雄狮的爪,
命大地吞噬自己宠爱的幼婴,
去猛虎的颚下把它利牙拔掉,
焚毁长寿的凤凰,灭绝它的种,
使季节在你飞逝时或悲或喜;
而且,捷足的时光,尽肆意摧残
这大千世界和它易谢的芳菲;
只有这极恶大罪我禁止你犯:
哦,别把岁月刻在我爱的额上,
或用古老的铁笔乱画下皱纹:
在你的飞逝里不要把它弄脏,
好留给后世永作美丽的典型。

　　但,尽管猖狂,老时光,凭你多狠,
　　我的爱在我诗里将万古长青。

# 9 第 22 首

这镜子决不能使我相信我老，
只要大好韶华和你还是同年；
但当你脸上出现时光的深槽，
我就盼死神来了结我的天年。
因为那一切妆点着你的美丽
都不过是我内心的表面光彩；
我的心在你胸中跳动，正如你
在我的：那么，我怎会比你先衰？
哦，我的爱呵，请千万自己珍重，
像我珍重自己，乃为你，非为我。
怀抱着你的心，我将那么郑重，
像慈母防护着婴儿遭受病魔。

　　别侥幸独存，如果我的心先碎；
　　你把心交我，并非为把它收回。

# 10　第 24 首

我眼睛扮作画家，把你的肖像
描画在我的心版上，我的肉体
就是那嵌着你的姣颜的镜框，
而画家的无上的法宝是透视。
你要透过画家的巧妙去发见
那珍藏你的奕奕真容的地方；
它长挂在我胸内的画室中间，
你的眼睛却是画室的玻璃窗。
试看眼睛多么会帮眼睛的忙：
我的眼睛画你的像，你的却是
开向我胸中的窗，从那里太阳
喜欢去偷看那藏在里面的你。
　　可是眼睛的艺术终欠这高明：
　　它只能画外表，却不认识内心。

# 11 第 30 首

当我传唤对已往事物的记忆
出庭于那馨香的默想的公堂，
我不禁为命中许多缺陷叹息，
带着旧恨，重新哭蹉跎的时光；
于是我可以淹没那枯涸的眼，
为了那些长埋在夜台的亲朋，
哀悼着许多音容俱渺的美艳，
痛哭那情爱久已勾销的哀痛：
于是我为过去的惆怅而惆怅，
并且一一细算，从痛苦到痛苦，
那许多呜咽过的呜咽的旧账，
仿佛还未付过，现在又来偿付。

　　但是只要那刻我想起你，挚友，
　　损失全收回，悲哀也化为乌有。

# 12 第 33 首

多少次我曾看见灿烂的朝阳
用他那至尊的眼媚悦着山顶，
金色的脸庞吻着青碧的草场，
把黯淡的溪水镀成一片黄金：
然后蓦地任那最卑贱的云彩
带着黑影驰过他神圣的霁颜，
把他从这凄凉的世界藏起来，
偷移向西方去掩埋他的污点；
同样，我的太阳曾在一个清朝
带着辉煌的光华临照我前额；
但是唉！他只一刻是我的荣耀，
下界的乌云已把他和我遮隔。

　　我的爱却并不因此把他鄙贱，
　　天上的太阳有瑕疵，何况人间！

# 13　第35首

别再为你冒犯我的行为痛苦：
玫瑰花有刺，银色的泉有烂泥，
乌云和蚀把太阳和月亮玷污，
可恶的毛虫把香的嫩蕊盘据。
每个人都有错，我就犯了这点：
运用种种比喻来解释你的恶，
弄脏我自己来洗涤你的罪愆，
赦免你那无可赦免的大错过。
因为对你的败行我加以谅解——
你的原告变成了你的辩护士——
我对你起诉，反而把自己出卖：
爱和憎老在我心中互相排挤，
　　以致我不得不变成你的助手
　　去帮你劫夺我，你，温柔的小偷！

# 14　第 36 首

让我承认我们俩一定要分离，
尽管我们那分不开的爱是一体：
这样，许多留在我身上的瑕疵，
将不用你分担，由我独自承起。
你我的相爱全出于一片至诚，
尽管不同的生活把我们隔开，
这纵然改变不了爱情的真纯，
却偷掉许多密约佳期的欢快。
我再也不会高声认你做知己，
生怕我可哀的罪过使你含垢，
你也不能再当众把我来赞美，
除非你甘心使你的名字蒙羞。
　　可别这样做；我既然这样爱你，
　　你是我的，我的荣光也属于你。

# 15　第 41 首

你那放荡不羁所犯的风流罪

(当我有时候远远离开你的心)

与你的美貌和青春那么相配,

无论到哪里,诱惑都把你追寻。

你那么温文,谁不想把你夺取?

那么姣好,又怎么不被人围攻?

而当女人追求,凡女人的儿子

谁能坚苦挣扎,不向她怀里送?

唉!但你总不必把我的位儿占,

并斥责你的美丽和青春的迷惑:

它们引你去犯那么大的狂乱,

使你不得不撕毁了两重誓约:

　　她的,因为你的美诱她去就你;

　　你的,因为你的美对我失信义。

# 16　第 42 首

你占有她,并非我最大的哀愁,
可是我对她的爱不能说不深;
她占有你,才是我主要的烦忧,
这爱情的损失更能使我伤心。
爱的冒犯者,我这样原谅你们:
你所以爱她,因为晓得我爱她;
也是为我的原故她把我欺瞒,
让我的朋友替我殷勤款待她。
失掉你,我所失是我情人所获,
失掉她,我朋友却找着我所失;
你俩互相找着,而我失掉两个,
两个都为我的原故把我磨折:

　　但这就是快乐:你和我是一体;
　　甜蜜的阿谀! 她却只爱我自己。

# 17　第 46 首

我的眼和我的心在作殊死战，
怎样去把你姣好的容貌分赃；
眼儿要把心和你的形象隔断，
心儿又不甘愿把这权利相让。
心儿声称你在它的深处潜隐，
从没有明眸闯得进它的宝箱；
被告却把这申辩坚决地否认，
说是你的倩影在它里面珍藏。
为解决这悬案就不得不邀请
我心里所有的住户——思想——协商；
它们的共同的判词终于决定
明眸和亲挚的心应得的分量
　　　如下：你的仪表属于我的眼睛，
　　　　而我的心占有你心里的爱情。

# 18 第51首

这样，我的爱就可原谅那笨兽
（当我离开你），不嫌它走得太慢：
从你所在地我何必匆匆跑走？
除非是归来，绝对不用把路赶。
那时可怜的畜牲怎会得宽容，
当极端的迅速还要显得迟钝？
那时我就要猛刺，纵使在御风，
如飞的速度我只觉得是停顿：
那时就没有马能和欲望齐驱；
因此，欲望，由最理想的爱构成，
就引颈长嘶，当它火似的飞驰；
但爱，为了爱，将这样饶恕那畜牲：
　　既然别你的时候它有意慢走，
　　归途我就下来跑，让它得自由。

# 19　第 53 首

你的本质是什么,用什么造成,

使得万千个倩影都追随着你?

每人都只有一个,每人,一个影;

你一人,却能幻作千万个影子。

试为阿都尼写生,他的画像

不过是模仿你的拙劣的赝品;

尽量把美容术施在海伦颊上,

便是你披上希腊妆的新的真身。

一提起春的明媚和秋的丰饶,

一个把你的绰约的倩影显示,

另一个却是你的慷慨的写照;

一切天生的俊秀都蕴含着你。

　　一切外界的妩媚都有你的份,

　　但谁都没有你那颗坚贞的心。

# 20　第 55 首

没有云石或王公们金的墓碑
能够和我这些强劲的诗比寿；
你将永远闪耀于这些诗篇里，
远胜过那被时光涂脏的石头。
当着残暴的战争把铜像推翻，
或内讧把城池荡成一片废墟，
无论战神的剑或战争的烈焰
都毁不掉你的遗芳的活历史。
突破死亡和湮没一切的仇恨，
你将昂然站起来：对你的赞美
将在万世万代的眼睛里彪炳，
直到这世界消耗完了的末日。

　　这样，直到最后审判把你唤醒，
　　你长在诗里和情人眼里辉映。

# 21　第 60 首

像波浪滔滔不息地滚向沙滩：
我们的光阴息息奔赴着终点；
后浪和前浪不断地循环替换，
前推后涌①，一个个在奋勇争先。
生辰，一度涌现于光明的金海，
爬行到壮年，然后，既登上极顶，
凶冥的日蚀便遮没它的光彩，
时光又撕毁了它从前的赠品。
时光戳破了青春颊上的光艳，
在美的前额挖下深陷的战壕，
自然的至珍都被它肆意狂啖，
一切挺立的都难逃它的镰刀：
　　可是我的诗未来将屹立千古，
　　歌颂你的美德，不管它多残酷！

---

① **前推后涌**　原刊"前推后拥"，据文汇报版修订。

# 22  第 62 首

自爱这罪恶占据着我的眼睛，
我整个的灵魂和我身体各部；
而对这罪恶什么药石都无灵，
在我心内扎根扎得那么深固。
我相信我自己的眉目最秀丽，
态度最率真，胸怀又那么俊伟；
我的优点对我这样估计自己：
不管哪一方面我都出类拔萃。
但当我的镜子照出我的真相，
全被那焦黑的老年剁得稀烂，
我对于自爱又有相反的感想：
这样溺爱着自己实在是罪愆。

　　我歌颂自己就等于把你歌颂，
　　用你的青春来粉刷我的隆冬。

# 23　第70首

你受人指摘，并不是你的瑕疵，
因为美丽永远是诽谤的对象；
美丽的无上的装饰就是猜疑，
像乌鸦在最晴朗的天空飞翔。
所以，检点些，谗言只能更恭维
你的美德，既然时光对你钟情；
因为恶蛆最爱那甜蜜的嫩蕊，
而你的正是纯洁无瑕的初春。
你已经越过年轻日子的埋伏，
或未遭遇袭击，或已克服敌手；
可是，对你这样的赞美并不足
堵住那不断扩大的嫉妒的口：

　　　若没有猜疑把你的清光遮掩，
　　　多少个心灵的王国将归你独占。

# 24 第71首

我死去的时候别再为我悲哀,
当你听见那沉重凄惨的葬钟
普告给全世界说我已经离开
这龌龊世界去伴最龌龊的虫:
不呀,当你读到这诗,别再记起
那写它的手;因为我爱到这样,
宁愿被遗忘在你甜蜜的心里,
如果想起我会使你不胜哀伤。
如果呀,我说,如果你看见这诗,
那时候或许我已经化作泥土,
连我这可怜的名字也别提起,
但愿你的爱与我的生命同腐。

  免得这聪明世界猜透你的心,
  在我死去后把你也当作笑柄。

# 25　第 73 首

在我身上你或许会看见秋天，
当黄叶，或尽脱，或只三三两两
挂在瑟缩的枯枝上索索抖颤——
荒废的歌坛，那里百鸟曾合唱。
在我身上你或许会看见暮霭，
它在日落后向西方徐徐消退：
黑夜，死的化身，渐渐把它赶开，
严静的安息笼住纷纭的万类。
在我身上你或许会看见余烬，
它在青春的寒灰里奄奄一息，
在惨淡灵床上早晚总要断魂，
给那滋养过它的烈焰所销毁。

　　看见了这些，你的爱就会加强，
　　因为他转瞬要辞你溘然长往。

# 26　第75首

我的心需要你,像生命需要食粮,

或者像大地需要及时的甘霖;

为你的安宁我内心那么凄惶

就像贪夫和他的财富作斗争:

他,有时自夸财主,然后又顾虑

这惯窃的时代会偷他的财宝;

我,有时觉得最好独自伴着你,

忽然又觉得该把你当众夸耀:

有时饱餐秀色后腻到化不开,

渐渐地又饿得慌要瞟你一眼;

既不占有也不追求别的欢快,

除掉那你已施或要施的恩典。

　　这样,我整天垂涎或整天不消化,

　　我狼吞虎咽,或一点也咽不下。

# 27　第76首

为什么我的诗那么缺新光彩，
赶不上现代善变多姿的风尚？
为什么我不学时人旁征博采
那竞奇斗艳，穷妍极巧的新腔？
为什么我写的始终别无二致，
寓情思旨趣于一些老调陈言，
几乎每一句都说出我的名字，
透露它们的身世，它们的来源？
哦，须知道，我爱呵，我只把你描，
你和爱情就是我唯一的主题；
推陈出新是我的无上的诀窍，
我把开支过的，不断重新开支：

　　因为，正如太阳天天新天天旧，
　　我的爱把说过的事絮絮不休。

# 28  第 79 首

当初我独自一个恳求你协助，
只有我的诗占有你一切妩媚；
但现在我清新的韵律既陈腐，
我的病诗神只好给别人让位。
我承认，爱呵，你这美妙的题材
值得更高明的笔的精写细描；
可是你的诗人不过向你还债，
他把夺自你的当作他的创造。
他赐你美德，美德这词他只从
你的行为偷取；他加给你秀妍，
其实从你颊上得来；他的歌颂
没有一句不是从你身上发见。

　　那么，请别感激他对你的称赞，
　　既然他只把欠你的向你偿还。

# 29　第 81 首

无论我将活着为你写墓志铭，

或你未亡而我已在地下腐朽，

纵使我已被遗忘得一干二净，

死神将不能把你的忆念夺走。

你的名字将从这诗里得永生，

虽然我，一去，对人间便等于死；

大地只能够给我一座乱葬坟，

而你却将长埋在人们眼睛里。

我这些小诗便是你的纪念碑，

未来的眼睛固然要百读不厌，

未来的舌头也将要传诵不衰，

当现在呼吸的人已瞑目长眠。

　　这强劲的笔将使你活在生气

　　最蓬勃的地方，在人们的嘴里。

# 30 第 87 首

再会吧！你太宝贵了，我无法高攀；
显然你也晓得你自己的声价：
你的价值的证券够把你赎还，
我对你的债权只好全部作罢。
因为，不经你批准，我怎能占有你？
我哪有福气消受这样的珍宝？
这美惠对于我既然毫无根据，
便不得不取消我的专利执照。
你曾许了我，因为低估了自己，
不然就错识了我，你的受赐者；
因此，你这份厚礼，既出自误会，
就归还给你，经过更好的判决。
　　这样，我曾占有你，像一个美梦，
　　在梦里称王，醒来只是一场空。

# 31 第 91 首

有人夸耀门第,有人夸耀技巧,
有人夸耀财富,有人夸耀体力;
有人夸耀新妆,丑怪尽管时髦;
有人夸耀鹰犬,有人夸耀骏骥;
每种嗜好都各饶特殊的趣味,
每一种都各自以为其乐无穷:
可是这些癖好都不合我口胃——
我把它们融入更大的乐趣中。
你的爱对我比门第还要豪华,
比财富还要丰裕,比艳妆光彩,
它的乐趣远胜过鹰犬和骏马;
有了你,我便可以笑傲全世界:
　　只有这点可怜:你随时可罢免
　　我这一切,使我成无比的可怜。

# 32  第 96 首

有人说你的缺点在年少放荡；
有人说你的魅力在年少风流；
魅力和缺点都多少受人赞赏：
缺点变成添在魅力上的锦绣。
宝座上的女王手上戴的戒指，
就是最贱的宝石也受人尊重，
同样，那在你身上出现的瑕疵
也变成真理，当作真理被推崇。
多少绵羊会受到野狼的引诱，
假如野狼戴上了绵羊的面目！
多少爱慕你的人会被你拐走，
假如你肯把你全部力量使出！

　　可别这样做；我既然这样爱你，
　　你是我的，我的光荣也属于你。

# 33 第100首

你在哪里,诗神,竟长期忘记掉
把你的一切力量的源头歌唱?
为什么浪费狂热于一些滥调,
消耗你的光去把俗物照亮?
回来吧,健忘的诗神,立刻轻弹
宛转的旋律,赎回虚度的光阴;
唱给那衷心爱慕你并把灵感
和技巧赐给你的笔的耳朵听。
起来,懒诗神,检查我爱的秀容,
看时光可曾在那里刻下皱纹;
假如有,就要尽量把衰老嘲讽,
使时光的剽窃到处遭人齿冷。

　　快使爱成名,趁时光未下手前,
　　你就挡得住它的风刀和霜剑。

# 34　第 105 首

不要把我的爱叫作偶像崇拜，
也不要把我的爱人当偶像看，
既然所有我的歌和我的赞美
都献给一个，为一个，永无变换。
我的爱今天仁慈，明天也仁慈，
有着惊人的美德，永远不变心，
所以我的诗也一样坚贞不渝，
全省掉差异，只叙述一件事情。
"美、善和真"，就是我全部的题材，
"美、善和真"，用不同的词句表现；
我的创造就在这变化上演才，
三题一体，它的境界可真无限。

　　过去"美、善和真"常常分道扬镳，
　　到今天才在一个人身上协调。

# 35　第 109 首

哦，千万别埋怨我改变过心肠，
别离虽似乎减低了我的热情。
正如我抛不开自己远走他方，
我也一刻离不开你，我的灵魂。
你是我的爱的家：我虽曾流浪，
现在已经像远行的游子归来；
并准时到家，没有跟时光改样，
而且把洗涤我污点的水带来。
哦，请千万别相信（尽管我难免
和别人一样经不起各种试诱）
我的天性会那么荒唐和鄙贱
竟抛弃你这至宝去追求乌有；

这无垠的宇宙对我都是虚幻；
你才是，我的玫瑰，我全部财产。

# 36　第 113 首

自从离开你,眼睛便移居心里,
于是那双指挥我行动的眼睛,
既把职守分开,就成了半瞎子,
自以为还看见,其实已经失明;
因为它们所接触的任何形状,
花鸟或姿态,都不能再传给心,
自己也留不住把捉到的景象;
一切过眼的事物心儿都无份。
因为一见粗俗或幽雅的景色,
最畸形的怪物或绝艳的面孔,
山或海,日或夜,乌鸦或者白鸽,
眼睛立刻塑成你美妙的姿容。
　　心中满是你,什么再也装不下,
　　就这样我的真心教眼睛说假话。

# 37  第 116 首

我绝不承认两颗真心的结合
会有任何障碍；爱算不得真爱，
若是一看见人家改变便转舵，
或者一看见人家转弯便离开。
哦，决不！爱是亘古长明的塔灯，
它定睛望着风暴却兀不为动；
爱又是指引迷舟的一颗恒星，
你可量它多高，它所值却无穷。
爱不受时光的播弄，尽管红颜
和皓齿难免遭受时光的毒手；
爱并不因瞬息的改变而改变，
它巍然矗立直到末日的尽头。

　　我这话若说错，并被证明不确，
　　就算我没写诗，也没人真爱过。

# 38 第 117 首

请这样控告我：说我默不作声，
尽管对你的深恩我应当酬谢；
说我忘记向你缱绻的爱慰问，
尽管我对你依恋一天天密切；
说我时常和陌生的心灵来往，
为偶尔机缘断送你宝贵情谊；
说我不管什么风都把帆高扬，
任它们把我吹到天涯海角去。
请把我的任性和错误都记下，
在真凭实据上还要积累嫌疑，
把我带到你的颦眉蹙额底下，
千万别唤醒怨毒来把我射死；

　　因为我的诉状说我急于证明
　　你对我的爱多么忠贞和坚定。

# 39  第 128 首

多少次，我的音乐，当你在弹奏
音乐，我眼看那些幸福的琴键
跟着你那轻盈的手指的挑逗，
发出悦耳的旋律，使我魂倒神颠——
我多么艳羡那些琴键轻快地
跳起来狂吻你那温柔的掌心，
而我可怜的嘴唇，本该有这权利，
只能红着脸对琴键的放肆出神！
经不起这引逗，我嘴唇巴不得
做那些舞蹈着的得意小木片，
因为你手指在它们身上轻掠，
使枯木比活嘴唇更值得艳羡。

　　冒失的琴键既由此得到快乐，
　　请把手指给它们，把嘴唇给我。

# 40 第 145 首

爱神亲手捏就的嘴唇
对着为她而憔悴的我,
吐出了这声音说,"我恨":
但是她一看见我难过,
心里就马上大发慈悲,
责备那一向都是用来
宣布甜蜜的判词的嘴,
教它要把口气改过来:
"我恨",她又把尾巴补缀,
那简直像明朗的白天
赶走了魔鬼似的黑夜,
把它从天堂甩进阴间。

　　她把"我恨"的恨字摒弃,
　　救了我的命说,"不是你"。

# 41　第 153 首

爱神放下他的火炬，沉沉睡去：
月神的一个仙女乘了这机会
赶快把那枝煽动爱火的火炬
浸入山间一道冷冰冰的泉水；
泉水，既从这神圣的火炬得来
一股不灭的热，就永远在燃烧，
变成了沸腾的泉，一直到现在
还证实具有起死回生的功效。
但这火炬又在我情妇眼里点火，
为了试验，爱神碰一下我胸口，
我马上不舒服，又急躁又难过，
一刻不停地跑向温泉去求救，

　　但全不见效：能治好我的温泉
　　只有新燃起爱火的我情人的眼。

十二、亚美尔

# 日记摘译

每个蓓蕾只开一次花,每朵花只有它的刹那顷的完全的美;这样,在灵魂的园里,每个情绪也只有它的芳菲的片刻,它的炫熳璀璨的刹那顷。

每颗星每夜只有一次经过我们头上的子午线,而在那儿作一瞬的闪耀;这样,在智慧的太空里,每个思想,我可以说,也只有它的霎时的最高点,在那儿它辉煌昭伟地燃照。

美术家、诗人或哲士,不要放过你的意境和情绪于那微妙而悠忽之顷,以凝定而永生之,因为那正是它们登峰造极的时候。前乎此,你只有它们的纷乱的粗形,或模糊的预感;后乎此,你也将只有它们的微弱的忆念,或无力的懊悔;那一刻才是那理想的刹那呵!

宗岱译自 Journal intime: Henri-Frédéric Amiel

初刊一九二五年六月《小说月报》十六卷六号

# 十三、巴士卡尔

# 随想录

当我们要责备得有用处，对别人指出他底错误，我们得要观察他从哪一方面看这件事，因为从那方面看它通常是真的，对他承认这真理，然后把它所以错的一方面指给他看。他便觉得满意，因为他知道他并不错误，不过没有看到各方面罢了；而人见不尽不切是不会生气的，但不甘心做错；这或者由于人自然不能见尽一切，并且自然不能在他所审视的那方面做错；比方官能底体会永远是真的。

\* \* \* \*

当我们看见自然的风格的时候，我们不胜惊讶和喜悦，因为我们只期望看见一个作家，却找着一个人。反之那些趣味高尚的看见一本书便以为找着一个人，却很诧异地去找着一个作家：Plus poetice quam humane locutos es(你以诗人底资格多于以人底资格说话)。这些人可谓是自然底光荣，因为它可说及一切，甚至神学。

\* \* \* \*

我们用来证明其他事物的例，如果我们要证明这例，我们就会又用其他事物为例；因为，我们常常都以为难处在我们所要证明的事物上，于是便觉得例比较清楚和可以帮助我们说明。

譬如,当我们要说明一件普通的事物时候,我们就得举出一个实例底特殊规律;但是如果我们要说明一个特殊的实例,我们就得从普通的规律着手。因为,我们总觉得要证明事是难解的,用来作证的事物是清楚的;因为,我们要说明一件事的时候,我们先自充满了一个这样的想象:"这事是难解的",而,反之,"那要作证的事是清楚的",所以我们便很容易了解它。

十四、都　德

# 旗　手

这篇所写的是一八七〇年普法战争的一个插话。

（译者原注）

## 一

我们的连队靠着铁路的一个斜坡做阵地,并且成为对面树林下密集的普鲁士军的靶子。双方隔着八十米开火。军官们喊道:"卧倒!……"但没有人服从,整个傲岸的连队挺立着,集合在军旗的周围。在那斜阳照射着的丰熟麦田和牧场的辽阔地平线上,这一堆被浓烟笼罩和困厄着的人,就像一个在旷野上被巨大风暴的第一个旋涡所袭击的羊群一样。

因为铁片简直像雨似地落在这斜坡上!只听见炮弹的爆炸声,餐盒滚进壕沟里的重浊声,以及那像一个阴惨高亢的乐器紧张的弦音,从战场的一端到另一端不断地颤动着的子弹声。有时,那高举在头上的旗,受了开花弹的摇撼,在浓烟中沉没了:那时便听见一个严肃傲岸的声音,压倒了轰炸,压倒了伤兵们的喘息和咒骂:"举旗,孩子们,举旗!……"立刻,红雾里一个军官,影子一般模样,冲上前去,于是那英勇的旗又活生生的,依旧飘扬在战阵上。

这旗二十二次倒下来了!……那还温暖的旗杆第二十二次从奄奄一息的士兵手里溜了出来,重新被抓住,高举起来;而当着在落日的光芒里,那连队剩下的几乎不到一小撮人慢慢地且战且退的时候,那支旗在当天第二十三个旗手贺尔奴斯中士的手里,已经不过是一张破布了。

## 二

贺尔奴斯中士是个有三划袖章的老兵,他几乎不晓得签名,而且花了二十年的时间才赢得这中士的袖章。孤儿所特有的悲惨,兵营生活所特有的蠢钝,全部在这固执的低矮的额头,这给背囊压弯了的腰,和这久在行伍里的"丘八"的步伐显露出来。此外还加上一点口吃,但充当旗手是不需要口才的。苦战的当天晚上,连长对他说:"你有了军旗,好伙计,那就好好保持它吧!"于是在他那久历风雨和战火的可怜破军袍上,军需员立刻绣上了一道中尉的金色滚边。

那是这卑微的一生中唯一的骄傲。这老兵的腰马上挺直起来。这个习于弯着腰,眼盯着地下走路的可怜家伙,从那一刻起,便变为一个神气昂扬的人物,永远抬起眼睛去望着那张破布飘扬,并把它保持得又高又直,让它永远飘扬在死亡、卖国行为、溃败……之上了。

你从不会看见一个人像贺尔奴斯打仗时那样快活的,当他双手握住那紧插在皮匣里的旗杆的时候。他一声不响,一动也不动。严肃得像一个传教士,他仿佛在握住一件神圣的东西。他的全部生命、全部力气,都集中在那十个紧握着那张敌人子弹向它猛射的闪着金光的破布的手指里,也在那双充满了挑战的眼里,那双眼盯住对面的普鲁士兵,仿佛在说:"试来把它拿走看!……"

谁也不去试,连死神在内。在波尔尼,在格拉弗洛①,这些伤亡惨重的战役之后,这支军旗东奔西跑,剁碎,刺穿,遍体鳞伤得几乎透明了;但还是老贺尔奴斯把它握住。

---

① 波尔尼和格拉弗洛都是法国地名。1970 年 8 月 14 日,法军在前一个地方击退了普军的进攻,普军遗下尸体 2000 具。同年 8 月 18 日,法军以 14 万人、450 门大炮与拥有 25 万人、700 门大炮的普军在后一个地方对抗,结果法军损失 1.5 万人,普军损失 2.5 万人。

## 三

　　然后九月来了:麦兹城的屯军,敌人的封锁,和那在泥泞里的长期停顿①,以致大炮都生锈了,以致那原是世界上的第一等军队,因缺乏行动、粮食和消息而军心涣散了,在他们的一束束枪架下恹恹欲毙。无论军官或士兵,谁也不再希望了;只有贺尔奴斯依然满怀信心。对于他,那张三色破布就是一切:只要他一天感到它在那里,就什么都健在。不幸的是,因为没有仗打,连长把旗留在他的麦兹近郊的家里。于是老好的贺尔奴斯就几乎等于一个把孩子交给乳母喂养的母亲。他无时无刻不在怀念它。有时候,当他烦闷到忍不下去了,他一口气跑到麦兹去。只要他看见它还在原来的位置,静静地靠着墙,他便充满了勇气和忍耐回来,带回来——在他那湿透了的帐篷里——一些打仗的梦,一些冲锋杀敌的梦:梦见他的三色旗在那边,在普鲁士的战壕上,浩浩荡荡地飘扬着,招展着。

　　巴冼纳元帅一道命令把这些幻想全打碎了。一天早上,贺尔奴斯醒来,看见全营哗然,士兵们三五成群,气冲冲地,互相鼓动着,带着愤怒的叫嚷,高举的拳头齐指向城里,仿佛他们的恼怒同指着一个罪犯似的。他们嚷道:"把他绑走!……枪毙他!……"军官们听由他们嚷……只闪在一旁低头走着,仿佛无面目见自己的士兵似的。那确是件可耻的事。他们刚刚对十五万装备优良的完全健全的士兵宣读完元帅不战而把他们交给敌人的命令。

　　"军旗呢?"贺尔奴斯问,脸色变白了。……军旗、枪枝和全副装备所剩下的一切通通要交出去。

---

①　巴冼纳元帅当时拥有 17 万最精锐的法军,被普军包围于麦兹城,原可突围而出,但蔽于个人的野心,私与普军议和,按兵不动。最后中了普军的缓兵计,粮食告竭,不得不举军投降。

"天……天……天呀！……"这可怜的人结结巴巴地说。"他们总拿不走我的！……"于是他发脚往城里跑去。

# 四

在那里也是一片骚然。国民军、市民、后备军咆哮着，骚动着。一群参议员走过，颤巍巍地，要谒见元帅去。贺尔奴斯呢，他什么也看不见，什么也听不见。他只独自喃喃着，当他沿着城郊的街上走的时候。

"拿走我的旗！……还了得！……是可能的吗？谁有这权力？让他把他自己的东西交给普鲁士人，他那金色的四轮大马车，他那从墨西哥带回来的银餐具！① 但这旗，它是我的……是我的荣耀。我决不许人碰它！"

这些话给跑步和口吃砍得零零碎碎的；但究其竟，他心中自有主意，这老头子！一个极其清楚极其坚决的主意：把旗拿过来，带到连队当中，然后和那些愿意跟随他的一起冲进普鲁士营里去。

他到达那边的时候，连门也进不去。因为他的连长也气极了，什么人都不愿接见……但贺尔奴斯并不这样想。

他咒骂，咆哮如雷，拼命推那传令兵："我的旗……我要我的旗……"终于，一个窗打开了。

"是你吗，贺尔奴斯？"

"是，我的连长，我……"

"所有的旗都在军械库……，你只要到那里去，人家就会把收条给你。……"

"收条？……干吗用的？……"

"是元帅的命令。……"

"但，连长……"

"滚蛋！让我安静！……"窗又关上了。

---

① 巴冼纳在法国占领墨西哥时曾任法国军总司令，以贪婪著称。

老贺尔奴斯像醉汉一样摇晃着。

"收条……收条……"他机械地反复说。……终于,他又开步走了,他只晓得一件事:旗在军械库,不管怎样,一定要把它拿回来。

# 五

军械库的门大开着,好让在院子里排队等着的普鲁士辎重车通过。贺尔奴斯走进去的时候打了一个寒噤。所有其他的旗手都在那里,五六十个军官,垂头丧气的,默不作声;这许多淋着雨的阴森森的车辆,这许多挤在车辆后面的光着头的人:简直像是在出殡。

所有巴冼纳军的旗都堆在一角,在泥泞中混作一团。再没有什么比这一大堆闪光的破丝绸,这一大堆金边和刻镂精致的旗杆的残骸,这一切狼藉在地上任由雨和烂泥弄脏的光荣的道具,显得更凄凉的了。一个管理部门的军官把它们一一接过去;每个旗手,一听到喊他那连的名字,便走上去取收条。直挺挺地,冷冰冰地,两个普鲁士兵监视着接收的进行。

而你们就这样逝去了,神圣的光荣的破烂三色旗呵,祖开了你们的裂缝,像折了翅膀的鸟儿般凄凉地扫着泥泞的街石! 你们带着一切被玷污的美丽事物的耻辱逝去,每一支都带走了法兰西一点光辉。长征的太阳还藏在你们的残旧褶纹里。在累累的弹痕里你们保留着那些无名死者的记忆,他们在被瞄准的旗帜下偶然倒下来。……

"贺尔奴斯,轮到你了……已经喊你的名字……去拿收条吧……"

果然是收条这回事!

他那支旗就摆在那里,在他面前,确确实实是他的,是其中最美丽最残破的一支旗。……当他看见它的时候,他以为还是在斜坡上。他听见炮弹在歌唱,餐盒在打滚,和连长的声音:"举旗,孩子们……"然后是那倒下来的二十二个同志,和轮到他第二十三个冲向前去扶起,去支撑那支无倚靠的危危欲倒的可怜的旗。呀! 当天他曾经发誓要保卫它,保持它到死。现在呢……

　　想到这里,他心脏的每一滴血都涌到头上了。疯了,不顾一切,他扑向那普鲁士军官,把他心爱的旗夺过来,双手紧紧地抓住它;然后试去把它再一次举得又高又直,一面喊着:"举……"但他的声音停留在喉咙里。他感到旗杆在摇晃,从他手里溜出去。在这沉闷的空气中,在这沉重地坠压着降敌的城市的死沉沉空气中,旗再也不能飘扬了,什么有傲气的都再活不下去了。……于是老贺尔奴斯突然倒了下去。

初刊《作品》一九六二年一月号

# 十五、蒙田试笔

# 1　译者题记一①

米赛尔·特·蒙田(Michel de Montaigne)于一五三三年一月二十八日生于法国卑里哥尔(Périgord)的蒙田堡。他父亲是波都城(Bordeaux)的富商,曾任该城的官职。自小他父亲便使他学拉丁文,所以拉丁文简直是他的国语;送他到邻近的农夫家里养,"使他",依据他自己的话,"习于善遇贫民"。稍长,他肄业于纪因中学,才开始学法文,继习法律,并任该地公署的各种职务。可是到三十八岁便归隐于他自己的园地,闭门读书著述,以逃避当时的内战。一五八〇年至一五八一年,正当他游历意大利及瑞士之际,他被选为波都县长,连任了四年。他在一五六五年结婚,生六女,其中五个皆夭折。他的《论文集》(Les Essais)的头两卷出版于一五八〇年,第三卷于一五八八年;四年后便与世长辞了。

蒙田与拉伯雷(François Rabelais,1483 或 1500—1553)同是法国文艺复兴时代的大散文家,代表思想上的文艺复兴,这就是说,近代欧洲对于希腊拉丁的哲学,政治,及伦理思想之了解,吸取与发扬;同是真正的人文主义者;不过,从体裁言,一个出之于一种独创的轻松、自然、迂回多姿的论文,一个则集中于一部(或两部)丰富的、粗壮的、诙谐的、讽刺的小说(Gargantua et Pantagruel②)罢了。

---

① 本文初刊于 1933 年 7 月《文学》杂志创刊号,原题《蒙田四百周年生辰纪念》。后经修改,收入 1936 年郑振铎主编的《世界文库》第 12 册,放在《蒙田散文选》译文之后,改题《蒙田》。此处录入作代序一。

② 即《巨人传》。

是的,蒙田的确是欧洲近代论文(Essai 原意是"试笔")的创造者。他的《论文集》出版不久,英国的哲人培根(Bacon)便跟着他也写了一部《论文集》,其中蒙田思想的痕迹是显而易见的,虽然两人的性格和作风都相去甚远。以后"论文"的作者,特别是在英国,更络绎不绝于文学史上了,然而始终没有一个能够超过甚或比拟蒙田的渊博与自然的。

但他的影响又不止限于论文此一特殊区域而已,差不多没有一种文体,自从他出世,不因他而丰富化和深刻化的。英国的戏剧家和小说家,从莎士比亚、卞·忠孙(Ben Jonson)以至现代沃尔弗(Virginia Woolf)夫人都从蒙田得了不少哲学上的或心理上的养料。在法国本身呢,如果我们想想:性格、思想和作风相差或者相反如夏龙(Charron)、莫里哀(Molière)、拉方登(La Fontaine)、巴士卡尔(Pascal)、拉·卜鲁耶尔(La Bruyère)、孟德斯鸠、卢梭、士当达尔(Stendhal)、圣佩韦(Sainte Beuve)以及近代许多大思想家批评家没有一个能够逃出他的窠臼:或模仿他的体裁,或掠取他的词意,或受他的熏陶,或阐发他的思想——我们更不能不愕然了!

像长天、高山、大海和一切深宏隽永的作品一样,蒙田的《论文》所给我们的暗示和显现给我们的面目是变幻无穷的。直到现代,狭隘浅见的蒙田学者犹斤斤于门户之争:有说他是怀疑派的,有说他是享乐派的,有说他是苦行学派的……"让我们跳过这些精微的琐屑罢"(见《论哲学即是学死》一文),如果我们真要享受蒙田的有益的舒适的接触和交易。"我所描画的就是我自己","我自己便是我这部书的题材",这是蒙田对我们的自白。可是因为"每个人都具有整个人类的景况",于是描写他个人的特性和脾气便等于描写全人类的特性和脾气;赤裸裸坦露他灵魂的隐秘便是启示普遍的人生的玄机。又因为"人确是一个不可思议的虚幻、飘忽、多端的动物",于是这部书所呈现的蒙田也便是千变万化的蒙田了。执住他的一端而硬说这是整个的蒙田岂非大谬?

全书极繁夥。这里所译的不及十分之一,并且都是选自第一卷的,就是说,都是他比较早年的作品。即在第一卷中,因为限于时间,许多较长的精彩之作也不得不割爱了。所以这里所代表的,只是蒙田的片面;全部的介绍,只好俟诸异日。

　　　　　　　　　　　一九三六年五月初译者附志。

# 2　译者题记二①

　　望舒要我为《星座》写点文章,却指定要译法国大散文家米赛尔·特·蒙田底作品。我很了解他底意思:他知道我是不善于写轻巧的小品文的,而副刊因限于篇幅,只能——或者可以说宜于多登——短篇的作品。

　　蒙田是欧洲近代散文中 Essai(试笔)一体底创始者,而我却是冒昧地发宏愿要绍介他全部《试笔》到中国来的人。望舒这要求自然是再合理不过的了。不过不幸得很! 几年来为了生活和环境底关系,我这工作已无形中停顿了许久;而我这次从天津事变逃出来,并不像西班牙现代散文家阿左林(Azorin)②从马德里逃到巴黎似的,除了口袋里两本《蒙田试笔》而外,什么都没有带走。这足以证明我对于这位欧洲散文鼻祖的热爱并没有达到极点,至少比西班牙这位显赫的散文家黯淡得多了。

　　但我也有我底解说:感谢当时冀察委员长宋哲元将军对于降与战之犹豫与逡巡,贻误戎机,却使我得以从容把我底全部书籍装箱,从危险的地带搬到安全的租界底货仓去! ——

---

① 从 1938 年 8 月至 1939 年 2 月,梁宗岱在香港《星岛日报·星座》发表了 11 篇蒙田作品译文,以《蒙田试笔》为总题。本文是前言,刊登于 1938 年 8 月 25 日《星座》25 期,首次把 Essai 译为"试笔"。此处录入作代序二,标题及分段为编者所加。

② **阿左林**　西班牙作家。1936 年内战爆发后,与妻子从马德里流亡至巴黎,居留到 1939 年归国。

无论如何,原作既不在身边,要动笔也无从。望舒既催得急,不得已打开偶然带来的残稿,恰巧却找着《蒙田试笔》里那几篇关于战争种种的文章底旧译。因为都是他最初期的作品,所以离开他后来的文章底妙境很远;但里面所陈述的故事和意见,却似乎有多少可以作我们近事底参考与印证。因检出来以享《星座》底读者。

一九三八年八月十日译者识。

(注)"试笔"原文为 Essai,是尝试的意思。蒙田因为自谦,用这字作书名,希望读者以习作看待它。谁知道书出版后竟不胫而走,英法大作家仿作的极多,因而成为一种特殊的文体。

其实蒙田底原作是迂回多姿,无所不包的,模仿者却往往只得其一面。单就英国而论,大哲学家培根得其严肃,是完全属于论辩类的;兰姆(Charles Lamb)和后起的小品文家却多得其轻松的叙述与亲切的抒情,属于随笔一类。

所以同是用一个字:Essais 做他们底书底题名,一个应该译为"论文",一个却应该译为"随笔",但用到蒙田都两失了。日译本作"随想录"则更不妥,因为全书大部分都是精心结撰(虽然表面上似乎满不在意)的二三万言甚至十余万言的论文,与巴士卡尔、朱伯尔(Joseph Joubert)底 Pensées(随想录)是截然两物。现在就原意译作"试笔",不知读者以为如何。

# 3　致读者

　　这是部坦白的书,读者。它开端便预告你,我在这里并没有拟定什么目的,除了为我的家人和我自己。我既没有想及对于你的贡献,也没有想及自己的荣誉。我的力量够不上这样的企图。我只想把它留作我亲朋的慰藉:使他们失去了我之后(这是不久就要成为事实的),可以在这里找到我的性格和脾气的痕迹,因而更恳挚更亲切地怀念我。

　　如果我希求世界的赞赏,我就会用心修饰自己,仔细打扮了才和世界相见。我要人们在这里看见我的平凡、纯朴和天然的生活,无拘束亦无造作:因为我所描画的就是我自己。我的弱点和本相,在公共礼法所容许的范围内,都在这里面尽情披露。

　　假如我幸而生在那些据说还逍遥于自然原始律法的温甜自由里的国度,我担保必定毫不踌躇地把我整个赤裸裸地描画出来。

　　所以,读者,我自己就是这部书的题材,断没有为一桩这么琐碎无益的事消磨你的空闲之理。

　　再会吧。

蒙田一五八〇年三月一日识。

# 4　论不同的方法可以收同样的效果

　　当我们冒犯的人手操我们的生死权，可以任意报复的时候，感化他们的最普通的方法自然是投降，以引动他们的怜恤和悲悯。可是相反的方法，勇敢与刚毅，有时也可以收同样的效果。

　　曾经长期统治我们的吉耶纳①（Guienne）的威尔斯太子爱德华（Edward），他的禀赋和遭遇都具有许多显赫的伟大德性的。有一次受了利摩日人（Limousin）很大的冒犯，以武力取其城，肆意屠杀，那些刀斧手下的老百姓及妇人孺子们的号啕、跪拜与哀求都不能令他罢手。直至他走到城中心，遥见三个法国士人毫不畏怯地抵抗那胜利的军队的进攻，对于这意外勇敢的钦羡及尊敬立刻挫折了他那盛怒的锋芒，于是，从这三个人开始，他赦宥了全城的居民。

　　伊庇鲁斯君王士干特柏格②（Scanderberch），追逐他手下一个兵士，要把他杀掉。这兵士用尽种种的哀求与乞怜去平息他的怒气，终于毅然在尽头处手握利剑等他。他的主人见他能够下这么可敬的决心，马上息怒，宽赦了他的罪。那些不认识这太子超凡的英勇与膂力的人或可以对这例子有旁的解释。

　　康拉德三世③（Conrad III）皇帝围攻巴威尔的格尔夫公爵，无论人家

---

①　**吉耶纳**　法国波尔多地区，13—14 世纪由英国人统治。
②　**士干特柏格**　抵抗土耳其侵略的阿尔巴尼亚英雄，1444 年被拥为君主（Prince）。
③　**康拉德三世**　1138 年当选为日耳曼帝国皇帝。

献给他怎样卑鄙怯懦的满足都不肯和解,只许那些同公爵一起被围的士大夫的夫人们步行出城,以保存她们的贞节,并且任她们把身上所能随身带走的东西都带出去。她们一个个从容不迫地把她们的丈夫、儿子甚至公爵驮在背上。康拉德皇受她们这种高贵的勇气感动得竟欢喜到哭出来,解除了他对于公爵的怨恨及仇雠,从那时起,以人道对待公爵及其子民。

这两种方法都很容易感动我,因为我的心对于慈悲及怜悯是不可思议地软:软到这般程度,以致我认为恻隐心感动我比尊敬心来得更自然,虽然那些苦行派的哲人把怜悯看作一种恶德,主张我们应该救济苦难的人,却不许我们同情他们。

我觉得上面所举的许多例子真是再好不过,因为我们看见这些灵魂给这两种方法轮流袭击与磨炼,对于一种兀不为动,却屈服于其他一种。我们大概可以这样说:因恻隐而动心的是温柔、驯良和软弱的标志,所以那些天性比较柔弱的如妇人孺子及俗人比较容易受感动。至于那些轻蔑眼泪与哀求,单让步给那由于对勇敢的神圣影像而起尊敬心的,则是一颗倔强不挠的灵魂的标志,崇尚那大丈夫的刚毅气概的。

不过对于比较狭隘的灵魂,钦羡与惊讶亦可以发生同样的效力。试看第比斯的人民(Thébain):他们控告两个将军逾期不交代他们的职务,勉强赦免了比罗披大(Pélopidas),因为他为控告所屈服,只是祈求和哀诉来救护自己。反之,埃帕米农达(Épaminondas)理直气壮地缕述任内所建立的功绩,傲岸而且骄矜地责备他的百姓,他们不独无心投票,并且高声颂扬这位将军的英勇而散会。

老狄奥尼修斯(Dionysius)经过了长期与极端的困难才攻破瑞史城(Rege),并且俘虏了那坚垒抗拒的守城将菲图(Phyton),一个极高尚的豪杰,决意给他一个惨酷的报复以为戒。他首先对菲图说前一天怎样把他儿子和亲戚溺死,菲图只答说他们比他早快活了一天。然后他又剥去菲图的衣裳,把他交给刽子手,凶残而卑鄙地拖他游街,加以种种暴虐的侮辱。菲图并不丧胆,反而毫不动容地高声追述他那可宝贵的光荣的死因:

为了不肯把乡土交给一个暴君的手,同时更把神灵快降的惩罚恐吓暴君。老狄奥尼修斯从他的兵士眼里看出,这败将的放言以及对于他们的领袖与胜利的藐视不独没有激怒他们,反而使他们惊讶于这稀有的英勇而心软而谋叛,差不多要将菲图从卫队手里抢出来,于是下令停止这场酷刑,暗中遣人把他溺死在海里。

人确实是一个不可思议的虚幻、飘忽多端的动物,想在他身上树立一个有恒与划一的意见实在不容易。试看庞培(Pompeius)非常怀恨马麦尔丁人(Mamertins),可是单为了城内一个公民芝诺(Zenon)情愿独自承担全城的罪过,以及替众人受刑的勇敢与豪气而赦免了全城。至于佩鲁贾城,主人面对苏拉(Sylla)显出同样的忠勇,却于己于人都一无所获。

更有与我先前所举的例子正好相反的:亚历山大,原是最勇敢同时又非常宽待他的仇敌的人,经过了无数的困难才攻破加沙(Gaza),看见守城将贝提(Betis)。这守城将的勇敢,亚历山大曾在围城的时候亲见他立了许多奇勋,当时虽然见弃于他的军队,武器寸断而且满身鲜血淋漓了,仍旧在马其顿敌人的重围中独自苦战。激于这场胜利的代价过高(因为除了种种的损失外,他自己还身受两伤),亚历山大对他的敌人说:"你将不能如愿而死,贝提!你得要尝尽种种为俘虏而设的痛苦。"贝提对这威吓只答以傲岸的镇定。亚历山大对他的骄傲与刚愎的缄默,气忿忿地说:"他曾屈膝过吗?他曾发出哀求的声音没有?无论如何我都要克伏你的缄默,即使我不能从你那里挖出一句话,至少也得要挖出一些呻吟。"于是由忿恨变成狂怒,他下令刺穿贝提的脚跟,把他系在牛车后面,任他四肢磔裂地生生曳死。

是否因为他太习于勇敢,觉得没有什么可惊羡,因而没有什么可宝贵的呢?还是他以为这是他个人特殊的长处,看见别人达到同样的高度不能不生妒忌与嫉恶呢?还是他的暴怒天然猛烈,不容抗拒呢?真的,如果他能抑制他的暴怒,我们相信他夺取第比斯城之役已经这样做了,当时他目睹许多勇士在防御崩溃之后,一个个引颈就刭,不下六千人当中,没有一个肯逃避或乞怜,反而在街上到处找那胜利的敌人碰头,希求得到光荣的死。没有一个为自己的创伤而丧胆,不趁着最后一口气去图报复,用绝望的武器去找寻敌人的死以偿自身之死。可是这英勇的惨剧并不能软化亚历山大的心,整天的悠长也不足以消解他那报复的狂渴。这屠戮直至流尽了最后一滴可流的血才止,只留下三万老弱妇孺及无武器的人作奴隶。

原著第一卷第一章

# 5　论悲哀

　　我是最能免除这种情感的人。我既不爱它,也不重视它,虽然大家差不多都无异议地另眼看待它。他们把它加在智慧、道德和良心的身上:多古怪笨拙的装饰品! 意大利人名之曰"恶意"①,实在准确得多,因为那永远是一种有害的愚笨的品质。苦行派的哲学把它当作卑下与怯懦,禁止它的哲人怀有这种情感。

　　可是传记载埃及王普萨美蒂克(Psammétique III)给波斯王冈比斯(Cambisez)大败和俘虏之后,看见被俘虏的女儿穿着婢女的服装汲水,他的朋友无不痛哭悲号,他却默不作声,双眼注视着地下。既而又看见他儿子被拉上断头台,他依然保持着同样的态度。可是一瞥见他的奴仆在俘虏群中被驱逐,就马上乱敲自己的头,显出万分的哀痛来。

　　这故事可以和最近我们一个亲王②的遭遇并提:他从达兰特得到他长兄的死耗,继而又得到他弟弟的死耗(这长兄是全家的倚靠和光荣,弟弟又是阖家的第二希望),他都保持着十分的镇静。几天后一个仆人死去,他反而抑制不住,纵情痛哭呼号,以至见者无不以为只有这最后的摇撼才触着他的命根。事实是:已经充满了悲哀了,最轻微的增添亦可冲破他的容忍的樊篱。我以为同样的解释可以应用于第一个故事,如果我们不知

---

① **"恶意"**　意大利文 Tristezza 包含"悲哀"及"恶意"二义。——译者原注
② **亲王**　夏尔·德·吉斯(Charles de Guise,1525—1574),法国枢机主教。其长兄在 1563 年遇刺毙命,不到一个月,排行第七的弟弟病死。

道它的后半段:据道冈比斯问普萨美蒂克为什么他对于亲生儿女的命运
兀不为动,却这般经不起他朋友的灾难。他答道:只有这最后的忧伤能用
眼泪发泄出来,起初两个是超出表现的力量以上的。

　　关于这层,我偶然想起一个古代画家的作品:他画依菲格妮亚
(Iphigenia)的牺牲,要依照在场的人对于这无罪的美女的关系深浅来表
现各人的哀感。当他画到死者的父亲时,已经用尽他的艺术的最后法宝
了,只画他掩着脸,仿佛没有什么形态能够表示这哀感的程度似的。为了
同样的缘故,诗人们描写那相继丧失七男七女的母亲尼俄伯①(Niobé),想
象她化为顽石,

　　　　**给悲痛所凝结(奥维德 Ovide)**

来形容那使我们失掉一切感觉的黯淡和暗哑的昏迷,当我们经不起过量
的打击的时候。

　　真的,痛楚的效力到了极点,必定使我们的灵魂仓皇失措,行动不得
自由。当我们骤然得到一个噩耗的警告时,我们感到周身麻木、瘫软以及
举动都被缚束似的,直至我们的灵魂融作眼泪与恸哭之后,才仿佛把自己
排解及释放,觉得轻松与自在:

　　　　**直至声音从悲哀中冲出一条路。(维吉尔 Virgile)**

　　费迪南王(Ferdinand Ier)在布达与匈牙利王的孀后作战,德国的拉衣
思厄(Raiscïac)将军看见从战场上抬回来一个骑士,这骑士大家都亲眼看
见他在阵上显出异常的勇武,将军跟着大众为他叹息,同大众一起要认出
他是谁。等到脱掉他的盔甲的时候,却发现是自己的儿子,在震天动地的
哭声中,他独自不声不响兀立着,定睛凝望着那尸首,直到极量的悲哀冰
冻他生命的血液,使他僵死在地上。

　　　　**说得出热度的火**

---

① **尼俄伯**　希腊第比斯王后。黑暗女神勒托(Leto)和儿子太阳神射杀她的六个子
　女,只有一女儿逃脱。后来宙斯把她变成哭泣的石头像。

必定是极柔弱的火（彼特拉克 Pétraque）

在恋爱中的人们这样说，来摹写一种不可忍受的热情：

> 梨司比呵，爱情
>
> 已勾夺了我的心魂：
>
> 我才瞥见你，
>
> 便惊慌，不能成声。
>
> 我舌儿麻木，
>
> 微火流通我全身；
>
> 我双耳失聪，
>
> 双眼亦灭掉光明。（卡图卢斯 Catulle）

而且，在过度的猛烈与焚烧着的热情里，亦不适于抒发我们的哀怨与悦服。那时候的灵魂给深沉的思想所禁压，身体也给爱情弄得颓唐和憔悴。所以有时使产生那突然袭击情人们的无端的晕眩，在极端的热烈和享乐最深的当儿，这种冰冷沁入他们的肌骨。一切容人寻味及消化的情感都不过是平庸的情感：

小哀喋喋，大哀默默（塞内卡 Sénèque）

意外欢欣的惊讶亦可以产生同样令人若失的效力：

> 从渐渐走近的特洛伊人丛中，
>
> 她瞥见我：温热脱离她的身；
>
> 她惊惶、木立、昏倒在地上，
>
> 良久才吐出她原来的声音。（维吉尔）

除了那罗马妇人因为看见她儿子从甘纳路上归来喜出望外而死，除了梭福奇勒及僭主小狄奥尼修斯两个都因乐极而死，除了达尔华（Talva）在科西嘉岛读着罗马参议院赐给他的荣爵的喜报死去之外，我们这世纪有教皇利奥十世（Léon X），得到他所日夜悬望的攻下米兰城的消息，由狂喜而发烧而丧命。如果要用一个比较尊贵的榜样来证明人类的愚蠢，那么,有古人记载下来的哲学家狄奥多罗斯(Diodorus Cronus),因为不能在他的学院里当众解答对手的难题,马上由羞耻以至发狂而死去。

我是很少受制于这种强烈的情感的。我的感觉生来就迟钝,理性更使它一天一天凝固起来了。

原著第一卷第二章

# 6　论灵魂缺乏真正对象时<br>把情感寄托在假定对象上

　　我们邻近有一位患风湿症的先生。每逢医生劝他戒吃咸肉,他必定诙谐地回答,说他痛楚到极点的时候,要有可以委过的东西。因此,每次他呼喝咒骂香肠、火腿或酱牛舌之后,便觉得舒服得多了。

　　真的,每逢我们举手击物,击不中而又落空的时候,往往觉得疼痛。而想我们视觉得舒畅,我们必要在相当的距离有对象支持着它,以免它散失在空虚的大风中:

> 正如狂风没有森林阻挡
>
> 必定在空中消失它的威力;(卢卡努斯 Lucain)

　　同样,摇动的灵魂如果失掉把握,必定渐渐在它自身消失,我们得要常常供给它可以瞄准和用力的对象。普鲁塔克(Plutarque)谈及那些酷爱猴子或小狗的人,说是因为我们天性中爱恋的一部分。为了没有正当的对象,宁可自己伪造一个低贱的,也不愿无所寄托。我们常见在热情里的灵魂与其无所事事,宁可想象一个虚幻的对象以自欺,虽然它自己也明知不可靠。同样,兽类在狂怒的当儿攻击那曾经打伤他们的石头或利器,用利牙替它们所受的痛苦在这些东西身上泄愤。

> 正如班那尼的熊,受伤后更凶猛,
>
> 当里比尔人的飞镖射在它身上,
>
> 不断地转向它的伤口,气愤愤地

追逐那跟着它旋转的伤口上的利矢。（卢卡努斯）

我们在苦难中什么理由没有想到？什么东西没有埋怨到——无论对与不对——使我们有可以用武的地方？并不是你在怒扯的金发，也不是你在狂打的雪白的胸脯，令你亲爱的哥哥饮弹丧命，找别的地方泄你的愤罢。

李维(Tite-Live)告诉我们，当罗马军队在西班牙丧失他们两个队长(同时是两兄弟)的时候，"他们马上一齐痛哭，乱打自己的头颅"。这是很普通的习惯。而哲学家比翁(Bion)，不也滑稽地笑那在烦忧中乱扯自己头发的国王，"这厮是否以为秃头可以减除他的悲哀呢？"谁不曾眼见一个人把纸牌嚼碎，或把一盒骰子吞下肚里，以泄输钱的恨呢？泽尔士(Xerxès)鞭挞赫勒斯蓬的海水，把铁链加上去，用种种侮辱咒诅它，又给阿托斯山写一封挑战书。居鲁士二世(Cyrus II)动用全军逾月，以报复他渡根都斯河(Gyndus)所受的惊恐。而卡里古拉(Caligula)把整间邸宅毁坏，为的是他母亲曾被扣留在那里。

我年轻的时候，人们常说我们邻近有一个国王，为了受上帝的杖责，赌咒复仇，下令要他的百姓十年内不得向上帝祷告和说话，而且，他自己的权威所到之处，不得信仰上帝。这故事与其说是描写这国度的愚蠢，不如说描写那种天生的骄傲。这两种毛病常混在一起，可是这样的行为的确出自傲岸比出自愚蠢多。

奥古斯都·恺撒(Augustus Caesar)在海上受大风浪颠簸，决意向海神尼普顿挑战，在竞技大会仪式中，下令把尼普顿的石像移去，作为报仇的表示。这举动比前事更无可宽恕，就是比后来他身历的另一事也没有那么可宽恕：当瓦鲁斯(Varus)战败于德国，他从狂怒与绝望中奔窜，一面以头碰壁，一面喊道："瓦鲁斯呵，还我的军队来！"因为他们实有甚于愚蠢，他们在愚蠢上面更添上不恭，迁怒于上帝或命运，仿佛他们有耳朵接受我们的袭击似的。有如那些色雷斯(Thrace)人，每逢闪电行雷，便带着巨大的仇恨向天乱射箭，以为他们的箭可以使上帝服从。普鲁塔克所征引的一个古诗人说得好：

切勿对事物生气,

我们的忿怒它们一点儿也不理。

可是对于我们精神上的错乱,任你怎样辱骂也不够。

原著第一卷第四章

# 7　论闲逸

正如我们看见的旷地,如果是肥沃的,必定丛生着各色各样的无用的野草。想好好利用它,得先要清理及散播好的种子。又如我们看见的妇人,如果任她们自己,只能产生不成形的肉块,必定施以良种,然后能得到自然的好的后嗣。心灵亦然。倘若没有一定的主意占据着它,把它约束范围住,它必定无目标地到处漂流,入于幻想的空泛境域里。

> 正如铜瓶里颤动着的水光,
>
> 反映太阳或月亮的晶明影像,
>
> 随处飞升,随处飘荡,
>
> 飘荡到长空与天花板上。(维吉尔)

无论什么幻梦与痴想都可以在这种不安的情况里产生。

> 他们虚构无数的妖魔,
>
> 无异病者的噩梦。(贺拉斯)

灵魂如果没有确定的目标,它就会丧失自己。因为,俗语说得好,无所不在等于无所在。

> 四处为家的人无处有家。(马尔提阿利斯 Martial)

我最近隐居家里,决意在可能的范围内,不理旁事,优游闲逸,以度这短促的余生。我觉得对于我的心灵没有更大的恩惠了,除了让它在闲暇里保养自己,逗留和安居在自己身里。我希望它今后会毫无困难地这样

做去,因为它已随着时日变得更坚定更成熟了。但我总觉得

　　闲逸使心灵飘忽。(卢卡努斯)

　　而在另一方面呢? 我的心灵与无羁的马一般,为自己跑比为别人跑快百倍,因而便产生了无数的妖魔与怪物,无次序,无目的,一个两个接踵而来。为要可以优悠默察这些东西的离奇不经,我已开始一一写下来,希望日后用来羞它。

原著第一卷第八章

# 8　论说谎

再没有人比我更不宜于夸他的记忆了,因为我几乎找不着它一些痕迹,我亦不信世界上还有人的记忆这么惊人地坏。我的其他禀赋都庸碌平凡,可是在这一点上,我以为我是非凡而且稀有,值得因此享受一种声誉。

除了我所感受的天然的不便利而外(真的,柏拉图深感记忆的需要,很合理地称它为伟大而有力的女神),在我的家乡,要说一个人糊涂的时候,他们说他没有记性。每逢我对人投诉我这弱点,他们便讥笑我,而且无论怎样都不相信我,仿佛我在说自己是疯子似的,在他们心目中,记忆与智慧绝对是一回事。

这样使我更吃亏。可是他们确实错怪了我,因为经验证明,一个极好的记忆往往反配上一个衰弱的判断力。他们错怪我的还有一点,那就是除了做朋友外,我什么都不行,所以责备我的弱点就等于说我忘恩负义。他们因我的记忆而怀疑我的感情,把天然的缺憾当作良心上的弱点。他们说:他忘记了这个委托或这个许诺;他全不想念他的朋友;他忘记为了爱我应该这样说、这样做,或这样隐瞒。无疑地,我很健忘,但是因不关心而忽略朋友托我做的事,那可不是我的本性。愿大家宽容我的不幸,别把这不幸当作恶意,尤其是一种与我的脾性绝对相反的恶意!

我也有我的慰藉。第一,因为这毛病帮我纠正一个很易犯的更坏的毛病,就是野心。因为对于一个要包揽世事的人,缺乏记忆力真是一个难堪的弱点。

自然界进步的一些类似例子告诉我们：自然往往加强我们别的禀赋，以补救某种禀赋的薄弱。假如受了记忆的恩惠，别人的创见与意旨时时刻刻在我心里，我的理智与判断力将不能尽量发挥它们自己的才干，却很容易像大多数人一般，被引导去懒懒慢慢地追随别人的足迹。

我的话因而较简短，因为记忆的货仓比较创见的货仓容易充塞着物品。如果我的记忆对我忠实的话，我就会喋喋不休地震破我朋友们的耳鼓，因为种种事物都会惹起我这小小才干去把它们运用挥使，引动及激发我的雄辩。那是多么可哀！我亲眼见有几个朋友就是这样，因为记忆把题材原原本本地供给他们，他们把故事往后追溯得那么远，又附上了如许的无谓枝节。如果这故事是好的，把它的好处全窒死了。假如不好，你就不知应该要诅咒他们幸而有这么强的记忆，还是不幸而有那么可怜的判断力。一上了高谈阔论的大路之后，要停止及截断是很难的事。再没有什么比较那骤然止步更显得马的力量了。

其至那些说话切题的人当中，我也见过有好些虽然想在半路骤然停止，却无法做到。他们一壁在脑袋里搜寻一个停步点，一壁却喃喃个不休，和一个快要昏倒的人曳着他的脚步一样。老头子尤其危险，他们对于过去的记忆还在，却忘记了他们已复说了多少遍。我知道有好些很趣致的故事在某爵爷的口里变成了讨厌，因为我们当中没有一个不被这些故事灌注过一百次的。

第二，我缺少记忆给我的安慰是，正如一个古人所说的：我容易忘记别人的侮辱。否则，我需要一本备忘录，像大流士（Darius I$^{er}$）那样，为要不忘记从雅典人手里所受的耻辱，教一个仆人每当他吃饭的时候，向他耳边唱三声，"主呵，勿忘雅典人！"而另一方面，我重见的地方与书籍永远带着一种新鲜的颜色向我微笑。

记忆不强的人切勿学人撒谎，这话说得真有理。我知道那些文字学家把"说假"与"撒谎"分开：说假是说一件假的事，而说者信以为真。至于撒谎在拉丁文（也就是我们法文的本源）的定义，却是瞒住良心说话，因此只应用于那些言与心违的人，也就是我现在所想论及的。

这种人或虚构整件事,连枝带叶,或改变及粉饰那原有真实基础的事物。那些改变或粉饰的,如果要他们常常复述同一件事,就很难不露马脚,因为那真实的事情先进入他们的记忆里,由知识与认识的媒介印在上面,自然地显现在我们的想象,驱逐那立足没有那么稳固的虚构。而原来所听到的各种详细情形也三番四复地窃进脑海里,把添上去的假冒而且模糊的枝节消灭。

至于那些完全虚构的,既没有相反的印象摇动他们的虚假,似乎就没有那么容易被人觑破了。但也不尽然,因为那是一个无实质的虚体,如果抽根未牢,就易于被记忆所遗漏。关于这层,我有过许多有趣的经验,那些老是根据事业利益或顺从大人物颜色而措词的人,总要吃亏的。因为支配他们的信义及良心的种种情景,既要经过许多变动,他们的话自然也不能不随时转移。于是同一桩事,他们今天说灰,明天说黄。对这些人说这样,对那些人说那样。如果这些人偶然把他们所得的矛盾的消息像赃物般合拢在一块,这巧妙的伎俩又如何结果呢?况且稍不在意,他们便自己打嘴巴,因为有什么记忆容得住他们对于每件事所捏造的形形式式呢?我看见与我同时代的一些人,苦苦追求这种机巧的声誉,他们不知道即使得了声誉,效果却不可得。

说谎确实是一个可诅咒的恶习。我们所以为人,人与人所以能团结,全仗语言。如果我们认识说谎的遗害与严重,我们会追捕它,用火烧它,比对付什么罪过都更不为过。

我觉得人们往往白费功夫,极无谓地惩罚小孩子天真的小过,为了一些不会留下痕迹和影响的无意识举动折磨他们。据我的私见,只有说谎,其次便是刚愎,我们应该极力歼灭它们的萌芽与滋长。它们随着小孩子长大,舌端一度向这方面伸展之后,你会觉得奇怪,任你如何也不能把它拉转来。所以我们常见许多在其他方面本来很诚实的人,仍不免屈服及受制于这恶习。我认识一个品性很好的成衣匠,从未听他说过半句真话,即使对他自己有利。

倘若像真理一般,虚妄只有一副面孔,我们还好办,因为我们会把惯于说谎的人所告诉我们的反面当真实。可是这真实的背面却有千万副面孔和无限制的范围。

毕达哥拉斯(Pythagore)以为善是确定的、有限的，恶是无限的、无标准的。千百条路引我们乖离，只有一条路引导我们达到目的。我确实不敢断定，为了从一个明显而且极端的危险脱身，我不会撒一个不要脸和正经八百的谎。

一个古代的神父[①]说：我们和一只相识的狗做伴，比和一个言语不通的人好。"所以对于人，一个生客不能算人"(老普林尼 Pline)。虚伪的语言比缄默更难打交道哩！

弗朗索瓦一世(François I[er])尝自夸用这种方法难倒达韦尔纳(Taverna)，他是米兰公爵斯福扎(Sforz)的公使，一个著名的善于辞令的人。达韦尔纳受了他主人的使命向国王陛下致歉，为了一件很重要的事。这件事就是：弗朗索瓦一世新近被逐出意大利，想同那里，尤其是米兰的公爵通消息，觉得应该有一个人在公爵的宫廷代表他，实际是公使，表面却是一个私人，只在那里经营个人的私事。可是米兰公爵要倚靠日耳曼皇帝多些，(尤其是他那时正与皇帝的侄女、丹麦王的女儿、现在是洛林的孀妇议婚)，如果被人知道跟我们有往来和通消息，对于他的事必定有很大阻碍。找到适宜负此使命的是一个名叫弥尔韦(Merveille)的米兰人，国王的御马司。他带了秘密国书和公使训令，表面更带了许多为他私事的介绍信去见公爵。他逗留在公爵的宫廷太久了，日耳曼皇帝终于微有所闻。我们相信就为了这缘故而发生了以后的一件事：公爵布下暗杀假象，使人在夜里杀了他，而案件前后两日便告完结。

达韦尔纳带了一份捏造的关于这案件的详细说明书来到(因为弗朗索瓦一世写信给公爵及所有基督教国家的国王，要求完满的答复)，准备在国王早朝时宣读。为了辩护案情，他很伶俐地提出几个似是而非的事实解释：他说他的主人自始至终只把我们的钦差当作百姓及私人，这人到

---

① **一个古代的神父** 圣奥古斯丁(St. Augustin)。——译者原注

米兰完全为私事,并且从未因别的任务在那里逗留,他否认知道这人是国王的下属或国王认识他,自然更不知道是公使了。于是弗朗索瓦一世从各方面用种种疑问及反驳盘诘他,终于在"为什么在夜里,而且,简直可以说是秘密行刑"一点上使他语塞。这可怜的人仓猝间不得不说实话,答道,为了对陛下的恭敬,如果在白天行刑,公爵会觉得面子上过不去。我们可以想象他怎样露出马脚,在弗朗索瓦一世这样的敏感鼻子面前被绊倒的情形。

教皇尤利乌斯二世(Jules II)遣了一个公使去谒见英王,鼓动他反对法国国王。那公使把他的使命说完之后,英王在回答的话中特别注重关于准备与一个这么强有力的王作战的种种困难,列举了几个理由。公使很不知趣地回答他也曾想及这些理由,并且对教皇提过。这些话与他为鼓动战争而来的原来目的相去那么远,英王马上猜出这公使私下里必定是倾向法国的。他的主人得知这消息之后,他的财产被充公,他自己仅以身免。

原著第一卷第九章

# 9   论辩才的急慢

"一个人不能兼有各种美德"(拉博埃西①)。同样,关于辩才,我们常见有些人发言那么轻易和敏捷,人们之所谓词锋又那么尖锐,无论何时何地他们都有准备。别的人却比较迟钝,说什么都要审思熟筹。正如我们教女人看她们身体的特殊美点去做各种游戏和体操,我要对这两种辩才的特长给予同样的忠告。在我们这个世纪,擅长辩才的,似乎就是牧师与律师。我觉得迟钝的宜于做牧师,敏捷的宜于做律师。因为前者的职业允许他从容预备,他的旅程是在一条永恒的、无间断的直线上走。至于律师的自由却迫使他随机应变,他的对手意外的反驳往往把他抛出行伍,迫使他马上取新的立场。

可是克里芒教皇(Clément VII)与弗朗索瓦一世在马赛会面,却发生相反的事实。毕生吃法庭饭而且享有盛名的玻耶(Guillaume Poyet)先生被任命去对教皇致辞。他把演讲词事前许久便预备妥当,并且听说还是在巴黎做好带来的。到了要宣读的那天,教皇恐怕别人对他说的话有可能冒犯在座的各国公使之处,对国王提议一个切合时地的题目,刚巧与玻耶所预备的完全两样:以致他的演辞毫无用处,要马上另做一篇。他自己觉得不胜任,不得已让枢机主教杜贝莱(Jean Du Belley)替代他。

律师比牧师难做。可是我觉得过去的律师比牧师多,至少在法国是

---

① 拉博埃西(Étienne de La Boétie,1530—1563)　法国文艺复兴时期作家,蒙田的好朋友。

这样吧。

似乎智慧的元素是敏捷与机警,而判断的元素是迟缓与熟筹。但是没有工夫预备便讷讷说不出口的人,或有工夫预备亦不见得比较说得好的人,同样的不可思议。

他们说凯西乌斯(Severus Cassius)事前不先构思比较说得好,说他倚仗机会比思索多,说打断他的话柄对于他是一件好事,所以他的对手不敢激惹他,怕他的怒气会令他加倍雄辩。我由于经验认识这种不耐烦苦思的天性,除非让它自由快活地奔驰,它干不了什么好事。我们常说某某作品臭油灯气味,即指作品中由于过事雕琢所致的生涩与粗糙。而且,那急于求精的操处,那对于它的经营太迫切、太紧张的灵魂的焦躁,把它捆缚、挫折和挡塞,正如过于满溢和猛急的水从开着的瓶口找不着出路一样。

我现在所说及的这种天性当中,也有并不需要受强烈的情感所摇撼和激动的,不似凯西乌斯的愤怒那般(因为这样的打击会太猛烈了)。它所需要的不是簸荡而是煽动,只要受临时、偶然及外界的景物所唤醒和振奋。如果任其自然,它就只有颓唐憔悴,兴奋是它的生命与美德。

我不善于自我控制或支配。机会比我自己更有权。境遇、伴侣,甚至我自己的声音的颤动,从我的智慧所获得的,比我独自测探和使用还要多。因此,如果无价值的东西也可以选择的话,我的谈话比我的文章好。

这样的事于我亦常有:我找我的时候,找不着;我找着我,由于偶然的邂逅比有意识的搜寻要更多。我有某个精微的想法(我想说的是,别人看来这个想法鲁钝,我却觉得锋利。还是放下这些谦逊吧!每人依照自己的力量各有说法),等到要写出来发表的时候,我把它完全丢了,简直不知道想说什么。有时一位生客已先我发见了。如果我要用刀把这些地方统统刮去,全部书恐怕都要被抹掉。也许将来机缘会偶尔射出一道比午昼更亮的光在这上面,使我惊讶于现在的犹豫。

原著第一卷第十章

# 10　论预兆

关于签语,确实在耶稣未降临以前便已失掉信用了:因为我们见西塞罗(Cicéron)苦思它们所以衰落的原因,这几句话就是他的:"为什么德尔斐(Delphes)不仅现在,并且很久以来不再发签言,时至今日,竟没有什么比它们更受人轻视的呢?"(西塞罗)可是其他种种预言,发自被牺牲的兽类的脏腑(柏拉图以为这些动物的脏腑的天然组织有几分是为这用途而设的),鸡之跺踢,鸟之飞翔,"我们相信有些禽鸟专为宣示未来而生的"(西塞罗),打雷,河流之旋涡,"肠卜僧①洞悉许多事物;占卜官②预知许多事物;签语、先知、梦与异迹又宣告许多事物"(西塞罗),以及其他古代赖以取决公事和私事之休咎的,通被我们的宗教破除了。虽然我们当中还有星相巫觋等流行,这是我们天性中无意识的好奇心的显著例证,消耗我们的光阴去预卜未来的事物,仿佛现在的事情还不够我们消受似的:

> 为什么,奥林匹斯的王呵,你要
>
> 在人类的痛楚之上添上这凄徨?
>
> 为什么用可怕的凶兆,
>
> 预告他们未来的灾殃?
>
> 还是蒙住凡夫的眼睛吧,
>
> 使他们在恐惧中仍不绝希望。(卢卡努斯)

---

① **肠卜僧**　古罗马祭司,查看祭祀牲畜的内脏,来推断吉凶祸福。

② **占卜官**　古罗马官职,专责解释征兆和神意。西塞罗本人曾担任此职务两年。

"预知必临的事于我们毫无益处,因为徒自苦恼是一件大可哀的事。"
(西塞罗)——无论如何,它们的权威已减削不少了。

所以我觉得莎吕斯侯爵弗朗索瓦的例子非常可惊。他那时统率弗朗索瓦一世在阿尔卑斯山外的大兵,非常得宠于宫廷,连他的哥哥被充公的领地也归还他了。毫无倒戈的理由,感情也不容他这样做,后来才证实他是受了当时种种言之凿凿的预言的过度的恐吓,那些预言有利于查理五世而不利于我们,(尤其是意大利,在那里这种愚蠢的预言是这般流行,在罗马居然大宗的款项为了我们的倾覆而付赌注)。起初他只对心腹哀悼那对于法国和在法国的友人的不可避免的灾难,终于背叛倒戈起来,结果无论星座如何,他大受损失。可是他对于这事的举措实在像一个陷于各种情欲的人。因为,既有城池和大兵在握,安东尼·特·列夫(Antoine de Leve)所统率的敌军又距离他仅三步,加以我们对他毫无猜忌,他实在有为患更大的能力。因为他虽然背叛,我们并未损失人马及城池,除了弗山(Fossan),而且还是经了一场血战才丢掉的:

> 神用浓黑的夜,
> 遮掩着未来的路,
> 嘲笑那无知的凡夫
> 为了焦虑自苦。
> ……
> 他就是自己的主人,
> 而且将毕生快乐欢欣,
> 如果他能够每晚安然,
> 说道:"我又过了一天。
> 明天任神遍盖乌云
> 或把清光普照乾坤。"(贺拉斯)

反之,那些相信这句话的人却错了:"这是他们的理由:因为有预兆,所以有神明;既然有神明,所以有预兆。"(西塞罗)帕库维乌斯(Marcus

Pacuvius)却聪明得多：

> 那些不求教于他们的心，
>
> 而求教于禽言兽语的人，
>
> 只合受我们听，
>
> 却不合受我们信。

著名的托斯卡纳(Toscane)人的预言是这样的来历：某农夫锄地，锄到深处的时候，看见达则(Tagès)①，一个带着婴孩的面孔、老人的智慧的半仙站起来。邻近的居民急忙走去看，于是他的言语和知识，包含着这法术的原理和方法，便被收集保存了几个世纪：好一个与它的发展相称的诞生。

我宁可掷骰来处理我的事，也不愿倚赖这样的幻梦。

真的，在一切国度，人们都留下一部分权威给命运。柏拉图在他所描画的理想国里，让命运裁决许多重要的事情，其中一件便是婚姻要由良善的公民共同抽签取决。他对于这偶然的选择是这般看重，甚至主张那种从这种结合所生的孩子要在国内教养，把那出自不良结合的孩子摒弃。可是如果被摒弃的孩子长大时侥幸有成材的希望，人们可以把他们召回去，而放逐那些被留在国内到成年还不见有什么希望的孩子。

我见许多人研究和注释他们的历书，把它们当作各种事故的权威来征引。它们所预料的事是这么多，自然有真有假："整天射箭的人，谁不会有时命中呢？"(西塞罗)我却不因为他们有时命中而看起他们。如果他们的定规是撒谎，我们会较有把握得到真理。何况从来没有人留意他们的误算，虽然那是无数和常有，而它们的偶然命中却正因为罕有、异常和怪诞而得人信仰。狄亚哥拉士(Diagoras)别号无神者，一天在山穆达拉司(Samothrace)寺里有一个人指着那些沉船得救的人的还恩牌与画像对他说："好，你不信神明与人事有涉，对于这许多由神恩得救的人怎样解说

---

① 达则 意大利古代传说人物。从地下出来，在伊特鲁里亚地区周游说教，完毕后又返回地下。

呢?"他答道:"事实是,那些溺死的人没有人画他们,虽然他们占大多数。"

西塞罗说许多承认神明的哲学家当中,只有色诺芬尼(Xenophanes)努力铲除各种预言术。无怪我们常见许多国王耗费他们的光阴(有时并且于他们有害)在这些子虚上面了。

我很想亲眼看见这两个异迹:一个是卡拉布里亚的方丈约阿希姆(Joachim)的书,预言所有未来的教皇的姓名和相貌。一个是里奥皇帝(Léon VI)的书,预言希腊历代皇帝及主教。

这个却是我目睹的:在社会秩序混乱的时候,人民受了厄运的打击,轻率投身于各种迷信,向上天寻求他们的灾难的远古的恫吓与原因。而他们现时是这般乐在其中,我敢说,这是一个锐利而空闲的头脑的消遣。那些精于编结及解开这些玄机的人,无论在什么书里都可以找到他们所想找的东西。可是尤其使他们易于从事的,是这种预言谵语的模糊、恍惚和不经,它们的著者原就不给它们任何清晰的意义,以便后世可以随他们的幻想妄加注解。

苏格拉底的幽灵①,据我的意见,就是某种意志的冲动,不待他的理性允许便呈现给他。在一颗修养这么深的灵魂,不断地受智慧与道德的陶冶,大概连这种率性,虽则是偶然,也是良善而且值得听从的罢。每个人在他内心都有这种骚动的影像,激烈而突如其来。我们从不过问审慎,这些冲动却要管制一下。我有过这些冲动,很少理性,具有激烈的说服力或劝阻力,而苏格拉底的却比较平常。我任它们推移,对于我是这般有益和顺利,简直可以想象是从神圣的灵感来的。

原著第一卷第十一章

---

① **苏格拉底的幽灵** 柏拉图在《苏格拉底自辩词》(*Apologie de Socrate*)里,曾经记录苏格拉底的自述:"这是我自少便出现的东西,每当我想做某件事情,就会听到一把声音劝我罢手,它从来没有鼓励我去行动。"

# 11　论善恶之辨大抵系于我们的意识

"骚扰我们的,是我们对于事物的意识,而不是事物本身。"一句古希腊格言这样说(爱比克泰德)。假如这格言能够事事处处都树为真理,我们这可哀的人类景况至少可得一大解救。因为如果恶单是由我们的判断侵害我们,似乎我们可以瞧不起它们,或有把它们化为善的可能。如果事物是在我们掌握之中,为什么我们不支配它们,或利用它们呢?如果我们之所谓恶与痛楚本身并不是恶与痛楚,却因为我们的想象把这种品质加给它们,我们当然有转变它们的权利。既可以选择,又没有什么强迫我们。我们真愚蠢不过,如果我们偏要选那苦闷的路走,把一种苦恶的味儿加诸疾病、窘乏和侮慢的身上,既然我们可以把好的加给它们,既然命运只供给材料,却要我们把形式给它们。现在,让我们试看这议论能否成立:我们之所谓恶并非恶,或者——其实只是另一说法——即使所谓恶是恶了,最低限度我们可以任意给它们另一种气味,另一副面孔。

如果我们所畏惧的这些事物的本体,能够自作主张寄居在我们身上,就会无论在谁身上都是相同和类似,因为一切人都是同类。而且,除了多少之分,总具有同样的判断与理解的工具和器械。可是我们对于这些事物的意见之分歧,显然证明它们是得到我们的同意才能够侵入。也许某个人包藏着它们的真体,而千百个人却给它们一个新的相反的形状。

我们把死亡、贫穷和痛苦当作我们的主要敌人。

先说一般人称为"可怕的事物中之最可怕"的死吧:谁不知道许多人却称它为"这生命风中的唯一避风港",称它为"自然的至善",称它为"我们自由的唯一砥柱"和"医治诸般苦难的奏效如神的万应灵丹"呢？有些人颤栗惶恐地等候着它，另一些人却觉得比生更轻易担负。

> 这个人就是埋怨它过于温和的：
> 死呵，求神保留懦夫的生命，
> 愿你只是勇敢的代价。（卢卡努斯）

且慢说这些傲慢的心吧。狄奥多罗斯（Théodorus）回答那恐吓要杀死他的吕西马古斯（Lysimakhos）说："你将立一大功，如果你做得到一只西班牙苍蝇所能做的。"大多数哲学家或有意预先料理、或帮助和催促他们自己的死的到来。

我们常见多少下层阶级的人，或由于刚愎，或由于天性上的纯朴，毫不动容地赴死——并且不是平常的死，而往往是混着羞辱及酷刑的死——我们简直不觉得他们举止上有什么改变：料理他们的家事，把后事交托给朋友，唱歌，现身说法，对大众谈心，间或插以笑话，举杯为朋友祝酒，简直与苏格拉底无异。

一个囚徒被拉去上吊，说别从这条路走吧，恐怕某商人向他索债，抓住他的领带不放他走。另一个对刽子手说，不要触他的脖颈，以免他忍不住痒失声笑出来。又一个回答那望他今晚和主耶稣同食的牧师说："不如你自己去吧。至于我，我却要斋戒。"又一个问要水喝，因为刽子手先喝了一口，便说他不跟着喝，为的是怕要染上痘疹。大家都听过那披加尔（Picard）人的故事：当他在梯上快要被吊的时候，有人把一个女子带给他，说如果他肯娶她（我们的法律有时允许这样做），他便可以被赦免。他定睛看了半晌，发现她是跛的，说"绑吧！绑吧！她跷腿哩。"同样的故事在丹麦亦极流行：一个犯人既定死刑，已经在断头台上了，不肯接受人家献给他的同样的条件，理由是那女子的脸太扁、鼻子太尖。图卢兹（Toulouse）地方有一个仆人被控信仰异端，他的唯一申辩是他跟从他主人的信仰（他的主人是一个年轻的学生，和他同时入狱），宁死也不肯承认他主人有错。传记告诉我们阿拉斯（Arras）城的百姓，当路易十一（Louis

XI)取了他们的城之后,许多人都宁可问吊也不愿喊"路易王万岁"。

在那尔乘格国①(Narsingue),教士们的妻直至今日还是被生埋去陪伴她们丈夫的尸骸。其他的嫠妇不独很从容地,而且很快乐地投身于他们丈夫的焚尸场上。而当人们焚烧国王的尸身时,他的妻妾侍婢以及各种官吏仆从都喜洋洋地投身火堆中,仿佛陪死是无上的幸福似的。在那些灵魂卑贱的小丑当中,许多临死也不抛弃他们的笑谑。有一个在行刑手把他摇来摇去的时候,叫道:"摆橹呀!"这是他平日的口头禅。又一个临断气时人家把他抬到火炉边的席子上,医生问他痛在哪里,他答道:"在火与床之间。"等到牧师来替他涂香油,找他那因为病痛而蜷缩起来的脚时,他说道:"在我腿的极端,你就会找着它。"有人劝他把自己交托给上帝,他问:"谁到那里去?"那人答道:"如果上帝喜欢,也许一会儿你就要去。"他反问:"假如我明天晚上才去呢?"那人又说:"把你交托给上帝吧,你快要同他一起了。"他答道:"那么不如我自己把交托随身带去好了。"

最近我们攻打米兰之役,得而复失,失而复得不知多少次,百姓耐不过换来换去,他们那么坚决地寻死。据我父亲说,他看见人家统计:一周之中,至少有二十五个家长自戕。一桩大同小异的事在山佗(Xanthis)地方发生。那里的居民遭到布鲁图斯(Brutus)围攻,他们男女大小一块儿蜂涌出城,带着那么热烈的愿望去赴死,简直可以说平常人用以逃避死的应有尽有的方法,他们无不用来逃避生,以致布鲁图斯费了许多工夫才救回极少数。

无论什么信念,都有鼓励人用性命来拥护它的力量。米底之战,希腊人所矢誓及始终坚守的英勇的约言第一条便是每个人宁可以生易死,也不愿波斯的法律替代他们的法律。我们看见多少人在希腊和土耳其之战,宁可接受那最残酷的死也不愿放弃他们的割礼而受洗礼。没有什么宗教做不到这种榜样的。

卡斯蒂利亚(Castille)王既把犹太人驱逐出境,葡萄牙王约翰二世

---

① **那尔乘格国** 一个印度古代王国。

(Jean II)应许暂时容纳他们,只要每人交八个佛郎,并且到一定的日期便
要离开,他答应备办船只把他们载到非洲去。期限到了,他下令过期不离
境的要做奴隶,而替他们备办的船只既非常之少,已经上船的又受那些船
员很卑鄙地虐待,其中一个虐待的方法便是在海上绕来绕去,直至他们的
粮食竭尽,迫不得已要向船上购买。可是在海上那么久,售价又那么贵,
他们登岸时就只剩下身上的内衣了。这种不人道的消息传到葡萄牙之
后,大多数人情愿做奴隶,其中有些还改变了他们的宗教信仰。及至曼努
埃尔一世(Émmanuel Iᵉʳ)即位,起初把他们解放,后来又改变宗旨,下令限
期出境,指定三个海岸做登舟的地方。他希望,我们现代最好的拉丁历史
家阿索里乌斯(Osorius)说,解放的恩惠既不能感化他们皈依基督教,那
么,像他们的朋友般要受些盗贼似的海员的虐待,加上离开惯居和致富的
国土,去到一个生疏的地方的种种艰难的展望会把他们带回来。可是眼
见他的计划失败,他们个个都争先恐后要离境,于是取消两个已经允许的
海港,以便路程的遥远和艰辛可以使他们回心转意,而把他们聚拢在一个
地方也便于施行他的计划。这个计划便是下令把十四岁以下的小孩从父
母怀里抢出来,移到他们父母眼不及见的地方去教养,在我们的宗教里长
大。据说结果非常可怕:父母与儿女间天然之爱,加上他们对古代信仰的
热忱,向这横暴的谕旨死命抗争。许多父母因此自戕,更可怕的是,出于
挚爱和怜悯,他们亲自把幼孩投入井里,以图避免这律法。至于那些剩下
来的,期限既过,又缺乏旁的办法,只好回复他们的奴役生涯,也有变为基
督徒的,不过他们整个民族是否真诚,直至今天恐怕还没有多少葡萄牙人
敢担保,虽然时间和习惯比什么压力的影响更大。在加士图尔那大利城
(Castelnaudari),五十个阿尔比支(Albigeois)的异教徒带着极坚决的勇
敢,一伙儿投身在一堆熊熊的烈火中也不愿否认他们的信仰。"我们岂不
常常看见,不独几个将军,并且全队兵士毫无顾虑地奔赴万死么?"(西
塞罗)

　　我有一个亲密的朋友极真诚地强求死。这真诚是由各种我所不能驳
倒的似是而非的理由种在他心中的。第一次死亡戴着光环显现的时候,

他马上带着猛烈的饥渴投身于它怀里,虽然并没有什么显著的非死不可的因由。

我们现代有许多例子:为了极小的困难,许多大人及小孩献身于死亡。关于这层,一个古人(塞内卡)说得好:"我们什么不害怕呢,如果连那怯懦者找来作庇护的东西我们也害怕?"

假如我想在这里列举那些比较幸福的时代,无论什么信仰、无论什么景况的男女或很镇定地等死,或有意去寻死,而且并非单为逃避生的苦恼,有些简直为了逃避生的餍足,更有因为希望在别处更舒服而寻死的,我无法一一列举。他们的数目是这么无限,我真觉得把那些畏死的加起来恐怕还要容易些。

但有一点。哲学家皮浪(Pyrrhon)有一天在海上遇大风浪,把一只猪指给那些在他四周惊惶失措的人看,并且用来作榜样鼓励他们,因为那只猪毫不为风浪所动。

难道我们敢说我们独具的理性,我们常常用以自傲而且藉以为万物之灵、万有之主的,是为要骚扰我们而加之于我们身上么?又何需乎那对于事物的认识呢?如果它令我们失掉那没有它反而得到的安息与宁静,如果它令我们比皮浪的猪还要苦?上天为了我们的最大幸福而赐给我们的智慧,我们却用以自我毁灭,与天意作对,反抗万物以本身特长求得自身安逸的普遍物理么?

好,有人会对我说,就算你的方式适用于死,又何语于窭乏呢?又何语于痛苦,亚里士狄普士(Aristippus)、希联尼母(Hieronymus)和许多贤哲都视为最大的恶的呢?那些口头上否认它的人,行为上却不能不承认。波塞东尼乌斯(Posidonius)为一种尖锐的病痛所苦。庞培来探望他,并且道歉不应该选一个这么不凑巧的时间来听他讲论哲学。"天也不许,"波塞东尼乌斯说,"如果痛楚能够缠绕我,以至阻止我讲论哲学。"于是他纵论对于痛苦的轻蔑,但是同时痛苦并不停止它的效力,只是不断地刺激他。他忍不住大声喊道:"痛楚呵,你尽管肆虐吧!无论如何我也不说你是恶的。"

这个他们常常夸赞的故事,究竟何补于那对于痛苦的轻蔑呢? 他所争辩的只是名义而已。如果他不为痛楚所动,为什么要中止谈话呢? 为什么他以为不称它为"恶"是那么了不得的一回事呢?

这里就不全是想象。我们可以推测其余,这里那确定的知识有它的分儿。我们的官能就是裁判:

> 如果官能不真,一切理性都是假的。(卢克莱修 Lucrèce)

我们能够使皮肤相信马鞭只使它发痒,使舌头相信茄楠香是葡萄酒么? 皮浪的猪在这里便与我们同路了。它确不怕死,可是你如打它,它便四处奔窜和呼叫。我们将要勉强那自然的普遍定律么? 那在普天之下无论什么生物身上都看得见的,大凡受痛苦必定颤栗,受损害的树也似乎飒然呻吟呢。死亡却要反省才觉到,因为它只是霎时的动静:

> 或在未来,或在过去,眼前它却永不在。(拉博埃西)
>
> 死的期待比死还要难受。(奥维德)

许多禽兽,许多人都宁可死也不愿受恫吓。真的,我们平时对于死最怕的,其实是痛苦,死的惯常的先驱。

可是,如果要信一个神父①的话:"死之所以为恶,全因为那跟着它来的种种。"我却要说,而且比较近似一点,死带来的种种,既不是先它来的,也不是后它来的。我们常常托词痛苦而错误地宽恕自己。我从经验觉得:倒是我们想象死亡的焦躁使我们不能忍受痛苦,令我们加倍难受,因为痛苦预告我们的死亡。但是理性要骂我们怯懦,骂我们畏惧一件那么倏忽,那么不可避免,那么不容易感到的事情,我们于是抓住这另一个借口,因为比较可宽恕。

痛楚如果除了痛没有别的危险,我们便说它没有危险:牙痛,风湿症,无论怎么难受,只要不死人,谁把它们当疾病呢? 现在,假设我们对于死亡单注重痛楚,正如穷困也没有什么可怕,除了它以饥渴、寒热以及失眠

---

① 一个神父 圣奥古斯丁(St. Augustus)。

把我们抛到痛苦的怀里。

那么，让我们单谈痛苦吧。我同意它是身体所能招惹的最大的恶，因为如果世界上有一个憎恶它、逃避它的人，那就是我，尽管直至现在，我还没有，多谢上帝，与它发生多大的关系。可是一切全在自己，如果不能彻底歼灭它，至少也可以由忍耐而减轻。纵使躯体受纷扰，至少可以保持灵魂和理性的秩序。

如其不然，为什么德性、勇敢、力量、豪爽和果断受人尊敬呢？如果没有痛苦作对，它们又将在何处显本领呢？塞内卡说得好："勇敢贪危难。"如果没有睡硬地、穿盔甲晒着正午的烈日、啖马肉，喝驴血，眼见子弹从我们身上夹出来，任火炙、针探、线缝我们的伤口等事，我们和一般常人又有什么分别呢？

逃避痛苦及灾祸，与先贤所说的"同价值的事业中，那最困难的最引人去做"这话相去实不能以道里计。"因为严肃的人的幸福并不在于风流、游乐与欢笑等轻佻的伴侣，而在于坚忍与刚毅。"（西塞罗）为了这缘故，无论如何也不能说服我们的祖先，那在战争的艰险里用臂力搏得来的胜利，不比那在万全中由心机和口舌得来的胜利更宝贵。

**功业的代价愈昂，滋味亦愈长。（卢卡努斯）**

何况还有这点安慰我们："痛得厉害的必短，痛得长久的必轻。"（西塞罗）你将不觉其久，如果你觉得它厉害。它不结果自己就结果你：二者其实是一事。如果你背不起它，它将把你背走。"不要忘记最大的痛苦止于死，较轻的有无数的间歇，而我们可以驾驭那些和缓的。所以，如果它们堪可忍受我们就忍受，否则我们可以随时离开这生命，与戏剧不中我们意的时候离开剧场无异。"（西塞罗）

我们所以觉得痛苦难受，完全因为我们不惯于在我们灵魂里寻求乐趣，而且不充分信赖它是我们行为与生活的唯一至尊的主宰。我们的肉体，除了度数的长短，只有一种步伐，一个倾向。灵魂的方式却千变万化，把肉体的感觉和种种的事变，无论大小，都隶属于它或它权威之下。所以我们应该体察我们的灵魂,试验它的力量,鼓动里面的全能动力。无论什么理由,命令和力量都不能反抗它的志向和选择。它所具备的千万策略中,我们只要接受一条适宜于我们的宁静和安全的,那么,不独损伤不能侵害我们,如果它喜欢,我们还要觉得凶恶和损伤可喜和可感激。无论什么它都毫无区别地利用。谬妄、幻梦都很有用地服从它的意旨,与正当的事物一样地把满足与安全带给我们。

这是显而易见的事:使我们的苦乐尖锐的是我们心灵的锋刃。禽兽的心灵是被箝制住的,把它们的浑噩和自由的感觉完全交托给肉体,所以每个种类亦只有一个差不多相同的感觉,由它们举动一致便可以看出。如果我们在肢体里不惊扰那隶属于它们的权限,我们可以相信我们也许更自在,因为自然赐给它们一个对于苦乐比较合理与温和的品性,而这品性既然对于人人都普遍平等的,就不会不合理。但是我们既然摆脱了它的律法,以耽溺于我们幻想的放纵的自由里,我们至少要把幻想屈向那令人最畅适的一方面。

柏拉图怕我们受苦乐的羁绊太牢,因为它把灵魂太严酷地束缚和维系于肉体,我却以为相反,它把灵魂解脱和放松。

正如敌人因我们逃遁而愈凶猛,痛苦看见我们为它颤栗而愈骄横。对于与它争持的人,它会比较容易投降。我们要扎紧自己的腰去抵抗。退让与逃遁都可以唤来和招惹那恫吓我们的毁灭。正如肉体挺直起来更能坚持,灵魂亦然。

但是我们还是征引例子吧,对于腰骨软如我的人,这种游戏似乎更适宜。我们可以从许多例子看出痛苦与宝石无异:宝石的色泽视那配置的金叶而或明或暗,痛苦亦不能在我们身上占据比划给它的更宽的地位。"你越让步给痛苦,你亦愈觉得痛。"(圣奥古斯丁)我们觉得医生刃针的抚触,比较在战争的火热中十处剑痕还要利害。生小孩的痛楚,医生和上帝都认为很大,而我们为此煞费周章,对于许多国家这简直不算一回事。我不说那些斯巴达的妇女,只就我们步兵营里的瑞士女人①而说,你发现什么分别呢,除了今天看见她们背着昨天还怀在腹里的小孩跟着她们的丈夫走? 那些漂流于我们边境的苦命的埃及妇人②,她们亲自洗涤新生的小孩,在最近的河里沐浴。

除了那差不多天天都有的许多年轻的女子掩藏那些或仍在腹中或已生下来的小孩而外,罗马的贵族沙宾努③(Julius Sabinus)的贤妻,为了不想惊扰别人,独自生下一对孪生子,毫无援助,亦不发一声呻吟。

一个单纯的斯巴达童子,偷了一只狐(因为他们怕不善于行窃的羞辱,比我们怕惩罚还厉害),把它藏在背心底下,任它咬破肠脏也不愿泄漏他的秘密。另一个孩子在祭祀的时候焚香,一声不响任一颗跌进袖口里的炭把他烧到见骨,以免扰乱那庄严虔诚的礼拜。我曾经见过许多七岁的小孩,单为了试验他们的勇敢(依照他们的教育制度),任人鞭挞至死也不变色。西塞罗亲眼看见许多人打成一团,用拳,用脚,用口,以至昏倒也不肯承认被打败。“习惯永不能征伏天性,因为天性是不可征伏的。不过我们用虚诈、奢侈、逸乐、闲散、懒惰来腐化我们的灵魂罢了,既腐化之后,我们更从而用妄想和恶习来软化它。”(西塞罗)

人人都知道色沃拉(Scevola)的故事:他偷进敌营去行刺敌人的大将,事败被捉,于是杜撰一段荒诞的话,以救他的国家而赎自己的罪。他不独对他想行刺的王直认不讳,并且告诉他在自己的营里还有许多罗马人与他同谋,而且都是像他一样的人。为要表示他是怎样的人,他要求把一个火炉放在身边,眼光光望着自己的手臂被炙熟,直到敌人也害怕起来,下令把火炉移开。

怎么,竟有人割诊的时候也不停止看书? 有人继续谈笑以轻藐他所

---

① **瑞士女人**　瑞士雇佣军人的妻子。瑞士人为外国当雇佣军的传统始于 16 世纪,一直延续至 19 世纪。

② **埃及妇人**　流浪的吉卜赛女人。

③ **沙宾努**　公元 1 世纪罗马军官,煽动高卢人反抗罗马统治失败,匿居地洞 9 年。其妻给他送饭,最后被发现,两人被处死。

受的痛苦,因而激起那些刽子手的更大的残酷,把他们所能发明的惨刑应
有尽有地加在他的身上,直至他们不得不承认自己失败?但那是一个哲
学家①。怎么?恺撒的斗兽武士也谈笑自若地任人把他的伤口针探和刀
割?"曾经有人看见一个武士,甚至最卑贱的一个,在决斗或倒下的当儿
变色或哀叫吗?既倒之后,当敌人的刀快要加上去时,曾经有人看见他缩
颈以图闪避么?"(西塞罗)

谁不曾听见在巴黎有一个女人,为要有新鲜的肌肤和娇嫩的颜色,把
皮肤剥掉呢?有些拔掉她们的健全的牙齿,以便把它们排列得更整齐,或
使她们的声音更温柔更丰满。我们在女流中可以找出多少轻蔑痛苦的榜
样!只要有可以增加她们的姿色的希望,什么她们做不到?她们怕什么?

　　或拔掉头上的白发,

　　　　或剥去皮肤以改头换面。(提布卢斯 Tibulle)

我看见有些吞沙、吞灰,特意毁坏她们的消化力以求得到惨淡的颜
色。为要有西班牙式的窈窕的身材,什么折磨她们不甘心忍受,捆扎、束
缚深入肌里,以致胁部成了胼胝?是的,有时竟因此丧生呢!

现代有许多国家的人民常有意刺伤自己以证明他们说的话真实:我
们的国王②就叙述许多他在波兰亲眼见或亲自遇到的例子。但是,除了我
所知道在法国有许多人仿效这办法而外,我亲眼看见一个女子为了证明
她的许诺真诚和坚贞,把头锥在臂上刺了四五下,以致肌肉吱吱作响,鲜
血汩汩地淌流。土耳其人常把他们的肌肉挖去一大块以表示尊敬他们的
情人,而且为要永留痕迹,立刻用火炙伤处,许久才挪开,使血积聚凝结成
疤。看见这些事的人亲自写信告诉我,并且对我发誓。至于为了十文铜
钱用刀割伤自己的手臂或大腿的人,差不多每天都有一两个。

―――――――

① **一个哲学家**　亚拿撒克(Anaxarque,前4世纪),马其顿哲学家,被塞浦路斯僭王
残酷处死。

② **我们的国王**　亨利三世(Henri III,1551—1589),登基前曾当过8个月波兰国王。
离波兰回国前,王室侍从长曾以匕首刺臂表示忠诚。

　　我很高兴在最需要证据的地方,证据亦比较举手便得,因为基督教准备了不少给我们。许多人为要追随我们的圣洁的向导的榜样,竟愿背负十字架以表现他们的笃信。我们从一个很可信的证人得知路易王九世(Louis IX)终身穿发织的衬衣,直至暮年神父允许他免除才止,又每逢星期五他必定令他的牧师用五条小铁链鞭挞他的肩膀。为了这缘故,他把这五条铁链用箱子盛着,常常带在身边。

　　我们吉耶纳地方最近一位公爵纪尧姆(Guillaume X),是那把爵位传给法国和英国的阿莲那的父亲。他最后的十年或十二年常在僧服底下穿着紧身褡以示忏悔。安祖侯爵福尔克(Foulques III)一直走到耶路撒冷,为要使他两个仆人在救世主墓前用绳捆绑住他的脖颈鞭打。在复活节前的礼拜五那一天,我们岂不依旧常见许多男女相打以至皮裂骨断么?这个我常见,可是并不觉得舒适。有人说(因为他们是带着面具的)有许多是受人雇来证明别人的宗教信仰。可见这些人对于痛苦轻蔑更大,因为虔信的煽动力究竟比贪婪大。

　　费边(Maximus Fabius)葬他的当民政官的儿子,大加图(Marcus Caton)葬他的被任命为大法官的儿子,保路斯(Paulus)在几天内连葬他两个儿子,皆谈笑如常,毫无忧伤的痕迹。我曾经带着谐谑说某人嘲弄上天的正义,因为他的三个长成的儿子在一天内暴死,你可以想象这是怎样大的打击,可是他差不多要把这当恩惠接受。我自己也丧失过两三个还在襁褓里的儿女,虽然不能说无所惋惜,至少也不至于哀伤。可是再没有什么变故更命中人们的要害的。我可以想象许多令一般人悲怆的事因,如果临到我身上,我差不多无所感觉。我曾经藐视过许多降临于我的灾祸,可是一般人把它们看得那么凶暴,我从不敢在人面前夸说而不脸红的。"由此可知悲痛并不在于我们的天性,而在于我们的见解了。"(西塞罗)

　　见解是一个有力的元素,大胆而且无限量。谁曾追寻逸豫和安全像亚历山大和恺撒之追寻艰险与危难呢?史达尔池(Sitalcès)的父亲特烈常说,他不打仗的时候,觉得和马弁无差别。

　　大加图任执政官时,为要维持西班牙的治安,禁止百姓携带武器,马上有无数居民自杀:"凶悍的民族,他们以为没有武器便不能生活!"(李维)我们知道有多少人逃避在家庭里和在朋友中的恬静甘美的生活,跑到人烟绝迹的沙漠去寻艰险。多少人渴望世间的侮辱、贬黜和轻蔑,而且觉得那么可乐,你简直以为他们是矫情哩! 最近在米兰逝世的主教波罗美(Borromé),他的富贵,他的韶华,以及意大利的气候无不可以引诱他去过那骄奢淫逸的生活。可是他自处那么刻苦,简直冬天穿夏天的衣裳,睡禾秆做的床,而且,公务之暇,一刻也不停地继续研究,双膝跪地,书旁边放着一杯淡水,一块面包,他的粮食和用膳的时间通在内了。我还知道有些人特意戴绿帽子而获得利益和升擢的,虽然大多数人听见戴绿帽子这字便要悚然起来。

　　视觉如果不是我们最有用的官能,至少也供给我们许多娱乐。不过我们的最有用最畅适的肢体似乎是那些用来生殖的。可是有许多人竟深恶痛绝它们,而且正因为它们这么宝贵而把它们除掉。这正和那挖掉眼睛的人[①]重视眼睛一样。

　　大多数人,而且是精神健全的人,把多男多女当作大幸福,我和有些人却把没有子女看作同样大的幸福。当人家问泰勒斯(Thales)为什么不结婚,他回答说他不想有后裔。

　　事物的价值是我们的评估给它们的:我们从许多事物去看,不独看它们本身的价值,而且看对于我们的价值。我们不管它们的品质和用途如何,而只顾我们取来时的破费多少,仿佛这也是它们本质的一部分似的。于是我们之所谓事物的价值,并不是它们带给我们,而是我们带给它们。我发现我们善于理财,事物的效用视乎它们的重量,而仅仅因为它们的重量。我们的评估决不会多付钱。购买把成色加给金钢钻,把艰辛加给德行,把痛苦加给笃信,把苦涩加给医药。

———————————

① **挖掉眼睛的人** 传说古希腊哲学家德谟克利特(Démocrite,前460—前370)为了更好默思和逃避女性诱惑而自瞎双目。

　　某人想变穷,把他的金钱全抛在海里,而许多人正要遍搜这大海以钓富。伊壁鸠鲁说:"致富并不能消除烦恼,只是另换烦恼罢了。"真的,产生贪婪是富裕而不是贫乏。关于这层,我要略说我的经验。

　　自从童年以来,我曾经在三种景况下生活。第一个时期差不多有二十年之久,我的生活方式游移不定,完全倚靠朋友的帮助扶持,没有规定的恒产。因为放胆听天由命的缘故,我用钱越发爽快和大意。我一生没有更舒服的了。我从未遇过朋友吝而不与,为的是我把依期还债看得比什么需要都重。他们见我想尽法子去偿还他们,常常展了不知多少次的期限,因此我带着一种俭约而且有几分狡诈的忠实去偿还他们。

　　还债自然使我感到一种愉快:仿佛把一个厌烦的重负和那奴隶的影子从肩膀卸下。而且,履行正义和满足他人这念头也很使我得到相当的快慰。不过要盘算和论价的偿还还是例外,因为,除非我找到人替我办理,虽然于己有愧,于人有害,我必定拖延得愈久愈妙,以躲避那与我的脾气和口才都不能相容的口角。再没有比讨价还价令我更憎恶的东西了。那完全是一种欺诈和无耻的交易:经过了整个钟头的争辩与吵闹,两方面各收回自己的誓言和许诺,光是为五分钱的得失而已。因此,我颇不善于借钱,因为没有亲自开口的勇气,往往只听凭纸笔的运数,纸笔自然不是很用心,很容易受人拒绝。我把日用的管理权完全交托给天上的星宿,可是比较后来交托给自己的预见本领和常识总爽快自由得多了。

　　多数善于家政的人觉得在飘摇中生活最可怕,他们并没想到:第一,世界上大半人是这样活法。多少卓越的人把他们全部确定的收入毫不在意地抛掉,去祈求国王或命运的顺风! 恺撒(César)负了一万万金债,超过他本身价值不知多少倍,以成其为恺撒。多少商人把他们的田产变卖,

**跋涉多少波涛汹涌的重洋(卡图卢斯)**

才运到印度以作他们贸易的资本。

　　在信仰凋敝的今天,我们有千万间修道院,每天的晚餐只期望上天的恩赐,而他们的生活竟非常舒适。

其次,他们没有想到他们所倚赖的恒定,其实并不比偶然的自身飘摇稳定得多少。我可以在二千镑年金的外边,看见贫苦接近我,无异于在我身边。因为,除了命运可以在我们的财富开千万个裂缝给贫穷(既然最高与最低的运气之间往往无过渡阶级):

> 运气是镜子,照得最明亮时便碎了。(史路士 Publius Syrus)

并且命运可以把我们的防卫与营垒从头到脚完全推翻。我觉得,由于种种原因,窘乏存在于那些腰缠万贯的人中间,与那些不名一文的人一样常见,而且也许单纯的窘乏比起同时拥有财富更方便点。财富与其说来自开源,不如说来自节流:"每个人是他自己命运的工匠"(撒路斯提乌斯)。我觉得一个焦虑、劳碌奔波的富翁,比较一个生活简单的穷人更可哀。"富人怀里的窘乏是最大的灾祸。"(塞内卡)

最显赫最富有的帝王,常常由于贫穷窘乏被驱赶到极端的急需中,因为还有比成为暴君、剥夺百姓的财产更极端的么?

我的第二个时期就是有钱。我立心这样做之后,在短期内便贮蓄了从我的景况看来颇大的款项。我以为拥有超过日常支销的钱才能算有钱,又以为不能倚靠我们期望可以收入的进款,无论期望多么确凿。因为我想,倘若我遇到这个或那个意外的事变呢?经过了这种种虚幻和有害的想象之后,我于是自作聪明,要以贮蓄的方法以备不虞。对于那些用意外的事变太多之类的话驳我的人,我仍可以辩解,如果不能一一防备,至少也可以防万一。

这样做自然不免许多焦虑。我严守秘密。虽然我那么坦白,一谈到我的钱财便扯谎,和许多穷的说富,富的装穷,从不肯对他们的财产说一句良心话的人一样。这种慎重既可笑又可耻!要旅行么?我总怕带的钱不够。而带钱愈多,忧虑亦愈大:或怕道路不安全,或怕挑行李的人靠不住。和我所认识的人一样,如果我没看见行李在面前便不放心。把箱子留在家里么?多少疑虑和烦恼!而且,更难受的是不可对人言!我的心无一刻不记挂着这箱子。总之守财比生财还苦。如果我不曾把这里所说的一一做过,至少也费了不少的心血阻止自己这样做。

至于好处,我所得极少或等于零。挥霍的方法虽增多,我的心却依然总是放不下。因为,正如比翁所说:"多发和秃头一样要生气,如果你拔他一根毛。"你一度把幻想粘在某一堆钱上面,而且就这样占据惯了,你就不能再用它。你将不敢在上面挖一个窟窿,好像那是一座建筑,一动就要倒下来。直至需要抓住你的咽喉才肯把它劈开。在此之前,我先押衣裳、卖马匹,也比拆开那藏起来的宠爱的口袋乐意。可是危险的地方就在于我们不能给这欲望划一界线(我们视为可爱的东西往往如是),不能对贮蓄定一限度。我们永远不歇地把这钱堆扩大,一笔一笔地添加上去,以至很鄙贱地剥夺对自己财产的享受,以保存为乐而毫无用处。

根据这种使用方式,最富有的人,就是那些看守一座富庶城门的人了。我以为一切有钱人都是守财奴。

柏拉图把物质或人类的产业排列如下:健康,美丽,力量,富庶。"而富庶为智慧所照耀的时候,"他说,"是明眼而不是盲目的。"

小狄奥尼修斯在这一点上做了一件妙事。他听说一个仆人藏了一注金钱在地下,于是吩咐他把钱送上。那仆人如命送来,却预先扣下一部分。他把扣下来的钱带到别的地方去,在那里失去积聚的习惯,开始过起比较阔绰的生活。小狄安尼灵听到消息,马上把剩下来的藏金还给他,并说,"他既学会了怎么用钱,我也就很情愿还给他了。"

我这样做法有好几年。不知哪路神灵很及时地把我和小狄奥尼修斯的仆人一般,从这种状况推出来,我的积聚习惯遂消失。某次极破费的旅行带来的快乐,把这愚蠢的幻想打倒。结果我跌入第三种生活,当然比较适意和有条理(我说我所感到的),为的是我使支出与收入并驾齐驱,虽然有先有后,总不至于距离太远。我有一天就活一天,以能够应付目前及日常的需要而自足,至于那非常的需要,即使你尽天下的储备亦不够应付。而且,希冀命运赐给我们充分的武器来抵抗它实等于疯狂。只有用我们自己的武器作战,机会供给的军械往往在最需要的时候出卖我们。如果我储蓄,那就单是希望在最近的将来有相当的用途,并不是要置田地,因为我用不上，而是要换取快乐。"不贪便是富，不爱购置便是收入。"（西塞罗）尤使我欢喜的，就是这种改变正在一般人自然倾向吝啬的年纪来到，使我得以免掉这老年人的通病和人类最可笑的疯狂。

斐路莱斯（Féraulez）两种运气都经验过。他发觉财产的增加不等于饮食、睡眠与接吻等欲量的增加。而在第二方面呢？他开始感到贮蓄累赘他的肩膀，正和我的一样，于是决意去满足一个追逐财富的穷少年，他的一个忠心朋友。他把他所有的极大财产，和每天赖战争以及他的主人居鲁士二世的慷慨赠予所获得的利益通通送给他，只要他的朋友把他当宾客好好地款待。自从那天起，他们两人都非常快乐，而且对于互相交换地位同样的满意。这是一个我十分乐意仿效的举动。

我极钦羡一位老主教的运气。他把财产、进款和开销，完全交托给他所信任的仆人们，有时这个，有时那个，他活了许多清静的年头，对于他的产业和一个陌生人一样漠不关心。信任别人的善良，实在是自己的善良的明证，所以上帝很愿意嘉许这种做法。至于我所说的那个老主教，我未曾见过有比他的家庭治理得更美满更安稳的。既有相当的财产足以应付需要，用不着自己操劳钱财的出进，又不致阻碍自己所从事的另一个比较恰当、清静和称心的职业，能够这么恰当调理他的需要的人有福了！

命运对于我们并无所谓利害，它只供给我们利害的原料和种子，任那比它强的灵魂随意变转和应用，因为灵魂才是自己的幸与不幸的唯一主宰。

外物因本体而有色味，正如衣服能保暖，并非用它们的温热，而是用我们的温热，它们只能掩护和保持这温热罢了。如果用它们来掩盖冷体，对于冷亦有同样的效用：冰雪就是这样保存的。

真的，正如勤学对于懒人是苦事，戒酒对于醉汉是苦事，节俭对于浪子是刑罚，体操对于骄养和闲惯的人是痛楚，其他亦然。事物本身并没有什么辛苦和艰难，只是我们的怯懦和软弱使然。判断崇伟的事物须有崇伟的灵魂，否则我们会把自己的弱点当作他们的弱点。一支直的桨在水中却现出曲的。对于一切，重要的不仅在乎看见，而在乎怎样看见。

　　然则我们为什么不在许多劝人轻死忍痛的理由中,找一二条适合我们的呢? 为什么每人不在各种劝别人这样做的幻想中,选用那些最合他自己脾胃的呢? 如果他受不起那强烈的泻药把病连根拔去,至少也得要服一剂温和的药以减轻它呀。"有些灵魂对于苦乐一样地娇软,所以我们一度给宴安腐化之后,连蜂螫也使我们失声喊出来。一切全在于自制罢了。"(西塞罗)

　　总之,如果过于强调痛苦的锐利和人类的软弱,无论如何逃不了哲学。因为我们逼它回到这无可辩驳的答案来:如果生活在窘乏之中是坏事,至少在窘乏中生活没有窘乏。

　　除非自己愿意,没有人会病得长久的。

　　既没有勇气忍受生,又没有勇气忍受死,既不能抗,又不能逃,人家奈他何呢?

原著第一卷第十四章

# 12　论恐怖

*我悚然木立，我的发儿直竖，我的舌儿凝结。（维吉尔）*

我不是一个好的自然科学家（如他们所称的），而且不知道恐怖由什么机件在我们里面动作，不过那是一种奇异的情感却是真的。医生们说再没有什么更容易使我们的理性失掉均衡的了。我的确见过许多人因恐怖而发狂，即使对于最清醒的头脑，当它的余威还在的时候，亦不免发生种种可怕的昏迷。不用提那些俗人，对于他们，恐怖时而现身于他们的祖宗，裹着殓衣从墓里出来，时而现身于人狼、妖魅和精怪。就是在兵士们当中，它应该占很少地位的了，不也常常把一群绵羊变为一队甲兵，把芦苇与茅草变为枪手与武士，把朋友变为敌人，把白十字架变为红十字架①么？

波旁公爵（Bourbon）攻占罗马的时候，一个旗手在圣彼得镇站岗，警钟一响，便被那么厉害的惊恐抓住，马上从荒墟的一个墙孔跳出城外，手执着旗，望敌人跑去，自以为走向城心，直到看见波旁公爵的军队误以为城内出击，纷纷齐集来抵抗他，他猛然醒过来，翻身从刚才的墙孔跳回城里，才知道已经走离城三百步的地方去了。朱仪（Juille）将军的旗手可没有那么运气，当普而斯（Bures）侯爵和勒（Reu）大夫向我们攻取圣保罗城之役，因为惑于恐怖，他连旗带人从一个枪眼跳出城外，被敌军斩成碎片。

---

① **十字架**　中世纪宗教战争时期，法国天主教徒以白十字架为号，新教徒以红十字架为号。

同一次战争,同样令人不能忘怀的,就是恐怖那么剧烈地抓住、束缚和冰冻一个绅士的心,他竟僵死在阵地上,一点儿伤痕也没有。

同样的恐怖有时抓住整个群众。在日尔曼尼古斯①(Germanicus)与德国人许多场大小战斗中,有一次两大队兵士因恐怖而往相反的方面奔跑,甲队竟从乙队刚才拔营的地方逃遁。

有时恐怖把翅膀添在我们的踝胫上,如上述最先的两个例子。有时却钉镣着我们的脚,如我们所知道的关于提阿菲尔(Théophile)皇帝的故事。据说他给亚格连人打败的时候,惊愕和瘫软到简直不能下决心逃走:"怕到连逃命的方法也怕起来!"(库尔提乌斯)直至他军中的一个统领曼奴尔(Manuel)把他仿佛从酣睡中摇醒来,拖着他说:"如果你不跟我来,我就杀你,因为你丧失生命总比你被俘虏而丧失国土为妙。"

最见得出恐怖的力量的,就是当我们受它的影响被迫去建立那连我们的天职和荣誉都拒绝不了的奇勋。罗马人在显普洛尼乌斯(Sempronius)的统率下第一次败于汉尼拔(Hannibal)的一场大战,足足有一万步兵挟于恐怖,又找不着怯懦的出路,逼得投身敌人丛中,带着异常的英勇突进重围,杀死大批迦太基人,用显赫的胜利的同样代价,买来一场可耻的败北。

我最害怕的就是恐怖,它的锋锐超过了一切情操。当年庞培的朋友们在船上亲眼看见这场屠戮,还有什么比他们所感到的怆痛更厉害更合理的呢? 可是对于渐渐逼近的埃及船的恐怖把这情感窒塞到那个地步,据说他们只顾催促船夫赶快尽力摇橹,以逃出危险,直至抵达梯尔城(Tyr),解脱掉恐怖了,才有工夫回想刚才的损失,放纵一度给更强烈的情感所勒住的哀哭与酸泪。

> **恐怖把智慧从我的内心里赶走了。(西塞罗)**

那些在阵上受伤的人,即使还鲜血淋漓,你明天便可以把他们带到战

---

① **日尔曼尼古斯** 恺撒外号,因曾大败日耳曼人。

场上作战。可是畏怯敌人的人,你单想要他们面向敌人也做不到。多少人因为怕被放逐、奴役、或没收财产,长期活在悲楚中,以致饮食睡眠的嗜欲尽失。反之,穷人、流犯及奴隶,却往往和常人一样快乐地生活。无数人因为受不了恐惧的刺激而投河、自缢或跳崖,更可以证实恐惧比死更烦扰、更难受了。

希腊人分辨出另一种恐怖,他们说并非由于我们理性的迷惑,而是来自上天的意旨,虽然表面上并无缘故。往往全城或全军骤然为恐怖攫住。那把迦太基城弄成废墟的就是这样:空中只闻号啕和震惊的声音,居民像听见警钟似地从屋里跑出来,互相蹂躏、践踏、残杀,与敌人来占据城池无异。什么都成为喧扰和杂乱,直至他们以祈祷和祭祀,平息神明的暴怒为止。他们叫这做"虚惊"。

原著第一卷第十八章

# 13  论死后才能断定我们的幸福

但是,呀! 谁敢,当生命的末日来临,

或死和丧礼把我们的荣名定谳,

谁敢称谁幸运?(奥维德)

每个学童都知道这个关于克洛伊索斯(Crésus)王的故事:他被居鲁士二世俘虏和判处死刑。临刑的时候,他喊道:"啊,梭伦(Solon),梭伦!"居鲁士二世听到这话,究诘他什么意思。他解释道,他不幸而证实了从前梭伦给他的警告:一个人,无论命运怎样笑颜相向,非等到生命的末日过去不能称为幸福。为的是人事变幻无常,只要轻轻一动,便可以面目全非,前后迥异。所以阿格西劳斯二世(Agesilas II)回答那些欣羡波斯王那么年轻便大权在握的人道:"不错,但是普里阿摩斯(Priam)在这样的年纪命运亦不恶。"我们可以看见马其顿的国王①,那伟大的亚历山大的后裔,变为罗马的木匠或书记官;西西里的僭主②变为科林斯的教师;一个统率大兵征服了半个世界的霸主③,变为埃及王的废物般的将校们的乞怜者,这便是那伟大的庞培付出的代价,只换取到延长五、六个月的生命!

---

① **马其顿的国王**　柏尔修斯(Persée,前212—前165),马其顿最后一个国王,被罗马人俘虏带回意大利,他的儿子后来任书记之职。

② **西西里的僭主**　公元前344年小狄奥尼修斯被希腊人推翻,被带至科林斯(Corinth)后,曾以讲授哲学为生。

③ **征服了半个世界的霸主**　指庞培,他与恺撒争权失败后,出亡埃及,为埃及王所逮。埃及王为讨好恺撒,呈上他的头颅。

我们父亲在生之日,洛多维科·斯福扎(Ludovico Sforza)是米兰的第十代公爵,曾经威震全意大利多时,最后因死于罗克(Loches)城,而且死前还要在狱中活十年,那才是他一生中最倒霉的日子。最美丽的皇后①,基督教中最伟大的国王的孀妇,可不是刚死于刽子手的刀下么?这样的例子何止千百个?因为,正如狂风暴雨怒殛我们的高楼的骄矜和傲岸,似乎上天亦有神灵嫉恶这下界的显赫:

> 唉!毫无怜恤的那冥冥的权威
> 把人事玩弄和摧毁,一样地踹碎
> 元老的赫赫的杖和凶暴的椎。(卢克莱修)

似乎命运有意窥伺我们生命的末日,把它积年累月建就的一旦推翻,以表示它的权威而使我们跟着拉比利乌斯叫道:

> 为什么我要多活这一天!

我们可以把梭伦的格言这样看法:他不过是一位哲学家,命运的宠辱于他本无所谓幸与不幸,显赫和权力亦不过是道德的偶然附属品,无足轻重。我猜想他瞩目必定较远,意思是指我们生命的幸福,既然要倚赖一个禀赋优良的心灵的知足与宁静,和一颗秩序井然的灵魂的坚决与镇定,不宜诉诸任何人,除非我们已经看见他表演最后的、也是最难的一幕。其余都有装腔作势的可能。或者这连篇累牍的哲理的名言也只是一副面具,或者厄运并不曾探触到我们的要害,因而让我们有保持我们那副宁静的面孔的工夫。但是在这最后一幕,死亡和我们同台,也就不能再有所掩饰,我们要说真话,要把坛底所有良好的及清白的通通摆出来。

> 于是至诚的声音从心底溅射出来;
> 面具卸了,真态毕露。(卢克莱修)

---

① **最美丽的皇后** 苏格兰女王玛丽·斯图亚特(Marie Ire Stuart,1542—1567),信奉旧教,因谋夺英格兰王位,被伊丽莎白一世处死。

所以我们毕生的行为应该受我们最后这一口气的检验和点化，那是首要的日子，是其余的日子的审判官。正如一位古人说的，是审判我们一切过去时光的日子(塞内卡)。我把我研究的果实交给死亡去检验。那时候才清楚我的话从口出还是从心出。

我看见好些人由他们的死而获得终身的荣誉或臭名。西庇奥(Scipio)是庞培的岳父，临死把毕生的恶名完全掩掉。人家问埃帕米农达三人中最看重那一位，卡布里亚斯(Chabrias)、伊非克拉特(Iphicrates)还是他，他答道："要看我们死去才能决定。"真的，如果我们评价这个人不把他死时的光荣与伟大计算进去，必定把他的价值抹煞掉不少。

上帝照他的意旨作主，但与我同时代有三个人，我所认识的对于生命无论什么罪孽都是最卑鄙最可咒骂的人，他们皆得善终，而且事事都安排得极周到。

有许多死亡勇敢而且幸运。我曾经看见死亡把一个人的非常出色的进步线在最红的当儿剪断，他的末日是那么绚烂。据我的私见，死者的野心和勇敢再不能企求什么比这中断点更高的了。他用不着走路便达到他想到达的目的，比他所想望、所希冀的都更光荣、更显赫。由于他的凋落，他提前取得了他毕生所企求的权力与荣名。

我评判他人的生命时，常常体察他死时怎样举动。至于研究我自己生命的一个主要目的，便是希望我可得以善终，就是说，安然而且无声无息。

原著第一卷第十九章

# 14　论哲学即是学死

　　西塞罗说哲学不是别的,只是准备死。这大概是因为潜究和沉思往往把我们的灵魂引到外面,使它离开躯壳活动,那就等于死的练习或类似死。或者因为世界上一切理性及智慧无非凑合在这一点上,教我们不怕死。真的,理性如果不是嘲讽我们,便是单以我们的快乐为目的,总之它的工作不外乎要我们得到安乐和自在地活着,正如《圣经》所说那样。世界上一切意见尽在此:快乐是我们的目的,虽然方法各有不同。否则,它们一出现便会被人赶走,因为谁肯听信那把痛苦与悲哀当作我们的目标的人呢?

　　对于这点,各派哲学家的分歧只是字面之争。"让我们跳过这些精微的琐屑罢。"(塞内卡)这刚愎及吵闹实在和一个这么高贵的职业有几分配不上。无论一个人想扮演什么角色,他总要把自己的本色掺进去。无论他们怎样说,我们的最终目的,即使在道德亦是快乐。我常常喜欢用这个字,他们觉得最逆耳,震荡着他们的耳鼓。如果它含有极端的欢快或超常的欣悦的意义,那它借重于道德的助力比什么都多。这快乐,正因为更康健、更强劲、更粗壮、更男性,因而更切实地畅适。我们应该称道德为快乐,因为这个叫法比较温柔、敦厚、自然得多,而不是我们现在用以称呼它的"力行"。至于其他一种比较低下的快乐——如果它当得起这美名——实在由于竞争而非由于权利,我觉得比起道德,它没有那么能够超脱一切拂意和烦扰。除了它的滋味比较短暂和微弱而外,它有它的不眠、禁食、劳苦和血汗,尤其是它那尖锐的欲望层出不穷,跟着来的又是那重浊的饱饫,真是差不多等于修行。

我们会大错特错,倘若我们把这种种不方便当作调剂美味的辛辣和配菜,如自然界中性质相反的事物往往互相激励那样。或者倘若我们说道德亦一样受这种种的结果和困难所淹没,以至于冷酷不可亲近。殊不知就道德而言,和逸乐比对起来,这种种更能超拔、磨砺以及增进道德给我们的神圣完美的快乐。那些把它的代价和效果放到天平去称的人,那些不知道它的妙处和用途的人,实在不配认识它。有人教我们说,追寻快乐如何艰苦,享用如何舒适,他们的用意究竟何在,还不是说快乐永远是苦事? 因为人类曾经以任何方法达到过快乐的享受吗? 最贤德的人亦不过以企慕及接近而自足,却并未到手。可是他们错了,因为我们所认识的各种快乐,单是追求的自身便够适意。追求本身散发出被追求目标的香味,因为那是结果的一大部分,而且同一质地。在道德里照耀的福乐,充满了它的通衢与小巷,直至那最初的进口和最偏的边界。

而道德赐给我们的最大祝福便是轻视死。这方法使我们的生命得到一种温柔的清静,使我们感到它的甘美与纯洁的滋味,没有这一点,其他一切快乐全熄灭。所以一切学派皆辐辏和契合到这一点上。虽然异口同声教我们怎样蔑视痛苦、贫穷,以及其他人类生命所容易感受的种种灾难,可是说得没有那么详尽周到,为的是这些苦难并非那么必然(有些人毕生不曾尝过贫穷的味儿,有些完全不知痛苦与疾病,譬如音乐家色诺菲路斯(Xenophilus)就无病无痛地活足一百零六岁)。也因为万不得已的时候,如果我们愿意,死还可以截断一切别的不便,全部了结。至于死亡呢? 却是不可避免的:

> 我们都被赶到同一的终点。
>
> 迟或早,我们的签从摇动的筒
>
> 跳出来,于是那无情的死船
>
> 便把我们渡到永久的冥间。(贺拉斯)

为了这个缘故,如果我们怕死亡,我们将时时刻刻感受那无从抚慰的烦恼,四面八方它都可以来。我们尽管频频左顾右盼如在一个可猜疑的地方,"像坦塔洛斯(Tantale)①的巨石,它老是悬在我们的头上"(西塞罗)。我们的法庭把罪人送到犯罪的地方去受刑,在路上,任你把他们带去游览最宏丽的宫室,享他们以美味珍馐:

> 西西里的香肉
>
> 对于他们将淡然无味,
>
> 琴声与鸟歌
>
> 也不能再催他们酣睡。(贺拉斯)

你以为他们能受用么?他们旅程的最终目的地,不断地摆在眼前,能够不使他们觉得这种种娱乐变味和臭腐么?

> 他一壁倾听,一壁趱程,
>
> 一步步细量他的光阴,
>
> 他的生命将与路途同尽:
>
> 这未来的厄运捣碎他的心。(克劳狄安 Claudien)

死是我们旅程的终点,是我们目标的必然对象,如果它使我们害怕,我们能够走动一步而不致发烧吗?俗人的救治法便是不去想它。但是这种粗劣的盲目,究竟从什么鲁莽的愚笨产生呢?他们得要把缰辔加在他们的骡尾上才好:

> 他的头向前,他却想往后走。(卢克莱修)

无怪乎他们往往跌入陷阱了。你只要一提到死字,一般人便惊恐失色,赶紧在胸前划十字架,和提起魔鬼一样。又因为遗嘱里不能不提到死字,在医生未宣告最后的判词以前,你别想他们肯动手。于是只有上帝知道,当他们呻吟于痛苦与恐怖之间,用多么清明的判断力来调制这遗嘱!

---

① **坦塔洛斯** 希腊神话人物,杀亲子宴神,被宙斯惩罚,吊在临湖树上,头上岩石摇摇欲坠。

因为这字的缀音震荡他们的耳鼓太厉害，又因为它的腔调似乎不祥，罗马人学会了把它调和或展为俪词。他们用"他不活了，他活过了"来替代"他死了"。只要是活，那怕是过去了的，也便足以自慰。我们在"先师约翰"这一类的套语里亦借用同样的见解。

或者正如俗语所谓"期限值金钱"吧。我生于一千五百三十三年二月末日，根据现在的历数①，每年从正月起。恰好十五天前我度过三十九。我至少还要再活上此数，预先为这么遥远的事操心，岂不是大愚？但是，怎么！老与少抛弃这生命的情景都是一样的。没有谁离开它时不正如他刚才走进去一样。何况无论怎样老朽，只要一天有玛土撒拉（Mathusalem）的榜样在眼前，没有谁不以为他的生命册上还有二十年？而且，可怜的愚夫，谁给你的生命定一个期限呢？根据医生的计算么？不如看看事实与经验吧。依照事物的常轨，你久已由非常的恩惠而一直活下来了。你已经超过了生命的普通期限了。既然如此，试算一算你相识的人中，未到你的年纪就死去的，比那达到此数才死的多了多少。又试把那些立功成名的人列为一表，我敢打赌，三十五岁以下死的占多数。以基督凡身作例子当然是虔敬而且合理了，而基督的寿命终于三十三年。那最伟大的人，干脆只是人，亚历山大，亦死于此数。

死袭击我们的方式何止一端？

没有凡夫能够预防

那时刻可临的灾殃。（贺拉斯）

姑且不提寒热症及胸膜炎，谁能想到一个布列塔尼公爵会被人压毙，像那个当我的同乡克里芒教皇（Clement V）进入里昂时被挤死的公爵②

---

① **现在的历数** 法国从1567年开始，全国统一以1月1日为元旦。在此之前元旦在复活节前后，具体日期因地区而异。
② **被挤死的公爵** 布列塔尼公爵让二世（Jean II，1239—1305）。

呢？你不曾看见我们一位国王①游戏时被人杀死么？他的一个祖先②不是给猪撞死么？埃斯库罗斯(Eschyle)徒然站在空旷地,以避免那预言他要死于危檐之下的恐吓,看他竟因此被那从飞在空中的鹰爪掉下来的龟壳殒毙! 另一个死于葡萄核③;一个皇帝梳头的时候因抓伤而死;雷比达(Emily Lepidus)因为脚触着门槛而死;奥菲狄乌(Aufidius)进议会时撞门而死;在女人的股间断气的有民政官哥尔尼里·加路(Cornelius Gallus),有罗马的卫队长梯支连(Tigillinus),有贡沙格的儿子卢多韦(Ludovic)和曼都尔(Mantoue)的侯爵。而更坏的榜样,有柏拉图哲学的信徒斯彪西波(Speusippe)和我们的一个教皇④。那可怜的法官卑比乌(Bebius)刚才判给一个犯人再活八天的期限,他随即被捕,自己的生命期限已完了! 医士加以乌·朱利乌(Caius Julius)正在以油涂抹一个病人的眼,死已把他自己的眼给闭上了! 如果要把我自己也算进去的话,那么,我的一位兄弟⑤,圣马尔丁队长,二十三岁时已经建了不少的功勋,有一天打绒球,给一个球打中右耳上方,既无伤痕亦无瘢迹,他不坐下,亦不休憩,可是五六个钟点以后,他竟为了这一打击而中风死去。这些如此平凡的例子频频在我们眼前经过,我们怎么能够放下死的念头,而且不时时刻刻想象它抓住我们的咽喉呢?

或者你会说,只要我们不遭苦恼,何必理它怎样来的? 我也是这样想法:无论什么方法可以用来抵抗打击,即使是躲在牛皮之下,我也不会轻视的。因为只要我能够安安乐乐度过一生就够了,我选取那最利于我的

---

① 一位国王 亨利二世(Henri II,1519—1559),1559 年在比武大会中被卫队队长意外刺伤而死。
② 一个祖先 路易五世(Louis V,967—987),他的坐骑在巴黎街道被一头乱跑的猪冲撞,堕马受伤死亡,年仅 20 岁。
③ 另一个死于葡萄核 古希腊诗人阿那克里翁(Anacréon,约前 570—前 478)。
④ 一个教皇 若望十二世(Jean XII,937—964),历史上最纵情酒色的教皇,被一个嫉妒的丈夫所杀。
⑤ 一位兄弟 阿尔诺·蒙田(Arnaud Eyquem de Montaigne,1541—1564),蒙田的弟弟。

游戏,无论你觉得它怎样不显赫和不像样。

> 我宁可貌似痴愚,
>
> 只要我的谬误
>
> 使我欢乐或陶醉;
>
> 也不愿为贤为智
>
> 而忧愁悲凄。(贺拉斯)

可是想这样达到目的实在是痴愚。他们去,他们来,他们跑,他们跳,对于死则全不提及。这自然很好。不过当死亡来的时候,或光临他自己,或光临妻子、儿女和朋友,出其不意,攻其无备,他们又怎样的哀痛绝望,捶胸顿足呢!你可曾见过如此沮丧,如此改变,如此昏乱的么?我们宜及早预防,至于那种牲畜对死的浑噩,纵使寄居在一个清醒的人的头里(这自然是完全不可能),要我们付出的价钱未免太昂了。如果是可以避免的敌人,我劝人借用怯懦的武器。无奈死是不可避免的,无论你是亡命的懦夫还是勇士,它一样要捉到你。

> 死带着同样轻捷的脚步
>
> 去追逐亡命之徒,
>
> 亦不爱惜他们的腰和背——
>
> 那抱头鼠窜的懦夫。(贺拉斯)

既然又没有什么坚固的甲铠可以保护你,

> 任你怎样周密地戴钢与披铜,
>
> 死亦将从你的盔里把头颅拔去。(普罗佩提乌斯 Properce)

让我们学习站稳马步去抵抗它,和它奋斗吧!而且,为要先减除它对于我们的最大的优势,让我们取那与常人相反的途径吧!让我们除掉它那怪异的面孔,常常和他亲近及熟识,心目中有它比什么都多吧!让我们时时刻刻把死的各种形式摆在我们的想象面前吧!或在马匹的巅蹶,或在瓦片的倾坠,或在一颗针最轻微的戳刺,让我们立刻反省:"好!即使是死又怎样呢?"于是挺直我们的身子,绷紧张我们的筋肉吧!在喜庆与盛宴中,让我们翻来复去地高唱这句和歌,以提醒我们的景况,让我们不要任欢乐冲没我们,以致忘记了我们的欢乐往往只是死的目标,常常受它的威胁。埃及人就这样做:他们在宴会中,在热闹达到最高点的当儿,忽命把一具解剖的尸体抬进来,对宾客作一种警告。

> 每天都想象这是你最后的一天,
>
> 你不盼望的明天将越显得可欢恋。(贺拉斯)

死说不定在什么地方等候我们,让我们到处都等候它吧。预见死即预见自由。谁学会怎样去死,谁便忘记怎样去做奴隶。认识死的方法可以解除我们一切奴役与束缚。对于那彻悟了丧失生命并不是灾害的人,生命便没有什么灾害。那可怜的马其顿王被保罗·埃密利(Paul Émile)所俘虏,遣使去哀求不要在凯旋班师的行旅中把他带去。保罗·埃密利答道:"让他对自己哀求吧。"

真的,无论什么东西,如果自然不稍加援助,手段与技巧很难进展。我天性并非忧郁,只是好梦想。从没有什么东西比死更常常占据我的想象的,即使在我年龄最放荡的时候。

> 当我的韶年滚着它的娱乐的春天。(卡图卢斯)

在闺秀群中,或在嬉游的时候,许多人以为我的灵魂忙于消化某种妒忌或某种没有把握的希望。实际上我正沉思着,几天前某人骤然给热病和末日所袭击,当时他离开一个同样的盛筵归去,头脑亦和我的一般充满着空想、爱情和良辰,于是我想起我亦在同样危险的状况中。

> 时光一霎便流去了,
>
> 任你如何都叫不回来。(卢克莱修)

这思想并不比别的更能使我皱眉头。开首自然不能不受这些想象的戳刺。不过把它们在我们的头脑里翻来复去,终究会变得惯熟是无疑的。要不然像我这样的人就会永远在恐怖与狂惑中,因为再没有人比我更不信任生命,没有人比我把它看得更短促的。我一向(除了极少数的间歇)享受的强壮健康既不能延长我的希望,疾病亦不能截短我的希望。我时刻都以为是我最后的一刻,这就是我的无间歇的和歌:"改天可以发生的事,今天就可以发生。"真的,机会和危险并不把我们和末日拉近多少。如果我们想想,除了这个意外,还有几千万的意外悬在我们的头上,且别提那些恐吓得我们最厉害的灾祸,我们发现无论是健康或发烧,在海上或在屋里,在和平或在战争中,死亡都是一样地接近我们,"没有谁比谁柔脆,也没有谁能够确定他的明天。"(塞内卡)

要完成我未死前应做的事,即使是一个钟头的工作,最悠长的光阴我也觉得太短。前几天有人翻出我的日记,找到一张记载我死后所想完成的事。我把实情告诉他:那时我离家大约一里路,身体强壮而健全,就在那个地方急忙写下来,为的是我不能担保可以安然到家。我这个人总是不断地孵育自己的思想,然后把它们藏到心里。我差不多时刻都将我所做得到的收拾停当。死的意外莅临便不能教给我什么新鲜的东西。

我们要在我们能力范围内穿着靴儿准备趱程,我们尤其要留神身后除了自己,与任何人都无涉。

> 不终朝的蜉蝣,
>
> 何必孜孜图谋?(贺拉斯)

因为用不着再添上什么我们也够忙的了。有人哀悼叹,并不是因为他要死,却因为死打断他那美好的胜利前程。另一个因为女儿未嫁,或未把儿子教育安排妥当之前便要离开。这个惋惜他要失去妻子相伴,那个他儿子的偎傍,他们把这些当作人生的主要乐趣。

我目前在这样的一个境地,多谢上帝,无论他什么时候高兴,我都可以离开,没有丝毫的怨艾,除了为生命,假如丧失生命的预期偶然压抑我的话。我四处都分清镠辐,我对人人,除了自己,通通预先告辞了一半。从来没有人准备抛弃这世界和斩断一切关系,比起我所计划履行的更充分,更坚决。最死的死是最健全的死。

"哀哉哀哉!"他们说,"一刻的舛运

便剥夺了我毕生聚敛的宝财。"(卢克莱修)

建筑家说:

工程中断了,高耸入云的筑台

空留下来无人理会。(维吉尔)

一个人不应该计划那太长远的事业,或者最低限度不要带太操切的心意去盼望它完成。我们生来是为要做事:

愿死在我工作当中莅临。(奥维德)

我赞成我们应该尽力去把生命的功能延长,并且希望死在我种菜的当儿找着我,不过我要对它漠不关心,尤其是对我的菜园地之完成与否漠不关心。我亲眼看见一个人死,在弥留之际,哀叹命运把他正在着手的历史的线,在叙及我们的第十五或第十六个王处剪断。

他们还接着说,"这种种惋惜

并不随着我们去。"(卢克莱修)

我们必要戒绝这些粗鄙而且有害的脾气。正如把墓园设在教堂的附近和城市最热闹的区域,以便像里库尔戈斯(Lycurgue)所说的,使一般民众妇女及孺子习惯了,不至于见死人而大惊小怪。而这些骷髅、坟墓和丧殡不断的场面,亦可以提醒自己的景况:

这是古代的风气:用武士的决斗,

来助宾客们的酒兴;

他们拳脚交加,利刃相接,

不惜血肉飞溅在杯盘上。(伊塔利库斯 Silius Italicus)

又如埃及人在盛宴后,命一个人把一幅死的大像陈列于座众之前,并喊道:"饮酒和欢乐吧,因为你死时就是这样。"同样,我不独常把死放在心上,并且放在唇上。而且再没有什么消息比人死时的状况,叫我更愿意听了:他们断气时的言语若何,面目若何,神情若何。读历史时我亦最留意这一点。我的书填满了这些例子,由此可知我对于这题材有特殊的嗜好。如果我是做书的人,我会将种种的死记录一册,并且加以评语。教人怎样死,即教人怎样活。第凯尔库斯(Dicearchus)有部书的名称是这样,可目的不同,用途亦不如是之大。

有人会对我说:现实超过想象这么远,即最精的剑术,一到了这点,亦要告失败。让他们说吧,先事绸缪给我们很大的益处是无可置疑的。而且,难道能够无畏怯亦不悚栗地走到那里不算一回事吗?岂止:自然亦帮我们的忙,给我们勇气。如果死是剧烈而且短促的,我们没有工夫怕它。如若不然呢,我发觉疾病渐渐侵害的时候,我对于生命自然而然地产生种种轻蔑。我觉得要下定消化这死的决心,健全的时候比病中更难。我对于生命的种种享受不如从前那么强烈地留恋,为的是我开始感不到它们的兴味与乐趣。我看死亦远不如从前那么可怕。这使我希望,当我离前者越远,离后者越近,更容易接受它们的替换。正如我曾经屡次体验恺撒所说的:事物在远处往往比在近处显得更大。同样,我发见我健康时比害病时更怕病。我所享受的欢乐、力量与愉快,使我觉得另一种境界与现状竟相差这么远,于是我由想象把那些痛楚扩大了一半,揣度它们在我肩上比所感到的更沉重。我希望对于死亦一样。

让我们通过身受的普通的变迁和衰败,看看自然怎样不让我们看到自己的亏损和朽腐。老头子过去的生命和青春的精力,所剩有几呢?

**唉,老人的生之欢乐是多么有限!(马思米安 Maximianus)**

恺撒的一个残废的卫士在街上求他批准自己去死,他望着那卫士衰朽的形状,诙谐地答道:"你以为你还在生么?"如果我们骤然掉到这种景况里,我不相信我们经得起这么大的变迁。可是,由自然的手引着我们沿着这柔和的几乎不知不觉的斜坡下去,她把我们慢慢地,一步一步地引入这不幸的境界,使我们与它熟习,于是当韶年在我们里面死去时,我们并不感到任何摇撼。其实在事理上,比那为苟延残喘的生命整个的死,比那老年的死,这青春的死更加难受,为的是从"苦生"跳到"无生",实在没有从舒畅繁茂的生跳到忧愁痛苦的生那么艰难。

伛偻的身躯没有那么大的力量去背重负,灵魂亦然。必须把它高举和挺直,以抵抗这仇敌的压迫。因为,既然灵魂一天受死的威吓便一天不能安定,如果它一旦得到稳定,便可以自夸(一件差不多超出人力的事),无论什么苦恼、不宁、恐怖,以至最轻微的烦扰,都不能在它里面居留了。

> 暴君的怒目
> 不能动摇他灵魂的坚定;
> 波涛汹涌的海神,
> 或天帝霹雳的巨手,
> 亦皆枉然。(贺拉斯)

灵魂变成热情与欲望的主人,变成窘乏、羞辱、贫穷以及其他命运的灾祸的主人。让我们当中的能者夺取这优胜吧:这是真正而且至高的自由,得了它我们可以藐视威迫与强权,嘲弄牢狱与铁链:

> "我将拴你的脚,拴你的手,
> 让残酷的狱卒把你看守。"
> "一位神明可以把我解救,
> 当我想得到自由的时候。"
> 我知道他指的是那赫赫的无常,
> 因为死是万事万物的收场。(贺拉斯)

我们的宗教没有比轻视生命更稳固的人性础石了。不独理智邀我们这样做,因为,我们为什么怕丢掉一件事后无从惋惜的东西呢?而且,既然我们受各种式样的死的恫吓,一一畏惧它们,不比忍受其中的一种更难受么?

既然是不可避免的,什么时候来临究竟有什么关系?一个人报告给苏格拉底,说那三十僭主已经把他定死刑了。"大自然却定他们的死刑。"他答道。

为了超度到一个脱离一切烦恼的境界而烦恼,这是多么愚蠢的事!正如生把万物的生带给我们,死亦将带给我们万物的死。所以哀哭我们百年后将不存在,正和哀哭我们百年前不曾存在一样痴愚。死是另一种生的起源。走进这生命于我们是这么艰苦的事,我们从前就是这样哭着进来的,就是这样脱掉我们旧时的形体进来的。

仅一度显现的事没有什么可忧伤的。为这么短促的顷刻怀这么长期的畏惧是否合理呢?死把长寿与短命合为一体。因为长短和那已经不存在的东西毫无关系。亚里士多德说伊班尼(Hypanis)河边有些只活一天的微小生物。早上八点钟死是夭折,晚上五点钟死却算寿终了。在这区区的刹那间论祸福,我们谁不觉得可笑呢?我们寿命之修短,如果拿来与永恒比较,或者与河狱,星辰,树木甚至有些禽兽的寿命比较,其可笑的程度亦不减于此。

但是大自然逼我们去。她说:"离开这世界吧,正和你来时一样。你由死入生的过程,无畏惧亦无忧虑的,再由生入死走一遍吧。你的死是宇宙秩序中的一段,是世界生命中的一段。"

> 众生互相传递着生命,
>
> 正如赛跑的人一般
>
> 互相传递生命的火把。(卢克莱修)

我为什么要为你改换这事物的美好的本性呢?死是你出生的条件,是你的一部分:逃避死便是逃避自己。你所享受的这形体属于生,亦同样属于死。你初生那一天引你向死的路趱程,不减于向生的路:

> 我们生的时候便开始我们的死。(塞内卡)
>
> 生,即是死的开始;最先的一刻
>
> 早把我们生命的最后一刻安排。(马尼里乌斯)

你活着的每一天都从生命盗取,你消耗生命。你生命的无间歇的工作便是建造死。你在生的时候便已在死。因为你不在生的时候,已是在死的后面。或者,如果你喜欢这样的话,那么你在生之后才死。可是你在

生的时候,你在等死。而死触动等死的人,比触动死者实在更厉害、更锋
锐、更切要。

> 如果已从生命获得利益,你的大愿已偿了,
>
> 心满意足地走吧。
>
> 为什么不离开这生命
>
> 像酒酣的宾客离店呢?(卢克莱修)

如果你不会享受,如果生命于你是无用的,你丧失它又有什么关系
呢?你还要它何为呢?

> 为什么苦苦要延长
>
> 那终有一天要匆促地收场
>
> 和徒然浪费的时光?(卢克莱修)

生命自身本无所谓善恶,而是照你的意思安排善与恶的位置。如果
你活了一天,你已经见尽一切了。每日就等于其余的日子。没有别的光
明,也没有别的黑夜。这太阳,这月亮,这万千星斗,这运行的秩序,正是
你的祖宗所享受的,而且也将惠及你的后裔:

> 我们祖先所见的是这样;
>
> 后裔所见的亦将是这样。(马尼里乌斯)

而且,万一不得已的时候,我的喜剧各幕的分配和变化已在一年内演
完。如果你留心我的四季的运转,它们已包含了世界的幼、少、壮、老。它
已演尽它的本色,更没有别的法宝,除了再来一遍,而且将永远是这样。

> 我们永远关在一个圈内,
>
> 永远在一个圈内打转。(卢克莱修)
>
> 流年周而复始,
>
> 终古循环不已。(维吉尔)

我并没有意思要为你创造新的把戏:

　　我不能再发明什么，

　　想象什么来讨你欢喜。

　　万象皆终古如斯。（卢克莱修）

　　让位给别人吧，正如别人曾经让位给你。平等便是公道的第一步。既然人人都被包括在内，谁能埋怨被包括在内呢？而且，任你活多少时候，你总不能截短属于死的时光的分寸，只有白费工夫。你在这战战兢兢的境界中有多少时候，与你死在襁褓里无异：

　　所以，人啊，尽管活着吧，

　　任你活满了多少世纪，

　　永恒的死仍将期待着你。（卢克莱修）

　　可是我将这样安置你使你没有怨艾，

　　你可不知道真死的时候，

　　再没有第二个你

　　活活地站在你左右

　　哀悼恸哭你躺着的尸首？（卢克莱修）

　　你亦不会再企望你曾经那么惋惜的生命，

　　于是再无人悬念生命和自身……

　　于是我们不再有惋惜和悔恨。（卢克莱修）

　　死比较空虚还没有那么可怕，如果有比空虚更空虚的东西。

　　所以死对于我们还要少，

　　如果比起空虚还可以少。（卢克莱修）

　　无论生或死都与你无涉：生，因为你还在；死，因为你已经不在了。

　　没有人在他的时辰未到之前死去。你所留下来的时间，与你未生前的时间一样不属于你，而且亦与你毫无关系，

　　回头看看吧：

> 我们未出世前的世世代代
>
> 与我们果何有哉？（卢克莱修）

你的生命尽处，死亦尽在那里。生命的用途并不在长短而在乎怎样利用它。许多人活很少日子，却活了很长久。趁你在的时候留意吧。你活得够与否，全在你的意志，而不在于年龄。你以为永远不能达到你时刻向那里行进的目的地么？没有一条路没有尽头的。如果旅伴可以安慰你，全世界可不跟你走同样的路么？

> 万物，当你死后，将随着你来。（卢克莱修）

一切可不和你共舞着同样的舞蹈么？有不与你偕老的东西么？千万个人，千万只兽，千万种类别的生物，都在你死的那一刹那死去：

> 没有夜跟着昼，没有晨跟着夜，
>
> 不听见夹杂着新生的婴孩的哭声，
>
> 那伴着死亡与黑暗的哀号与呻吟。（卢克莱修）

为什么要退缩呢，如果你不能往后退？你已经见过不少的人死去更好，藉以逃避浩大的苦难了。死去更不如的，你曾经见过么？贬责一件在自己身上、在他人身上你都不曾经验过的东西，岂非头脑太简单？为什么你要埋怨我和命运呢？是你统治我们还是我们统治你呢？即使你的寿数未尽，你的生命已完整。一个矮小的人也是整个的人，与高大的无异。寿命和人都不是可以用尺量度的。

喀戎（Chiron）听见时间之神，他的父亲萨图努斯，亲自告诉他永生的情形之后，拒绝了永生。真的，试想一下，比起我给予的生命，永生对于一个人是多么痛苦及难受。如果你不会死，你将永久咒骂我剥夺你这个权利。我特意把多少苦味掺进死去，以免你见它方便，太急切太热烈地拥抱它。为要使你居留在这既不避生，亦不再避死的中庸的境界里，（这是我所求于你的），我把两者都调剂于苦与甜之间。

我曾经启迪泰勒斯，你们的第一个贤哲，说生与死通通没有关系，这使他很聪明地回答那问他为什么不死的人道："因为那没有关系。"

地、水、风、火以及我这大厦的其他分子，既不是你的生的工具，也不是你的死的工具。为什么你害怕你的末日呢？它并不比其他日子特别催促你死。并不是最后一步招致倦怠，只是把它显露出来罢了。天天都望死走去，最后一天安抵那里。

这些都是我们大自然母亲给我们的好教训。

我常常想：为什么打仗的时候，无论在自己或在别人的身上，死的面目远不如在家里那么可怕，否则那就会变成一旅医生或哭鼻子的军队了。而且，既然死永远是一样的，为什么在乡村或卑贱的人家，比较其他景况好一些的总平静得多。我确实相信，这惨淡的面孔，这阴森怖人的殡仪，我们用以包围死的，恐吓我们实在比死的本身还多。一种新的生活方式，母亲们、妇女们和孺子们的号啕，致祭的亲朋的惊愕而昏迷的面孔，惨淡而哭肿了眼皮的奴仆，黑漆漆的房子，摇摇不定的烛光，以及拥塞在枕边的医生和牧师，总而言之，包围着我们的全是阴森与恐怖。我们实在早已被埋葬了！小孩子连看见戴面具的朋友也要恐慌起来，我们亦如是。我们要把物和人的面具通通拿下来，除掉之后，我们见到的死，将与前几天某一个奴仆或婢女毫无惧色接受的死十足一样。令人没有时间准备这种种殡仪的死有福了！

原著第一卷第二十章

# 15　论想象的力量

"强劲的想象产生事实。"学者们这样说。我是很容易感受想象威力的人。每个人都受它打击,许多人却被推倒。它的影响深入我的内心。我的策略是避开它,而不是和它对抵。我只能在畅快强健的人们当中过活。只要看见别人受苦我便肉体上受苦,我自己的感觉往往僭夺第三者的感觉。一个人在我身边不歇地咳嗽,连我的咽喉和肺腑也发痒。和那些我不必留意和关心的病人比较,我不那么愿意探访分内不得不探访的病人。我染上我所察看的病,而且把它保留在身上。我毫不觉得奇怪:想象往往把死和病带给那些姑息及助长它的人。

西门·汤马士(Simon Thomas)当日是名医。我记得有一天,在一个患肺病的年老的富翁家里遇到他,谈起疗治这病的方法。他对富翁说,其中一个良方便是我乐意同他作伴,如果他集中视线在我的容光焕发的面孔上,集中思想在我的活泼欢欣的青春上,把我当时那种蓬勃的气象充满他的感官,他的健康便可以有起色。可是他忘记说,我的健康会因而受损。

卡路·韦比乌(Gallus Vibius)那么专心致志去体察疯狂的性质与动作,他的理性亦因而失常,而且永不能复元,他可以自夸是因智慧而发狂的。有些人因恐怖,预见刽子手的手而死掉。还有一个,当人家把他解绑,对他宣读赦词的时候,只为受了想象所打击,已僵死在断头台上了。我们受想象的摇撼而脸红、流汗、颤栗、变色,倒在羽毛被上,因为感觉我们的身体受震动有时竟至断气。血气方刚的少年,熟睡的时候,热烈到竟在梦中满足求爱的欲望：

> 像煞有介事似的
>
> 他们往往尽情流放
>
> 那滔滔不竭的白浪，
>
> 沾污了他们的衣裳。（卢克莱修）

就寝时尚没有角，在夜里竟生出角来，这类的事虽不算怎么新奇，意大利王西菩（Cyppus）所遭遇的总可流传的。他日间看斗牛，通夜梦见头上出角，终于由想象的力量额上凸出两角来。克洛伊索斯的儿子出世便是哑巴①，激动竟赐给他声音。安条克②（Antiochus）因为斯特拉托尼克（Stratonicé）的美色太强烈地印在他灵魂上而发烧。老普林尼说，他亲眼看见路齐乌·哥时苏（Lucius Cossitius）结婚那一天由女人变为男人。蓬塔诺（Pontano）和别的人说，意大利从前曾发生许多同样的变形事件：由他自己和他母亲的热望，

> 童子依菲斯（Iphis）实践
>
> 他做女孩时许下的心愿。（奥维德）

我经过维提里·勒·法兰索亚镇（Vitry le François）的时候，得见苏瓦松（Soisson）主教引来一个名叫日耳曼（Germain）的人作证。那里的居民都认识他，而且眼见他到廿二岁还是女子，名叫玛利亚。我见他时已经老了，满面须髯，并且未娶妻。他说，有一次跳的时候稍用劲，阳具便伸出来了。那里还流行着一首歌，少女们常唱来互相警戒不要跨得太大步，以免变为男子，和玛利亚·日耳曼一样。这类的事常常发生并不足希奇，因为如果想象对于这种东西有相当的能力，那么使劲而且不断地专注在这上面，与其频频重陷同样的思想和猛烈的欲望，究不如一次把这男性的部

---

① **哑巴** 克洛伊索斯是公元前6世纪吕底亚国王，传说他的哑巴儿子看到敌人持剑从背后刺杀他父亲时，突然能够高声叫喊。

② **安条克** 叙利亚塞琉古王朝王子，私恋继母斯特拉托尼克（Stratonicé）得重病，其父知道后离婚，成全他们两人。

分安在女子身上为妙了。

有些人把达果贝尔王(Dagobert I<sup>er</sup>)的瘢痕①和圣弗朗索瓦(Saint François d'Assise)的烙印②委诸想象的力量。据说有些人的身躯有时离地升起。瑟尔萨斯(Celsius)告诉我们,一位牧师把他的灵魂勾引到一个那么出神的境界去了,他的肉体竟许久无呼吸、无知觉。圣奥古斯丁曾经说及另一个人,只要一听见凄惨的呼号便昏过去,而且昏得那么厉害,任你怎样在他耳边大声疾呼,摇他,刺他,烙他也枉然,直到他自己醒过来才止。那时他便说他刚才听见些声音,不过仿佛自远处传来,并且现在也感到刺烙的创痛了。这并不是一种向感觉挑战的刚愎的幻想,只要看他那时候全无脉搏和呼吸便可知了。

奇迹、异象、邪术和种种非常现象的主要效力大抵基于想象力,作用于一般民众的比较松软的灵魂上。他们的信心是那么容易受骗,简直以为看见并未看到的东西。

我依然相信,那些可笑的"洞房带"③扰乱人心之甚,竟成为了大众的唯一谈资,完全由于恐惧与畏怯的印象。因为我由经验得知某人(对于他,我可像对我自己一样负责的)毫无患阳痿或中邪术的嫌疑,只是听见一位朋友说及一种非常的萎疲症在最不需要的时候降临,等到自己处于同样的地位时,这可怕的故事冲击他的想象那么厉害,竟得到同样的遭遇。从那天起,那种对于这灾患的可恶的回忆屡次侵扰他,挟制他,使他重犯此病。后来,他在另一种想象里找着了疗治这想象的药方:那就是事前预先宣布和承认他的病,他精神的紧张得以放松,为的是他的弱点既然是意中事,他的职责便轻减,不再那么沉重地坠着他的心了。到了他可以

---

① **瘢痕**　传说法国国王达果贝尔由于害怕坏疽病,脸上出现疤痕。
② **烙印**　意大利神父圣弗朗索瓦在一次祈祷后,身体出现耶稣受难的伤痕及流血。
③ **洞房带**　蒙田时极流行的一种魔术,据说中了这魔术的人在洞房之夜便不能行乐。——译者原注
　　洞房带(Aiguillette)是法国和意大利的民间巫术,流行于中世纪。在婚礼之日,以绳带打结,置于新居,并在神父祝福之时口念咒语,能令新郎洞房时性无能。
　　——编者注

任意选择机会,他的精神便自由和解放了,他的肉体也修整如常了,他于是开始尝试、捉摸,然后突然让对方发现,他完全痊愈了。

对于某个女人一次能,以后便不会不能,除非由于一种真正的无能。

如果有犯这种不幸之可虑,那就是行事时精神过于受欲望或猜疑的刺激,尤其当机会是属于意外及迫切的性质时候,要镇静这种慌乱简直没有办法。我认识一个人,由别处把那已经半醉的身躯带来给他,竟可以马上熄灭他的烈火。另一个年老的时候,居然没有那么无能了,正因为没有那么劲健的缘故。还有一个人,他的朋友对他说有治邪的方法,担保可以保护他,居然收到很好的效果。不如让我叙述这事的始末吧。

和我交情很深的一位某望族的伯爵,和一个很美丽的姑娘行结婚礼。因为来宾中有一个曾经向她求过婚,伯爵的朋友于是非常替他担心。他的一位亲戚,那主婚的老太太(婚礼就在她家举行)特别害怕这种邪术,把她的疑虑对我说了。我请他倚赖我。刚巧我的箱子里有一个金币,上面刻着几个天使,如果把它好好放在头颅的骨缝上,可以防卫中暑和解除头痛。为要使它不致移动,这金币是缝在一条可以系在颔下的带子上面的。这是与我们目前所顾虑的事一样虚渺的幻想! 这件奇怪的东西是约克·培勒提尔①(Jacques Peletie)住在我家时赠给我的。我忽然想起它或者有相当的用处。我对伯爵说,他也许会跟别人遭同样的险厄,既然在座有人颇乐意计算他。可是他尽可以安心睡去,我必定对他尽朋友的扶助,必要时将不惜为他运用一个我能力范围内的法术,只要他很真诚地答应我无论如何都不泄露秘密。如果事情有什么不妥,他只要在夜间把补血汤送给他时向我打个暗号就得了。他的心和耳既受了种种幻想的骚扰,他觉得自己为错乱的想象所束缚,便在我们约定的时间向我示意。我于是低声告诉他,要他藉端站起来把我们赶走,并且开玩笑把我身上的睡衣拿去(我们差不多一样高),把它穿上,直至他把我的嘱咐做完为止。我的嘱咐是:我们离开房子的时候,他马上要走到一隅小便,要说三次某种咒语和

---

① **培勒提尔**　法国人文主义者,蒙田朋友。

做某种动作,每次要把我给他的带子绑在腰间,而且很小心地把那金币盖住肾部,金币上的图像朝向某方向。这种种都做完了,而且在第三次时把带子绑紧,使不能移动或松散了,他便可以安心回去干他的事,可是不要忘记把我的睡衣如此这般地铺在床上以盖住他们俩。

这种种把戏是奏效的主要东西:我们的思想分辨不出这些荒诞的方法不是从某些幽冥的秘术来的,其谬妄反而足以赐给它们分量和尊严。总之我这护符确实证明了治春病比治中暑还要灵验,它的作用力比防卫力还要大。那是一种意外的怪想暗示给我这种做法,和我本性相去很远。我是一切诡谲佯诈行为的仇敌,我憎恶用欺骗的手段,不独游戏如此,谋利亦如此。如果那行为不是恶的,那条路却是。

埃及王阿玛西斯(Amasis)娶劳狄丝(Laodice)为妻,一个很美丽的希腊妇人。他待她事事都殷勤备至,单是到享用她的时候,却穷于应付,以为是什么妖术作祟,恐吓要杀她。因为这是全属于幻想的东西,她劝他求助于宗教。埃及王既对维纳斯许下种种心愿,献祭后的第一晚果然恢复如神了。

无疑地,她们不应该以那种羞怯、忸怩、挣扎的姿态来款待我们,那是足以吹灭同时又惹起我们的烈火的。毕达哥拉斯(Pythagoras)的媳妇说,一个女人同男人睡的时候,应该把羞耻和裤子一齐卸下,等到穿裙时再把它穿上。进攻者的心,受了各种的惊骇,很容易迷失。如果他的想象一度使他感受这羞辱(他只在第一次接触时感受到它,接触越剧烈越凶猛,他感受得也越厉害,而且,也因为在这初次的亲密中,人们特别怕失败),开端既不利,他将因此而恼怒而发烧,以致日后这不幸会继续发生。

结婚的人,既然他们有的是时间,如果没有准备妥当,不宜妄试或急于动作。与其第一次便碰钉子受窘和绝望而陷入长期的困扰,宁可失礼地放弃第一次试用那充满骚攘与狂热的喜床,等候比较亲切和稳当的机会。未得手之前,那耐心者应该在不同的时候用突击的方法悄悄地尝试和开路,不要忿怒或固执,最终恢复自己的信心。那些认识自己的肢体是天生驯服的人,让他们留心不要被想象欺骗。

　　人们关心这肢体难以约束的不羁实在很合理。当我们不需要它的时候，它是那么不合时宜地自告奋勇。而最需要它的时候，却又那么不合时宜地临阵退缩，那么蛮横地违抗我们意志的权威，又那么傲岸而且刚愎地拒绝我们的心和手的祈求。

　　可是如果人家指摘它叛逆，或者因此把它定罪，它雇我为它辩护，说不定我会控告它的同伴，我们其他的肢体。说它们为了妒忌它的任务之重要和愉快，有意跟它挑衅，而且阴谋鼓动全世界来反对它，很奸险地把它们共通的罪咎加在它身上。因为试问我们身上有哪一部分不常常拒绝和我们的意志合作，并且常常自作主张向我们的意志挑战。它们每个都有自己的情感，不由我们分说便把它们唤醒或催眠。多少次我们的脸色不知不觉间泄漏我们要守秘密的念头，把我们出卖给那些在我们周围的人！就是兴奋我们这肢体的动机，亦一样地兴奋我们的心、肺和脉搏，我们的眼睛一接触着可爱的东西便自然而然地在我们身体里散布热情的火焰。难道只有这些肌肉和血脉不独不等待我们的意志、并且不等待我们的念头的首肯便升起或沉伏么？由于欲望或恐惧，我们的头发不听指挥而悚立，我们的皮肤不听指挥而颤栗。手儿常伸向我们不差使它的地方去，舌头随时僵硬，声音随时凝结。当我们没有什么东西可煎煮，很想制止饮食欲的时候，饮食欲却不停去扰乱那些它治下的部分，正如另一种欲念那样，随时随地不合时宜地抛弃我们。用来排泄肚子的器官自有它的伸涨或收缩，不顾而且违反我们的意旨，排泄肾囊的器官亦是一样。虽然圣奥古斯丁为要证明意志是全能的，告诉我们他亲眼看见一个人，任意要他的屁股放多少屁，虽然他的注释者比韦斯（Vivés）更用当时另一个例子增加这话的价值，说有人可以照别人对他诵读的诗句用屁组成调子，我们都不能因此断定这肢体的绝对服从。因为通常有比这部分更吵闹更躁暴的么？我还认识一个屁股，那么顽固，那么暴戾，竟强迫它的主人连续放了四十年的屁，无间断亦无变动，就这样把他带到坟墓里去。

　　但是我们的意志——为了它的主权我们提出这些谴责——我们可以控告它谋反与叛逆的证据更多了，它是那么不守规则与不从人意！它所想的总是按我们所要求的么？它所想的不是常常是我们所禁止的，而且明明对我们不利的么？它肯听我们理性的结论指挥么？

最后，我为我的主顾先生求你考虑这一点：关于这事，它的案由虽然和其他同伙相连在一块，不能区别亦无从分辨，却只有它被告。而被告的理由和罪状，照各造的情形看来，又和它的同伙无丝毫关系或牵涉，原告心怀仇恨和不合法由此可知了。

无论如何，大自然一面抗议律师和法官们徒然的争辩和判决，同时循着自己的轨道前进。她把一种特殊的权利赐给这个肢体——凡夫们的唯一永生的事业的创造者，她的所为是不会错的。所以生育对于苏格拉底是一种神圣的行为，而爱情是希求永生的欲望，它本身也就是一个永生的幽灵。

或许一个人可以由想象的力量把所患的瘰疬①在这里留下，而他的同伴却把它带回西班牙去。为了这缘故，关于这种症候，通常都需要一个准备好的头脑。为什么医生们事前用种种可以治愈的假话来愚弄他们的病人呢，如果不是希冀想象的力量补助他们的药汤的欺诈？他们知道他们的一位师父曾经写在书上：对于许多人，只要一看见医药便可以奏效了。

上面这幻想之所以来到我笔下，因为我忆起先父的一位家庭制药师告诉我的一个故事。这药师极纯朴，是那不慕虚荣、不善扯谎的瑞士人。他说在图卢兹熟悉一个身体孱弱而且患沙淋症的商人，因为常常需要灌肠药，由医生们照病状配制了许多种。当这些药拿到他面前的时候，他丝毫也不放过惯的仪式：他往往先试探是否太烫，然后躺在床上，仆倒着，照例的步骤都一一做过了，只是没有注射！弄完这一套之后，药师便告辞了，病人居然顿觉舒服起来，和真受了注射一样。如果那医生觉得一遍还不够，就照样再来两三遍。我这证人赌咒说，病人的太太为省钱起见（因

---

① **瘰疬**　法国中世纪民间传说，国王以手触摸治疗瘰疬病人有神效，后成为王室传统，一般在加冕典礼或大节日进行。1525 年，弗朗索瓦一世在意大利战役中失利，被日耳曼帝国皇帝查理五世所俘，在马德里囚禁一年后获释，曾吸引大批西班牙病人到法国求治病。

为他和真受注射一样付钱),有时自己用温水照样试办,但终因不奏效而露破绽,这样做既不灵验,就不能不依旧倚赖从前的方法。

一个女人,想象她曾把一颗针和面包一齐吞下,感觉它哽在喉里,哀叫狂号仿佛有一种不可忍受的痛楚。但是因为看不见她的喉咙有什么红肿或其他变动,一个灵巧的人断定这不过是意念和幻想在作怪,由于一片面包把她刺了一下,于是设法使她呕吐,偷把一根曲折的针放在她所吐出来的东西里。这女人以为已经把针吐出,马上觉得痛楚全消了。

我知道有一位绅士,在他家里宴饮一班上宾,三四日后戏对人夸说(因为其实全属子虚),给他们吃了猫肉馒头。其中一个贵妇恐慌到竟得了胃病和发烧,以致不可救药。牲畜本身也和我们一样受统辖于想象力。试看许多狗因丧失它们的主人而哀恸至死。我们也常看见它们在梦里发抖和狂吠,或马儿嘶叫和挣扎。

不过这还可以诿诸身心的密切关系,互相传递遭遇。至于想象有时不独影响自己身体,并且影响到别人的身体,那又是另一回事了。正如一个躯体把它的病痛传给邻人,如瘟疫、痘疹和眼疾,常可以见到互相传染。

> 眼睛为了看见眼病便生病;
>
> 无数的病症都由传染得来。(奥维德)

同样,想象受了强烈的摇撼射出来的利矢亦可以中伤外物。古代相传斯基泰(Scythie)有些女人生气的时候,只用她们的怒眼便可杀死所恼怒的人。龟和鸵鸟孵卵都只用目光,足以证明它们的眼睛具有射精的能力。至于女巫呢?据说她们具有毒害的眼睛:

> 不知什么妖眼迷惑了我的羊群。(维吉尔)

我极不信任术士。可是我们由经验知道,许多女人把她们幻想的标志印在胎里的小孩身上,那产生黑人①的可以为证。有人将比萨附近的一

---

① **产生黑人** 古希腊名医希波克拉底曾为诞下黑孩儿的妇女辩解,认为原因在于房间挂着黑人像。

个女孩贡献给波希米亚国王兼德国皇帝查理四世(Charles IV),周身毛发茸茸,据她母亲说,这是因为她早晚习见一幅挂在床头的圣约翰像①而怀孕育出来的。

对于禽兽亦然。试看雅各的羊②,以及野兔和鹧鸪给山巅的雪所漂白。最近有人在我家里看见一只猫窥伺一个小鸟,它们互相定睛凝视了半晌,鸟儿竟和死去一样落在猫儿的爪里,或给它自己的想象所麻醉,或受了猫儿某种吸力所牵引。酷爱放鹰猎鸟的人必定听说过,一个猎夫定睛望着一只飞鸢,打赌他能够单用他的视力把鸟儿拽下来,而且据说他的确做到了。

我所借用的故事,完全托付给从他们那里借取的人的良心。结论却是我的,并且倚靠理性的证据而成立,而非倚靠经验的证据。每个人都可以把自己的例证附上去。至于没有例子的人,他总可以相信世间必定有例子存在,因为事端是那么纷纭繁杂。

如果我举的例子不切题,让别人用更妥当的来替代吧。

而且,在这关于我们的风俗和行为的研究里,荒诞的凭证,只要是可能的,与真的一样可用。曾经发生与否,在巴黎还是在罗马,在约翰或是彼得身上,它们总在人的范围内。我很有益地领教于有关的记述,我察看它,无论在形或影都受其惠。而在历史常给我们的许多教训当中,我选取那最稀有以及最可纪念的。有些作家的目的是叙述那已经发生的事。我的呢?如果我做得到的话,却要述说那可能发生的。各派别可以有权在没有雷同的地方假设雷同,但我却不这样做。在这一点上,我的宗教式的严谨超过了一切历史的真实。对于那些从读过、听过、做过、说过的事物中取得的例证,我约束自己,不敢更易那最轻微、最无关系的枝节。我的良心毫厘也没有假造,至于我的知识,我却不敢担保。

———————————

① **圣约翰像** 中世纪宗教画里的圣约翰一般身披羊皮,或身边带着一头小绵羊。
② **雅各的羊** 据《圣经·创世记》,犹太先知雅各的羊群因见斑色木条而诞下斑点羊羔。

这使我有时想，一个神学家、一个哲学家和那些同时具有精微的良心与谨慎之心的人，究竟适宜写历史吗？他们怎么能够用自己的信仰来担保世俗的信仰呢？怎么能够为不相识的人的话负责，把他们的臆度当现钱使呢？对于各种各样人在他们眼前所做的事，他们亦会拒绝在审判官面前发誓作证。而且无论怎样亲近，没有人肯为一个人的意向负完全的责任的。我以为写过去的事不如写目前的事那么冒险，为的是作者只要报告一个借来的事实。

许多人劝我记载时事，因为他们觉得我的观察没有别人那么多的偏见，而且，因为我接近各党派的领袖的机会较多的缘故，比较亲近得多。可是他们并不说，即使我获得撒路斯提乌斯的荣誉，我亦不会从事这样的工作。义务、勤勉和坚忍的死敌如我者，再没有比较长篇的叙述和我的风格更不适宜的了。我常常因为后劲不继而把线索截断，我没有章法亦没有诠释值得夸说。既然我连表达最普通的事物的字句都比一个小孩子还笨拙，所以我只说我能够说的，用题材来凑合我的能力。如果我请人作向导，我的脚步也许跟不上他。何况我的自由是这般自由，说不定我会发表些意见，即使从我自己的观点和根据理性看来，也是不合理和该罚的。

蒲鲁达尔克谈及他的作品时，会很愿意告诉我们说：如果他所举的例证事事处处都真，功在别人。可是如果有利于后世，而且发出一种光辉以照耀我们臻于道德，功却在于他自己。与药汤不同，一个古代的故事无论是这样或那样，并没有什么危险。

原著第一卷第二十一章

# 16　我们的感情延续到死后

　　有些人责备我们永远张着口追逐未来的事物,劝我们抓住和保持目前的幸福(因为我们对于未来比较过去还要茫无把握),可谓切中了人类最普通的弊病,如果他们敢把那大自然领导我们去做的事当作弊病的话。大自然为了延续她的功业,关心我们的事业多于关心我们的知识,把这个和许多别的谬解印在我们脑海里。我们永远不在家里,永远超出我们以外。恐惧、欲望与企求催迫我们到未来去,剥夺我们对于现在的意识与考虑,令我们思索未来的事物,甚至去世后的事。

　　　　悬念着未来的心永远是不乐的。(塞内卡)

　　柏拉图常用这句伟大的箴言劝勉人:"做你的事和认识你自己。"这句箴言的每一部分包括了我们的一切职务,也同样包括了另一部分。做他自己事业的人就会明白,他先要知道自己是什么人,与什么事是属于他的。认识自己的人就不会把别人的事当作自己的事。他会首先自爱和栽培自己,避开那些冗余的事务和无谓的思想与企图。"愚昧即使它的愿望都实现了,还是不满足。智慧却享受着现在,而且永远不会对自己不满足。"(西塞罗)

　　伊壁鸠鲁免除他的哲人对于未来的先见及悬念。

　　在管辖死者的许多法律当中,我觉得那要王子们的行为死后受审判的最有理。他们都是法律的同僚,如其不是法律的主人。正义既不能约束他们的生平,约束他的声誉及后人的产业(这种种我们往往比生命还要重视)也是合理的事。这条法律的实施把许多特殊的利益带给那些肯遵守它的国家,也是一般不愿意在人们的记忆里与暴君受同样待遇的贤主所热望的。

我们应该归顺和服从一切国王,因为这是他们的职务。可是除非他们有善德懿行,否则不能强迫我们敬爱他们。即使为了政治的秩序,他们的职权一天需要我们支持,我们便不能不耐心容忍他们,无论他们怎样不值得,或隐瞒他们的恶德,甚至会赞助他们的没有心肝的行为。可是我们的关系完结的时候,为正义和我们的自由起见,我们没有什么理由不发表我们的真意,尤其是剥夺那些明知他们的残暴仍忠心虔敬服侍的百姓的光荣,就会抹煞一个对后世这么有用的榜样。而那些为了私人的恩惠,不正确地左袒一个不值得赞美的王子的身后名誉的人,他们牺牲公道以徇私义。李维说得好:"王国底下所豢养的人的话都是充满了虚饰与伪证的。"每个人都毫无分辨地把国王高举到极端的美德与无上伟大去。

有此人会贬责那两个当面向尼禄(Néron)挑战的兵士的豪气。尼禄问其中一个为什么要害他,士兵答道:"我从前爱你,因为你值得我的爱。现在你既变了杀父的逆子,放火的强盗,流氓及车夫,我也照你所值得的憎恶你。"问第二个为什么要杀他,答道:"因为我想不出更好的方法来制止你的无终极的恶行。"但是尼禄死后才公布关于他的暴行的确证,这些将永远悬为贬斥他以及像他一样凶恶的暴君的确证,哪一个判断力健全的人会贬责?

我觉得非常可惜,像斯巴达那么纯粹的政府也会制定一个这么虚伪的礼节:一个国王死后,所有联邦及邻国,所有奴仆及男女都混作一团碰额以示哀,而且无论生前如何,大家总号啕恸哭以宣扬他是最好的国王,把功劳所应得的赞扬归诸品位,并把那最高的功劳所应得的赞扬打发到最卑鄙低下的位置。

亚里士多德最爱翻案。关于梭伦的"无人生前能称幸福"那句话,他问道:不知那生死都称心的人能否称为幸福,如果他留下一个臭名,如果他的后人衰落? 我们能行动的时候,我们可以随我们的逆料而随处转移。

可是我们死了,我们与现有的事物便再无往来。所以梭伦应该说:一个人永不会幸福,既然要等到死才有。

> 无人能连根带叶把自己
>
> 从生命拔去。不知不觉地
>
> 人想象他的一部分会长生;
>
> 他摆脱不掉这可怜的身。(卢克莱修)

贝特朗·格克兰(Bertrand du Guesclin)在奥弗涅附近进攻浪公寨(Château de Randon)战死。寨内居民投降后,被逼去把寨的钥匙放在死者的尸首上。

巴特里米·达维阿纳(Barthélémy d'Alviane),威尼斯共和国的大将,在布雷舍尔为国战死,他的尸首运回威尼斯,途中要经过敌国维罗纳的疆土。大部分军队都以为应该向维罗纳政府取通行证。独泰奥多尔·特里沃切(Théodore Trivulce)反对这主张,宁可凭武力通过,惹起战争亦所不顾。"断无生前不怕敌人,死后会表示怯懦之理",他说。

真的,另有同类的事体,根据希腊的法律,那向敌人索取尸首以埋葬的便要放弃他的胜利,不能再举凯旋的旗帜,而敌人却因此获得胜利的荣耀。尼西亚斯(Nicias)就是这样失掉对科林斯人作战的分明大胜的光荣。反之,阿格西劳斯二世却因此而决定了与玻俄提亚(Boétie)苦战始获得的胜利。

我们会觉得这种种事情古怪,要不是自有人类以来,便盛行那料理我们身后事的习惯,以及信仰那上天的恩惠陪伴我们进入坟墓,继续照临我们的骷髅。关于这层,古代有许多例证,我们用不着多提现代的了。

英王爱德华一世(Édouard I<sup>er</sup>),在与苏格兰王罗伯特(Robert)的长期战争中,体验到现身战场可以帮助事业顺利,为的是每次亲临战阵都打胜仗。临死的时候,强迫他儿子发誓,要在他死后煮他的尸骸,使骨肉分离,把肉埋葬,把骨小心保存,以备和苏格兰发生战事的时候,把它带到阵上,仿佛命运一定会把胜利绑在他的肢体上似的。

齐兹卡(Jean Zischa)为了保护威克里夫(Wiclef)的异教而扰乱波希米亚国,要人在他死后把皮剥下,制成小鼓带到阵上与敌人作战,以为这样可以继续保持他生前亲身作战的胜利。同样,有许多红种人与西班牙人打仗的时候,背着他们一个队长的遗骸,因为队长生前好运气。同一个地方的别的部落,却把战死的勇士的尸首拽到阵上,藉以保佑他们及鼓励他们的勇气。

最先几个例只要那由过去的功绩获得的荣名不被埋没,后者却连活动的能力也加在骷髅上。

拜牙尔(Bayard)将军的榜样就高明多了。他身上受了一口抬枪的致命伤,左右劝他退出战阵。他说断不会在临死的时候以背向着敌人。既而战到精疲力竭,自己觉得快要从马鞍摔下来了,他命仆从扶他躺在一棵树下,可是要面向着敌人。他就这样死去了。

我还要添上一个例子,在这点上,和刚才那个例子是一样非常的。马克西米利安一世(Maximilien Iᵉʳ)皇帝,今腓力二世王(Philippe)的曾祖,是一个多才多艺的王子。他的身躯特美。他有一个与一般王子最相反的脾气,就是不肯像他们为了办急务把马桶当王座,因为他最亲近的侍从也不能在厕所见他。他躲到僻静处小便,拘谨到像一个贞女,绝不肯把我们普通遮掩住的部分露给医生或任何人看。我的嘴虽然这么粗俗,我生性也颇具有几分这种羞怯:除非需要或享乐催迫,我从不肯把那些习俗要我们遮掩的肢体和动作示人。我有着一种对于平常人,尤其是像我这样职业的人的过分的拘谨。可是马克西米利安一世的羞怯达到这么高度的迷信,竟在遗嘱里特别书明,死后要人把那个部分用短裤藏住,又在附条里注明替他穿裤子的人要用布绑住双眼。至于居鲁士二世,嘱咐子孙在他灵魂离开躯壳后,不得抚摩或探视他的身体,我却以为是基于某种宗教的情绪。因为他和那替他作传的人,除了各种盛德而外,毕生都散播着一种对于宗教的特殊的至诚与虔敬。

一位王子告诉我关于我一个在战与和的时候都很有声誉的亲戚的故事。这故事很使我不快:当他享受高年快要死在宫廷中的时候,虽然为了患沙淋症痛楚得要命，还耗费他最后的时光带着极端的焦虑去安排他的葬礼仪式。他敦请所有探病的贵族答应来为他送殡，并且恳求那在他弥留之际伴着他的王子要合家都来致祭，援引种种的理由及成例来证明那是他的品级所应得的尊敬。得了这个允许并且把葬礼安排得满意之后，他才仿佛很快乐地死去。我很少听见这般固执的虚荣心的。

极相反的一种挂虑，我可以从我的朋友中找出一个例子，似乎与这事有关联的，那就是很小心而且急切地把他的葬礼根据一种稀有的特殊的吝啬，限制到一个仆人，一盏灯笼。我曾见人赞美这种脾性，同时赞美雷比达（Marcus Emilius Lepidus）的嘱咐，他禁止后人为他施行那大众为这种事共有的仪节。这种避免那些我们已经无从感觉的破费和滥用，是否仍是节省与俭约呢？这真是一个容易的改革，而且用不着多大的代价！如果到必要布置时，我以为这和一切人事一样，看各人的身家而定。哲学家吕康（Lycon）很聪明地任他的朋友安置他的躯体，只要丧礼不太繁缛亦不太简陋。至于我自己，我就纯粹依照习俗的办法，随那我终有一天会变成他们的重负的任何人的主意。"这是一桩对自己要忽略，对家人要郑重的事情。"（西塞罗）一位圣人说得好："丧礼、墓田与葬仪，与其说是安置死者，毋宁说是抚慰生人。"（圣奥古斯丁）苏格拉底临死的时候，格黎东（Criton）问他要怎样安葬他，答道："随你的便。"假如我要更多事的话，我就以为更合理的做法，是去模仿那些还能行动、呼吸时便要享受葬仪的华贵的人，模仿喜欢看他们死时的面孔印在云石上的人。能够用无知觉去振奋、怡悦自己知觉的人有福了！能够靠自己的死过活的人有福了！

我几乎能够了解那对于民主政体的深切痛恨，虽然我觉得民主政体最合理、最公平。当我想起雅典的人民那种非人的暴戾，把他们刚战胜斯巴达人的英勇将领一无赦宥也不容分辩地处以死刑。那是在亚基努塞岛（Arginuses）附近的一场海战，也是希腊史上用自己的海军获得的最光荣最大的一场胜利。只因为这些将领不肯停下埋葬他们阵亡的同胞，却依照兵法乘胜进展。而狄阿密多（Diomédon）的态度使这处决显得更可恨。他是被处死刑中的一个，无论在政治上和军事上都有过人之处。当他听了判词之后,乘大家还在静听的机会,举步出来说话。他并不替自己辩护,也没有指出这残酷的判决之不公允,只是开怀大笑那些裁判们的生命。他求神把这判决化为他们的吉利,而且,因为他和他的同伴们不能实践为了这场胜利对神明立下的感恩的誓愿,不要把震怒加在裁判们的身上。这样说完之后,便毫不犹豫地从容就刑了。

几年后,命运用同样的方法惩罚他们。因为雅典的海军大将卡布里亚斯(Chabrias),与斯巴达的海军大将波力士(Pollis)战于拿克索斯岛(Naxos),已经占上风了,可是为了不蹈前车的覆辙,竟丧失他们最分明的胜利,对于他们的事业有莫大的影响的。因为不肯任几个同胞的尸首浮于海面,竟让他们的大队敌人得以从容逃走,因而日后为了这累人的迷信付出很高的代价。

> 你想知道死后睡在什么地方么?
>
> 在那未生的事物中。(塞内卡)

这另一句却把安息的感觉加在一个没有灵魂的身躯上:

> 愿没有坟墓接收他,在那里他那厌倦了生命的躯壳可以像在港口般得安息。(恩尼乌斯 Ennius)

正如大自然所指示给我们的,许多死去的事物仍旧和生命保存着秘密的关系。窖里的酒依照制酒时期某种变动而酸化,腌罐里的鹿肉也依照鲜肉的定律而变换它的色味。有人这样说。

原著第一卷第三章

# 17　论凭动机裁判我们的行为

有人说,死解除我们的一切债务。我知道有人把这话作另一解释。英王亨利七世与马思米连皇帝的儿子,或者更恭敬一点,查理五世皇帝的父亲腓力一世(Philippe I$^{er}$)立约,要腓力把逃到下邦的仇敌白玫瑰的苏夫尔(Suffolk)公爵交给他,以不危害这公爵的生命为条件。可是临终的时候,他在遗嘱里命他儿子等他死后马上将公爵处死。

最近,布鲁塞尔的阿尔伯公爵(Duc d'Albe)在何尔尼(Comte Horne)及爱格蒙伯爵(Comte d'Egmont)的身上所演的悲剧里,有许多惊人的事件,其中一桩是:爱格蒙伯爵极之恳切地要求人先把他杀死,以尽他对何尔尼伯爵的义务,为的是这后者信任他的担保,才投降于阿尔伯公爵。

据我看来,第一个并不因为死了便践约,第二个即使不死亦于心无愧。我们不能在我们的能力与本领之外负责,而实施的成败却不在我们权力之内,因为真正在我们权力之内的只有意志。人的义务的一切法则当然应该建立在这一点上。因此爱格蒙伯爵以他的灵魂及意志负责,虽然实践的权力不在他手里,无疑地已尽了他的本分,即使他不殉何尔尼伯爵之死。反之,英王立心背盟,即使死后才实行,也断无可宽恕之理。希罗多德(Hérodote)笔下的泥水匠①亦然,他毕生都忠心保守他主人埃及王的宝库的秘密,临死却泄露给儿子们知道。

我认识好几个与我同时的人,霸占他人的财产受良心的责备,想在他

---

①　泥水匠　原书记载为建筑师。

们的遗嘱里及死后补救。可是这种举动对他们毫无好处，不是因为他们为一件这么迫切的事立一期限，便是因为他们想费少许的心血与金钱来赎罪。他们应该拿出那真属于他们的财产。他们的赔偿愈艰难、愈劳苦，他们的满意亦愈合理、愈可嘉。忏悔是需要重负的。

更坏的是那些终身容忍，到临死才把他们对近亲的仇恨发泄出来的人。这样做证明他们毫不顾惜自己的荣誉，因为他们激怒别人去侵犯他们的身后名，更不顾惜自己的良心，因为他们不能因死而消灭仇意，反而使怨恨超越他们的生命而存在。把案件延到已不在他们的极限内时才判决。这是多么偏私的审判官！

如果做得到，我将尽力使我的死不说生前没有公开说过的东西。

原著第一卷第七章

# 18　几位钦差大臣的特性

我旅行的时候常遵守这法则：为要从与别人的接触(那是最好的学校之一)学到多少东西,我永远设法使那些与我们会晤的人谈他们最熟悉的事物。

> 让水手说风浪,
>
> 农夫夸他的牛,
>
> 牧童数他的羊,
>
> 军人数他的伤口。(普罗佩提乌斯)

因为,一般人的办法正相反：每个人只爱谈别人的职业,以为这样做可以获得新的光荣。试看阿基达莫斯(Archidamos)对佩里安德(Periander)的责备,说他舍弃良医的声誉,以求歪诗人的虚名。

试看恺撒对我们说起他桥梁机械的计划时是多么滔滔不竭,说到他自己职业的本身、他的勇敢和兵法时又多么简约。他的功业已足证他是良将,他却竭力想人知道他是卓越的工程师,一个非分的资格。

一个法律界中人被带到一间书房,里面具备各种关于他自己职业的和旁的书籍,找不着开口的机会,却停下步来,严厉地煞有介事指摘螺旋梯上的栏杆。许多军长和兵士朝夕走过那儿都默不作声,也毫不觉得碍眼。

老狄奥尼修斯生来是个很伟大的战将,他却努力要由诗知名,虽然对于这艺术他一点天分也没有。

> 笨重的牛渴望驮鞍鞯，
>
> 骏马幻想耕田是乐事。（贺拉斯）

这样做断不能建立什么有价值的功业的。

因此，我们应该把建筑师、画家、补鞋匠及其他人，带回他自己的职业去。关于这层，我读历史的时候（既然各色人等都会写历史），必定先问作者是怎样人：如果作者的职业是文人，我就专学他的文章及风格。如果是医生，我就比较愿意相信他对我们说的关于空气的温度、王子们的面色、创伤和疾病。如果是法学家，就要选取那关于权利、法律和政府的组织等的讨论。是神学家，关于教堂的事务、教会的贬责规矩、天道和婚姻。是朝臣，关于礼教与仪节。是军人，他们分内的事务，尤其是他们亲身参预的种种功绩的叙述。是钦差大臣，关于用计、交涉盟约和进行步骤等。

为了这缘故，我在一个深谙这些事体的人，郎泽大夫（Langey）①所著的历史里，留心审察一件我在别人的书里会大意忽略过去的事。他先告诉我们，在罗马的主教会议席上，当着马贡（Mascon）主教和我们的公使威利（Velly）大夫面前，查理五世皇帝所操的美丽的演说词有许多侮辱我们的话。比方说如果他的将校、士卒和百姓的忠心和战术不胜过我们的国王，他就马上用绳系颈，向我们的国王求取赦宥（似乎他真信这话，因为以后他曾复述过两三遍）。他更说敢对我们的国王挑战，要他穿着衬衣在舟中用短剑和匕首和他决斗。然后郎泽大夫在他的历史里更告诉我们，那些钦差大臣们在奏章中掩饰这事的大部分，而对于上面两节竟坚守缄默。

我觉得非常奇怪，一位钦差大臣竟有权取决应该传达怎样一种警告给主人，尤其是这些话关系这么严重，出自一个这样人的口，而且是在一个这样重大的聚会上发表的。我以为仆人的天职应该是把事情的始末——二二很忠实地叙述出来，以便主人有支配、判断和选择的自由。因为把事实遮瞒和更改，恐怕对方不依照道理去调处和被迫去采取一个不良的决定，同时却使他对于自己的事务懵然不知，我以为这样做应该属于施法

---

① **郎泽大夫** 法国作家杜贝莱（Guillaume Du Bellay，1491—1453）。

的人,而不是属于受法的人,属于领袖和教师,而不是属于那不独在权位上,而且在智慧和才识上应该把自己当作低一等的人。无论如何,我不喜欢人家对于我的日常事务这样服侍我。

我们是这么愿意托故去逃避命令和僭取主权。每个人又那么自然地渴望自由和权力,对于一个在上面的人,再没有比仆人的简单自然的服从更宝贵的了。

如果他的部属只随自己意思服从,而不全心服从,一个总司令的威信便低降。卡拉苏(Crassus),罗马人恭维他有五重幸福的,在亚洲做执政官时,吩咐一个希腊工程师把在雅典所见的两支船桅中比较高的一支带给他,以便用来构造他所策划的战斗机械。那一位以专师自命,却自出心裁把那支比较短的,而且,根据他的技术的法则,也是比较适用的带来。卡拉苏很耐心听他陈说种种理由之后,下令杖他,把纪律的关系看得比工作的关系重。

然而在另一方面,我们亦可以这样想:这种绝对的服从只应用于那界线分明的命令。公使们的任务却比较自由,而且往往只仗他们自己的明断。他们不单要施行,而且要由他们的建议以造就或引导主人的意志。我曾经眼见有许多发布命令的人被惩罚,为的是他们服从国王信里的话,而不根据对于那事体的比较深切的认识采取办法。

头脑清醒的人到今天仍贬责波斯王这种风气:他们把参佐和代理的权限切割得那么零碎,几乎最小的事也要经他们下命令,这办法在一个这么宽广的领土上往往会产生许多周折,因而对于事务有莫大的损害。

即卡拉苏写信给一个做那种买卖的人,对他说明他所指定的桅杆的用途,可不也和那人商议,请他参加点意见呢?

原著第一卷第十七章

# 19  论隐逸

我们且撇开那关于活动与孤寂生活的详细比较,至于野心与贪婪用以掩饰自己的这句好听的话,"我们生来不是为自己而是为大众",让我们大胆诉诸那些在漩涡里的人们。让他们扪心自问,究竟那对于职位、任务和世上许多纠纷的营求,是否刚好相反,正是为假公以济私。现在一般人藉以上进的坏方法很清楚地告诉我们,那目的殊不值得。让我们回答野心,说令我们爱好孤寂的正是它自己,因为还有比它更躲避人群的么?还有比它更寻找活动的余地的么?无论什么地方都有行善和作恶的机会。不过,假如比雅斯(Bias)这一句话说得对,"最恶的部分占最大部分",或者《传道书》里这句:"一千人中没有一个良善的。"

> 善人何少?充其量
>
> 不过如第比斯的城门
>
> 或尼罗河的出口(尤维纳利斯 Juvénal)

那么和群众接触真是再危险不过。我们不学步于恶人便得憎恶他们。两者都危险:因为恶人占多数而仿效他们,或者因为他们不类似而憎恶大多数人。

那些航海的商人留心那些与他们同舟的人是否淫佚、亵渎、凶顽,把这群人看作不祥实在很对。所以比雅斯很诙谐地对那些和他同在大风中疾声呼救于神明的人说:"住口,省得他们知道你们和我同在这里。"

还有一个更确切的例子:代表葡萄牙王曼努埃尔一世驻印度的总督

阿尔布克尔克(Albuquerque),当船快沉的时候,把一个幼童托在肩上,唯一的目的是:他们的命运既联在一起,幼童的天真可以作为他对于神恩的保证和荐书,使他得到安全。

这并非说哲人不能到处都活得快乐,甚至孤独一人在朝廷的广众中。不过如果可以选择,他就会说,连他们的影子也不要看。不得已时,他会忍受前者,但是如果由他作主,他就选择后一种。如果他还得和别人的恶抗争,就会觉得自己还没有完全免除恶。

卡隆达斯(Charondas)把那被证实常和恶人往来的人当恶人惩罚。

再没有比人那么不宜于交际而又善于交际的:前者因为他的恶,后者因为他的天性。

我觉得安提斯泰尼(Antisthène)并没有圆满答复那责备他好交结小人的人,他说:"医生们也常在病人中过活。"因为如果他们帮助病人复元,却要由疾病的传染、习见和接触而损害自己的康健。

现在,一切隐逸的目的,我相信都是一样的:要更安闲、更舒适地生活。可是我们并不常找寻正当的路。我们常以为已放下了一切事务,实则不过改换而已。治理一家的烦恼并不比治理一国轻多少:心一有牵挂,便整个儿放在上面。家务虽没有那么重要,却不因此减少了烦恼。而且,我们虽然已经摆脱了朝廷或集市,却不曾摆脱我们生命的主要烦恼。

> 心灵的宁静,由于理性与智慧
>
> 并非由于汪洋大海的旷观。(贺拉斯)

野心、贪婪、踌躇、恐惧和淫佚并不因为我们迁徙而离开我们,

> 黑色的忧愁坐在骑士的背后。(贺拉斯)

它们甚至追随我们到修道院和哲学院里。沙漠、石岩、苦行僧的发衣和禁食都不能帮助我们摆脱:

> 他胁下带着致命的利矢。(维吉尔)

有人对苏格拉底说,某人旅行之后无论哪方面都不见得有改进。他

答道："有什么稀奇！他把自己一块带去。"

> 在别的太阳下我们何所求？
>
> 谁放逐自己，放得下自己？（贺拉斯）

如果我们不先把自己和灵魂的重负卸下，走动将增加它的重量。正如船停泊的时候，所载的货物便显得没有那么壅塞。给病人换地方，对于他害多于益。走动把恶摇到囊底，正如木桩愈摇愈深入、愈牢固一样。所以单是远离众生还不够，单是迁移地方也不够，我们得要把我们里面的凡俗习性涤除，得要杜门隐居，恢复自主。

> 你说："我已经打破我的桎梏！"
>
> 不错！试看那亡命的狗，
>
> 即使它咬断了铁链
>
> 圈儿可不是还挂在颈后！（佩尔西乌斯 Perse）

我们把自己的桎梏带走，这并非绝对的自由，我们依旧回顾我们留在后面的东西，我们的脑袋还给充塞着。

> 除非心灵澄净，什么险都不要去冒，
>
> 什么冲突也不在我们胸中乱捣，
>
> 什么焦急和恐怖也不把我们煎熬，
>
> 还有奢侈、淫佚、恼怒和骄傲，
>
> 和那懒惰、贪婪、卑鄙与无行，
>
> 将怎样地把我们践踏蹂躏！（卢克莱修）

我们的病植根在灵魂里，而灵魂又避不开自己，

> 病在灵魂里，她怎能逃避？（贺拉斯）

所以我们得要把灵魂带回来，隐居在自己里面，这是真隐逸。就在城市和宫廷里也可以享受，不过离开则更如意。

现在，我们既然要过隐逸的生活，并且要息交绝游，让我们使我们的满足全靠自己吧，让我们割断一切维系于别人的羁绊吧，让我们克服自己

以至于能够真正独自儿活着,而且快乐地活着吧。

斯提尔庞(Stilpon)从他的被烧的城里逃出来,妻子、财产全丢了。德米特里一世(Demetrios I^er)看见他站在故乡的废墟中,脸上毫不变色,问他有没有损失,答道:没有,多谢上帝,他并没有丢掉他自己什么东西。这正是哲学者安提斯泰尼的意思,当他诙谐地说:"人应该带些可以浮在水面的粮食,以便沉船的时候可以藉游泳来自救。"

真的,一个明哲的人决不会失掉什么,如果他还有自己。当诺拉城给野蛮人毁坏之后,当地的主教保林(Paulin)丧失了一切而且身为俘虏,这样祈祷上帝:"主呵,别使我感到有所损失,因为你知道他们并没有触着我什么。"那令他富有的财富,那令他善良的产业还丝毫无损。这就是所谓善于选择那些可以免除灾劫的宝物,把它们藏在无人可到,而且除了自己,无人能泄漏的地方了。

如果可能,我们应该有妻子、财产,尤其是康健。可是别要粘着得那么厉害,以致我们的幸福倚靠它们。我们得要保留一所"后栈",整个属于自己的,整个自由的,在那里,我们建立自己的真正自由,更主要的是建立自己的退隐与孤寂。在里面,我们日常的晤谈和自己进行,而且那么秘密,简直没有和外界往来或接触的东西可以插足。在里面,我谈笑一若妻子、产业和仆从都一无所有。这样,当我们一旦丧失它们的时候,不能倚靠它们于我们就不新奇了。我们有一颗可进可退的灵魂,可以自我作伴,并且拥有能攻能守、能予能取的器械,不必担心在这隐逸里会沦于那无聊的闲散,

**你要在孤寂里自成一世界。(提布卢斯)**

"德行,"安提斯泰尼说,"自足于己:无规律,无语言,无效果。"

我们日常的举动,千中无一与我们相干的。你眼前那个人,爬着颓垣,狂怒而且失了自主,冒着如雨的枪弹的。还有另一个,满身疤痕,饿到打寒噤而且面色灰白了,誓死也不愿给他开门。你以为他们是为自己么?也许为了一个他们从未见面的人,而且是对于他们的命运漠不关心,同时

还沉溺于荒淫与佚乐里的人。还有这一个，肮脏、眼泪鼻涕淋漓，你看见他半夜从书房出来，你以为他在书里找那怎样使他更良善、更快乐、更贤智的方法么？绝不是。他将死在那上面，不然就教后代怎样读普劳图斯（Plaute）的一句诗或一个拉丁字的正确写法。谁不甘心情愿把健康、安宁和生命去换取光荣和声誉，这种种最无用、最空虚和最虚伪的货币呢？我们自己的死还不够使我们害怕，我们还要负担妻子、奴仆的死。我们自己的事还不够烦扰自己，还要为邻居和朋友的事呕心绞脑。

**嗐！一个人怎么竟会溺爱他人和外物**

**比自己还要亲切、殷勤？（泰伦提乌斯 Térence）**

依照泰勒斯的榜样，我觉得隐逸对于那些已经把他们生命的最活泼、最强壮的时期献给世界的人更适宜、更合理。

我们已经为别人活够了，让我们为自己活着吧，至少在这短促的余生。让我们把我们的思想和意向带回给我们和我们的安逸吧，要妥当布置我们的隐逸并不是小事，用不着掺杂别的事，我们也已经够忙了。既然上帝给我们工夫去布置我们的迁徙，让我们好好地准备吧：收拾行李，及时与社会告辞，打破种种强把我们牵扯到别处、远离自己的羁绊。我们得要解除这些强有力的束缚，从今天起，我们可以爱这个或那个，可是只和自己缔结永久的姻缘。就是说，其余的东西都可以属于我们，但是并不紧紧联结或粘附在我们身上，不至于拿开的时候，得剥去我们的皮肤，连带撕去身上的一块肉。世界上最大的事就是知道怎样属于自己。

这正是我们和社会断绝关系的时候，既然我们再不能对它有什么贡献。虽然不能借出，至少也得设法不要借人。我们的力量渐渐减退了。让我们把它们撤回，完全集中在自己身上吧。谁能够把友谊和社交的角色颠倒过来，用于自己，就该去做。在这衰退景况里，他对于别人变为无用、累赘和打扰，让他至少不要对自己也是累赘、打扰和无用。让他自我宽待、抚爱，尤其是约束自己：敬畏自己的理智和良心到这样程度，以求不能在它们面前走差一步而不觉得羞耻。"因为能够自重的人的确很少

见。"(昆提利安 Quintilian)

苏格拉底说年轻的人应该受教育,成年人努力善行,年老的卸去一切军民职务,起居从心所欲,不必受什么任务的约束。

有些人的天性比较其他人更宜于遵守这些隐逸的戒条的。比方有些人理解力薄弱,情感和意志敏锐,而且不愿意服役或承担任务,我就是其中的一个。比起那些活泼忙碌的心灵,事事包揽,处处参预,凡事都兴奋,随时都自荐和自告奋勇的人,他们由天生的倾向与思考更容易听信这忠告。我们应该利用这些身外的偶尔机缘,适可为止,而不必把它们当作自己的命脉。它们原不是这样,无论理性和天性都不愿意这样。

我们为什么逆理性和天性的法则,把我们的快乐当作权力者的奴隶呢?还有为了预防命运之不测,剥夺我们手头上的便利(如有些人由宗教的热忱和有些哲学家受理性的驱使而如此),奴役自己,睡硬地面,挖掉自己的双眼,抛财富于海里,自寻痛苦(或想由此生的苦难获得他生的欢乐,或想把自己放在最下层以免再摔下去),这些都是非凡的美意的行为,让那些更坚定更倔强的天性,连他们隐居的窠穴也弄得显赫而可以树为模范吧。

> 当我贫困无聊,
>
> 啊!我多乐意过那俭朴寒微的生活:
>
> 什么富贵荣华都不能把我诱惑!
>
> 可是当命运带着昌盛来临照,
>
> 我将声言世上唯一的福乐明哲
>
> 是购置田地和成家立业。(贺拉斯)

用不着走那么远,我已经觉得够难了。我只求,在命运的恩宠之下,准备看它翻脸,而且在我舒适的时候,依照我想象之所及去摹拟那未来的恶运,正如我们在太平时候用竞技和比武来摹拟战争一样。

我并不因为哲学家阿克西洛斯(Arcesilaus)按照他的家境使用金银的器皿就把他看得没有那么贤德,我并且把他看得更高,因为他慷慨而且得当地使用它们,远胜于完全摒弃它们。

我知道我们自然的需要伸缩到什么程度。当我看见门外的叫化子往往比我更快活更健全,我便设想自己在他的地位,试依照他的尺度去装扮我的灵魂。这样浏览过其他种种榜样之后,当我想象死亡、贫穷、轻蔑和疾病已经近在眉睫时,我毫不费力地说服自己,不要害怕那连一个比我卑贱的人也那么安闲地接受的东西。我绝不相信一个低下的理解力比那高强的更能干,或理性不能达到习惯同样的效果。而且既知道这些外来的福泽是多么无常,我总禁不住,在最洋洋得意的时候,对上帝作这无上的祷告,求他使我为自己快乐,为自己的善行快乐。我见许多青年虽然非常壮健,却仍藏了一大堆药丸在他们的衣箱里,以便伤风时服用,因为既知道有医药在手,便不会那么害怕生病。我们也应该这样做,而且,假如自己觉得容易患某种更严重的病症,就应该带些可以使患处麻醉和使自己沉睡的药品。

我们为安逸所应该选择的事业,必定是既不辛苦又不厌闷的,否则隐居的目的就完全落空了。这全视乎各人的特殊兴趣:我自己的兴趣就丝毫不宜于农作。那些爱好农事的应该和缓从事。

> 要使财产为我奴,
>
> 毋使我为财产奴。(贺拉斯)

要不然,耕种是一种奴隶的工作,依照撒路斯提乌斯的称呼。有些部分则是比较可人的,譬如园艺,据色诺芬(Xénophon)说,那是居鲁士二世平生最爱好的。我们并且可以在这里找到一种折衷,一边是那些埋首其中的人身上常见的卑贱、紧张和终日的操劳,另一边是其他人身上的放任一切的深度而极端的懒散。

> 德谟克利特的灵魂远游于云天,
>
> 一任羊群恣意嚼食他的麦田。(贺拉斯)

可是我们试听那小普林尼(Pline le Jeune)给他的朋友哥尼奴士·鲁夫(Cornelius Rufus)关于隐逸的劝告:"我劝你,在你目前享受的丰满的隐逸生活当中,把那料理产业的卑贱工作完全交给仆人,自己专心致志去研究文艺,以便从那里取得属于你的东西。"他的意思是指名誉。他和西塞罗一个鼻孔出气,当西塞罗说,他要卸去一切公务归隐,以便由著作得永生:

> 你的学问难道就等于零,
>
> 如果藏起来没有人知?(佩尔西乌斯)

既然说要遗世隐逸,似乎应该瞩目于世外才合理。这些人只走了一半路。他们小心安排他们的事务,以备将来辞世的时候。但是由于一种可笑的矛盾,他们安排的成果,却希望在已经遗弃的世界里来收采。有些人由宗教的虔诚求隐逸,确信圣灵的期许将在来生应验的人,他们的想象合理得多了。他们把上帝放在眼前,当作一个慈爱与权能都是无限的对象,在那里灵魂可以任意满足他的欲望。痛苦与悲愁之来临是一种利益,藉此可以获得永久的健康与欢乐。死亡是一件切盼的事,是超度到这美满的境界的过程。他们戒条的苛刻马上就给习惯削平,性欲也为了自禁而冷淡、蛰伏,因为只有运用和练习才能保持它的活跃。单是这未来的福乐永生的展望便值得我们抛弃现世一切安逸与甘美了。谁能够确切而且有恒地用这强烈的信仰与希望的火焰燃烧他的灵魂,他就会在隐逸里度过美妙而且愉快的一生,超越其他一切生命的方式。

所以小普林尼这忠告的目的与方法都不能使我满意,这不过是永远由疟疾转为发烧罢了。书籍生涯也和别的一样辛苦,一样是我们健康的大仇敌,而健康却是我们应该最先顾及的。我们应当留神不要给里面的快乐所迷倒,拖累那些经济家、贪夫、色鬼和野心家的就是这同一的快乐。许多哲人已经一再教诲我们提防嗜欲的险恶,和辨认那真正纯粹的快乐与那些混着许多痛苦的斑斓的快乐。他们说,因为我们大部分的快乐偎贴和拥抱我们只是为绞死我们,和那些埃及人称为菲力达(Philidas)的强盗无异。如果我们头疼在醉酒之前,我们就会留心不乱喝。可是为了欺骗我们,愉快往往走在前头,把跟着它来的掩住了。

书籍是可爱的伴侣,但是如果接触它们使我们丧失快乐与康健,我们最宝贵的财产,那就离开它们吧。许多人以为它们的果子难以抵偿这个损失,我也是这样想。正如那久病的人身体日就衰残,完全听任医生摆布,须要遵守一些规定的起居规律,同样,遗世的人,既然厌倦了一般人的生活,就得依照理性的法则去策划,深思熟虑去安排他的隐逸。他要辞退各种工作,无论它戴着什么面具,逃避一切可以妨碍身心安宁的情感,以及选择那最合他脾气的路径。

> 各人选择最适宜的路吧。(普罗佩提乌斯)

我们应该读书、畋猎,以及从事种种的活动,以榨取最后一滴快乐。可是得留神不要再前进,从那里起快乐将渐渐变成痛苦。我们应该保留相当的事业与工作,可是又要适量,足够我们活动,以免流入极端的懒惰与闲散的恶果。

有些学问乏味而多刺,大部分为大众而设,我们应该让给那些献身于大众的人。至于我,我所爱的书要不是容易、富于兴趣和惬意的,便是些可以慰藉我和指导我去调理我的生死:

> 独自逍遥在静谧的林里
>
> 追怀着贤人哲士的幽思。(贺拉斯)

比较明哲的人可以为自己创造一种纯粹精神的宁静,因为他们有强劲的灵魂。至于我,有着一颗平凡的灵魂,就得求助于肉体上的舒适。年龄既剥夺了那些比较合我脾胃的愉乐,我便训练和磨锐胃口去消受那剩下来较适合这晚景的愉乐。我们得要爪牙并用,抓住那些年光从我们手里一一夺去的生命的愉乐:

> 及时采撷生命的甜蜜;明天呀,
>
> 你将是一堆灰、一个影、几句谰言。(佩尔西乌斯)

至于把光荣作为我们的目标,如小普林尼和西塞罗给我们的献议,却距离我的计划很远。与隐逸最相反的脾气,就是野心。光荣和安静是两

件不能同睡一床的东西。据我的观察,小普林尼和西塞罗两个人只有臂和腿离开群众,灵魂和意向却比什么时候都更粘着在里面:

> 龙钟的老朽,
>
> 你活着是为取悦人家的耳么?(佩尔西乌斯)

他们往后退只为跳得更远,为要用更猛的力投入人丛里。你们愿意知道他们怎样差之毫厘么?试把两个派别极不相同的哲学家的劝告和他们对比,两个劝告都是写给他们的好友的。一个(伊壁鸠鲁)给衣多明纳(Idoménée),另一个(塞内卡)给卢齐利乌斯(Lucilius)为了劝他们放弃要职与高位,去过隐逸的生活。他们说:你一直到现在都是浮游着,现在来港口死吧。你已经把前半生献给光明了,把这剩下的一半献给阴影吧。如果你不放弃它们的果,想放弃你的事业是不可能的,因此,撇开一切光荣与名誉的操心吧。恐怕你过去的功业照耀你得太厉害,会追随你到墓穴里。把那由别人的赞赏得来的愉快,和其他愉快一起抛弃吧。全于你的学问与才能,别为它们挂虑,只要你值得比它们多,它们是不会失掉其效力的。记住那个当人家问他为什么费许多心血在一种只有几个人可以了解的艺术上,答道:"几个于我已经够了,一个也够,不,比一个还要少也够了。"他说的真对。你和一个同伴,甚或你和你自己,便够表演一台戏了。让群众于你等于一个人,让一个人于你就是整个群众。想从暇豫和隐逸取得荣名实在是极可哀的野心。我们应该像野兽一样,在它们的穴口把爪印抹掉。你所应当关心的,不是社会怎样说你,而是你怎样对自己说。归隐在你的自身里,可是先要准备好在那里迎接你自己。如果你不能自我支配便信赖自己,那是疯狂的举动。独处和群居都有失足的机会。除非你已经变成了一个不敢在自己面前轻举妄动的人,除非你对自己既羞惭又尊重——"让高尚的思想充满你的心灵"(西塞罗)——你得常常在心里记住大加图、福基安(Phocion)和阿里斯泰德(Aristides),在他们面前连疯子也要藏起他们的过错的。你要把他们当作你一些思欲的管理人。假如你的思欲逸出了常轨,你对这些人的尊敬就会引它们归正。他们会扶助你走那自足的路,使你无论什么都只向自己借取,使你的心灵归宿在那些有涯际的思想上,在那上面心灵可以自娱。于是,既然认识了真正的幸福——愈认识也愈能享受——之后,使你只有它们便心满意足,不再希望延长你的生命和名誉。

这是真正而且自然的哲学的忠告,而不是小普林尼和西塞罗两人那种炫耀和空言的哲学。

原著第一卷第三十九章

# 20　论教育

　　我小时候常常生气,看见意大利的喜剧老是把学究或教师作为笑柄,而"夫子"这称呼在我们当中也不见得被看重得很多。因为既然被交托给他们指导,我怎能不爱惜他们的荣誉呢? 我曾试为解释,以为这完全由于一般俗人和那少数见识超卓的学者之间的自然分界,因为他们的步调完全相反。但是"我可忘掉我的拉丁文"①了,当我发觉那最看不起他们的,就是那些最贤智的人,试看我们的好杜贝莱:

　　　　我特别憎恶学究们的学问。

　　而这习惯自古已然,因为蒲鲁达尔克告诉我们,在罗马人当中,"希腊人"与"学者"同是诟骂和蔑视的名词。

　　自从我年事渐长,我觉得这样做非常合理,而"最大的僧侣并不是最贤智的"②。但是为什么一颗学识那么丰富的灵魂竟会不变得更活跃更清醒,而一个粗鄙的心灵居然能够容纳世界上最优越的心灵的言论和意见而毫不见改进呢? 我至今还疑惑。

　　既然接受了这许多外来的那么强又那么伟大的头脑(一位闺秀,我们第一个公主,谈及某人的时候,这样对我说),他自己的就不能不收缩和折叠起来,以让位给别人。

　　我很愿意这样说,正如草木因太潮湿而闷憋,灯儿因油上得太满而窒

————————

①　**忘掉我的拉丁文**　即"莫明其妙"的意思。——译者原注
②　**"最大的僧侣并不是最贤智的"**　中世纪的格言。——译者原注

塞:心灵的活动也胶滞于过多的知识与钻研,因为既受这许多繁杂的事物所占据和羁绊,必定失掉自由行动的能力,而这些事物的重量也必定使它弯曲和伛偻起来。但事实并不如此,因为我们的灵魂接受越多也会越加扩大。由古代的榜样我们可以见到,许多善于处置公务的人和许多伟大的将军和宰相同时也是极渊博的学问家。

至于那些远避一切公共职务的哲学家,他们诚然有时也为同时代的孟浪的喜剧家所轻视,既然他们的生活方式和意见都使他们显得可笑。你请他判断一件案情的曲直或一个人的行为吗? 他们随时都愿意! 并且还要问:有没有生命,有没有运动,人是否和牛一样,行动及受苦是什么,法律和裁判是怎样一类的生物? 他们说及官长或跟官长说话吗? 会带着一种不恭敬和无礼貌的自由? 他们听见人家赞美他们的王子或国王吗? 对于他们这只是一个牧人,跟牧人一样地懒惰,只知道榨奶和剪毛,但比牧人还来得粗暴。你把一个人看得更伟大,因为他拥有二千亩田地吗? 他们会不放在眼内,因为他们已经习惯了把全世界看作他们的产业。你夸耀你的显贵,因为你可以数到六代的富贵的祖宗吗? 他们会看不起你,因为你不能体会万物一体,以及我们每人都有同样多的祖宗:贫、富、王公、侍役、希腊人和野蛮人。即使你是海格力斯(Hercules)的五十世孙,他们也觉得你这么看重这命运的赋予是多事。因此那些鄙俗的人轻蔑他们为不懂世俗和傲慢不恭。

但是柏拉图这幅肖像和我们的学究相差得太远了。前者是被人艳羡为超出俗流,轻视公共的活动,树立一种特殊的不可学步的生命,给确定的崇高卓越的理想驾驭着的。后者却被蔑视为在俗流之下,不能胜任公共的职务,及不上俗人,拽着卑鄙的生命和习惯:

> 这样的人多讨厌,
>
> 行为卑鄙,却满口格言! (帕库维乌斯)

至于那些哲学家呢,我说,无论在学问上多么伟大,在各种行为上更要伟大。正如锡拉库萨的几何学家①，为了捍卫国土不得不放下他的沉思去使用一部分心得，马上造出一些骇人的武器。它们的效果超出一切人类的想象，他自己却丝毫看不起这些制造品，反而觉得贬抑了他的学术尊严，因为那些制品不过是这学术的皮毛与玩具而已！同样，当他们间或被驱使去作行动的考验，我们看见他们用这么崇高的翅膀飞腾起来，似乎他们的灵魂和心都被那对于事物的了解很奇妙地扩大和润泽。

但其中有些人，看见政治的地位被一些庸碌的人占据着，便归隐在他们自己里面。一个人问克拉特斯(Cratès)要研究哲学多少时候，得到这样的答复："直到我们的军队不是被一些驴夫领导时为止。"赫拉克利特(Héraclite)禅位给他的兄弟，回答那责备他浪费光阴去和一些小童在庙门口游戏的爱菲斯人道："这不比与你为伍去掌握枢要事务好吗？"

别的人呢，他们的思想既超出了一切世间的命运，觉得法官的位置甚至王座都是卑贱可鄙的。恩培多克勒(Empedoclès)拒绝阿格利根图(Agrigente)的人民献给他王位。泰勒斯不时痛责人们备尝辛苦去致富，有人反驳他说这是狐狸的行径②，因为他自己在这方面未能成功。他忽然去尝试作为消遣，于是暂时贬抑自己的学问去求财求富。他建立一盘生意，在一年内获得那么多的赢利，就是那些最富于商业经验的人毕生也很难做到。

虽然亚里士多德曾经说过，有些人称泰勒斯、阿那克萨哥拉(Anaxagoras)和他们的侪辈为贤智而不谨慎，因为他们不肯治理那比较有用的东西。除了我不能完全消化这两个字词的分别③以外，这并不能恕宥我的学究朋友们。眼见他们受困于一个这么卑微和拮据的景况，我们还不如说他们既不贤智也不谨慎。

我放弃这第一个理由，宁可说那坏处由于他们误解了学问。而且，看

---

① **几何学家**　阿基米德(Archimèdes，约前 287—前 212)。——译者原注

② **狐狸的行径**　用了伊索寓言"狐狸与葡萄"的典故。——译者原注

③ **两个字词的分别**　法文贤智(sage)和谨慎(prudence)分别来自拉丁文 sapientia 和 prudentia，均有"智慧"含义。

我们被教授的方法,无怪乎学生和教师们并不变得更聪明,虽然他们更博学。真的,我们的家长为我们的教育所花费的金钱和心血,除了用知识来装满我们的头脑,并没有别的目的,关于判断力和德性,一字都不提! 试在百姓中喊一个过路人:"啊,多么博学的人!"又喊着另一个人:"啊,多么良善的人!"人们一定把视线和尊敬转向第一个人。得要有第三者喊道:"啊,这些蠢材!"我们惯于询问:"他懂希腊文或拉丁文吗? 他写诗或散文吗?"但他是否变得更贤慧,这才是主要的东西,却没有人问及。我们应该询问谁知得最好,而不是谁知得最多。

我们只孜孜不倦地去充塞自己的记性,任我们的理解力和良心空虚。正如有些鸟间或飞去寻觅谷物,未尝过便用嘴带回来喂哺小鸟,同样,我们的学究们到书里去拾取知识,把它带在唇端,只为要吐出来使散布于风中。

我自己就是这愚行一个多么奇妙和合适的例证。在这部著述的大部分里,我可不是做着这样的事么? 我跑到书里去,这里嗅嗅,那里嗅嗅,寻觅那些中我意的句子,并非为要把它们藏起来,因为我没有贮藏室,而是把它们移植到这本书来。在这里面,老实说吧,它们并不比在从前的地方更属于我自己。我相信我们只能够知道现在发生的事,至于那过去的,我们并不知得比未来的多。

但是最坏的,就是他们的学生和孩子也并不由这知识哺养,只是从一手转过另一手,唯一的目的就是卖弄给人看,对人高谈阔论,和把它编成故事。像一个赝币在商业上毫无价值,只能用来计算和投掷一样。

> 他们只学来和别人议论,
> 并不是要和自己谈心。(西塞罗)

> 问题并不在说话,
> 而在于怎样驭驾。(塞内卡)

大自然为要表示她行事没有丝毫粗野,常常在那些文化比较落后的国家产生一些心灵的产物，可以和那些最艺术的物品比美。这句出自一支笛歌的加斯科尼(Gascogne)地方的格言和这个问题是多么巧合："我们尽可以吹了又吹，但当我们要运用手指的时候，又怎样呢？"

我们懂得说："这是西塞罗说的，这是柏拉图的伦理学，这些就是亚里士多德的原话。"但我们自己说什么呢？我们判断什么呢？我们干什么呢？一个鹦鹉也可以这样夸耀。

这样看待知识的方式，令我想起那罗马的富翁。他聘请了每种学问的专家，要他们常在左右，为的是当他在朋友中偶然谈起这事或那事，这些学者可以替代他，随时依照他们的特长供给他或一篇文章，或一句荷马诗歌，等等，以为这就是他自己的学问，因为那是藏在他所雇用的人的脑里。那些把能力藏在辉煌书室里的人正是一样。

我认识一个人，当我问他知道什么的时候，他问我要一本书来指给我看。并且不敢对我说他的臀部发痒，如果他不马上从字典里找着什么是"发痒"，什么是"臀部"。

我们拿别人的学问和见解来保存，便算完事了。我们必须把它们变为自己的。准确地说，我们像一个需要火的人到邻家去取火，但在那里看见一堆熊熊的火焰，便留下来取暖，忘记了带回家去。即使我们肚子塞满了肉，如果不能把它消化，如果不能把它变成我们的东西，如果它不能增长我们的发育和力量，于我们有什么益处呢？难道我们以为那没有经验，完全由读书而变成一个伟大的军人的卢库鲁斯(Lucullus)，和我们取同样的学习方式吗？

我们那么沉重地靠在别人手臂上，以致自己的力量消失了。我要鼓起勇气去抵抗死的畏惧吗？我向塞内卡取来。我要为自己或别人找慰藉吗？我从西塞罗假借得来。我本来可以在自己里面取得，如果我从前被这样训练过。我真不喜欢这种倚赖和乞丐式的才能。

虽然我们可以由别人的学问而变成博学，无论如何要由自己的智慧才终能成为明哲。

我憎恶这样的哲人：

　　他为自己计，从不见高明。（欧里庇得斯 Euripides）

　　所以恩尼乌斯说："哲人的智慧是徒然的，如果他自己不能利用。"（西塞罗）

　　如果他又贪婪又狂妄，

　　柔懦得像欧干纳平原的绵羊。（尤维纳利斯）

　　因为智慧并不是单为你去求取，还得要你实行。（西塞罗）

　　狄奥尼修斯嘲笑那些文法学家只知道研究尤利西斯（Ulysses）的痛苦，却丝毫不知道自己的痛苦。音乐家只知道调协他们的箫，却不知调协他们的德行。演说家研究正义专为谈论，而不是为实行。

　　如果我们灵魂的步履不比较安详，如果我们的判断力不更健全，我宁愿我的学生把工夫用在打网球上，至少他的身体会比较灵活些。试看他钻研了十五、六年回来，再没有比他更不宜于任事的。你发觉他唯一的长进，就是他的希腊文和拉丁文使他变得比较离家的时候更骄矜，更傲慢了。他应该带一颗丰盈的灵魂回来，却只带回一颗膨胀的灵魂，并非把它扩大，只是把它吹胀。

　　这些教师，正如柏拉图关于诡辩家和他们的堂兄弟所说的，是人们中自许为最有益于人类的人，而在一切人中，只有他们不独不把人家交托给他们的东西改善、提高，如木匠和瓦匠做艺那样，反而给弄坏了，并且还要人酬报他们的毁坏。

　　如果我们要履行普罗塔哥拉斯（Protagoras）对学生提出的这条规矩：他们要不是照他所要求交学费，便要到庙里去宣誓从他的教授获得了多少的进益，根据这来酬谢他的辛劳——那么我的教师就要糟糕了，如果他们按我的经验所作的宣誓收取的话。

　　我的佩里戈尔方言（périgourdin）很诙谐地称这些自作聪敏的人为"lettre ferits"，依照你们的说法是"lettre férus"（文殛），就是说，"这是些被文字用斧头劈了一下的人"。真的，他们大多数连常识也够不上。因为你们看见农夫和鞋匠简单而且自然地赶他们的路，只谈到他们所知道的东西。这些人呢,为了那浮在他们脑海表面的知识而高视阔步,不断地颠踬和绊倒自己。他们脱口漏出一些至理名言,但须要等别人把它们实行。他们的确认识迦里安(Galien),但丝毫不懂得病人;他们已经把你的头塞满了法律,可是连案情的关键在哪里也不知道;他们知道一切事物的原理,但要找一个人来把它实施。

　　我曾经看见一个朋友在我家里和一个这样的人辩论,他戏造一些无意识的术语,东补西缀,毫无伦次,除了在里面插入一些适合争辩的字眼,就这样逗引那蠢汉辩论了一整天,而那个人一直以为在答复人家对他的抗议,他可是一个有名望的文人,穿着一件漂亮的长袍。

　　　　伟大的贵人,你不愿看

　　　　那在你后面发生的事,

　　　　当心那掷在你背上的嘲讽!(佩尔西乌斯)

　　无论谁逼近去观察这些长篇大论的人,就会同意我说他们既不了解他人也不了解自己,而且,虽然他们的记性颇充实,他们的判断力却完全空虚,除非他们的禀赋把它造成另一个样。譬如我在图纳布(Adrien Turnèbe)身上所见到的,他唯一的职业就是笔墨生活(据我的私见,他是这职业中一千年来最伟大的人物),可是他丝毫没有冬烘的气味,除了他的长袍和一些对于朝臣不能算文雅的外貌,但这是无足轻重的。(我讨厌有些人容忍不端整的灵魂易于不端整的衣冠,而且只依照礼貌、丰度和靴子来相人。)因为他的内里是世界上最修整的灵魂。我常常有意引他谈论那些离他的职业最远的事物,他看得那么清楚,体会得那么快捷,判断得那么中肯,你简直以为他除了主持军务和政事以外不曾做过别的职业。这是些优美而强健的天性:

　　　　由上帝温和的手,

　　　　用较优质的泥土塑就。(尤维纳利斯)

　　不为坏教育所沾染。然而教育的目的并不止于不教坏我们,还得要把我们教好。

我们有些最高法院,当它们选取新官吏的时候,只检验学识。另外一些则还要检验判断力,让他们去判决一些案件。我觉得后者的方法比较好,而且,虽然两种才能都是必需的,断乎不能缺少其一,但无论如何,判断力总比学识重要。前者可以不要后者,后者却不能没有前者。因为,正如这句希腊格言所说的:

> 没有心灵去挥使,
>
> 知识又有何用处?

愿上帝祝福我们的司法,使这些裁判官富于理解力和良心,不亚于学识!"我们受教育并非为学校,而是为人生。"(塞内卡)现在我们不独要把知识系在灵魂上,还得要融进去。不单要洒在上面,还得把它濡染。如果这知识不能改善心灵的不完美境况,还不如任其自然好得多。那是一把可以伤害它的主人的危险利剑,如果给一只不知道怎样使用的弱手所挥使,"因此还不如完全没有学到好"(西塞罗)。

或者这就是为什么我们和神学都不要求妇女有很大的学问,而布列塔尼公爵弗朗索瓦,约翰五世的儿子,人家向他为苏格兰的公主伊莎波(Isabeau)议亲,声明她所受的家教很简单,没有什么学问,他回答说宁愿这样,因为一个女人只要知道分辨她丈夫的衬衣和紧身衣便够博学了。

所以,我们的祖先不看重学问,这并没有什么稀奇,不像现在人们所大声疾呼的。而且就是今天,它们也不过是偶然存在于我们国王的重要内廷会议中而已。现在,只向我们提议通过法律、物理、教育学,甚至神学来达到丰富学问的目的,如果仍不能令学问得到信誉,你就无疑地会看见它在一个和从前一样卑贱的境况了。有什么损失呢,如果它既不教我们善思,又不教我们善行?"自从博学之士一天天多,善人却一天天少了"(塞内卡),对于那没有道德知识的人,一切知识都是有害的。

但我刚才所找的理由,说不定也可以在这上面找到:就是学问在法国的唯一目的是谋利,如果除开那些生来就是为荣耀的职务多于为谋利的职务的人,他们致力于学问的时间是那么短(对于书还没有读上劲,便从事一个和书籍毫无关系的职业),于是那专门研究学问的,一般就只剩下一班家境贫贱,要靠学问谋生的人了。而这些人的灵魂,由天性,由家庭教育,由榜样,既然都是极卑下的混合物,便生出一些知识谬误的果来。因为知识并不能把光赐给一个原来没有光的人的灵魂,或者令盲人可以看见。它的职务并非供给视觉,而是指导视觉,调节视觉的步伐,但要视觉自己有脚和健全敏捷的腿。

知识是良药,但没有哪种药能够不因那贮藏器皿的缺点而变质和腐化的。有些人视觉清楚,但不能直看,所以看见善而不能跟从,看见知识而不能使用。柏拉图在他的《共和国》(*La République*)里的主要法则便是,"公民的责任视他们的天性所定"。大自然可以做一切,而且也做了一切。跛者不宜于做肉体的运动,正如残废的灵魂不适于心灵的运动一样,虚伪和粗俗的灵魂是不配研究哲学的。当我们看见一个人穿破鞋,如果他是个鞋匠,我们说这并没有什么稀奇。同样,经验似乎常常让我们看到一个比旁人更不知卫生的医生,更不道德的神学家,更不通学问的学者。

阿里斯通(Ariston)从前说得很有道理:哲学家对于听众有害,因为大多数的灵魂都不适宜于从这样的教训获益,而这教训如果无益,就必定有害:"许多荡子出自阿里斯底波(Aristippe)的学派,许多暴徒出自芝诺(Zenon)的学派。"(西塞罗)

在色诺芬归诸波斯人的这所良好的学校里,我们发现他们教儿童以道德,正如别的国家教授文学一样。柏拉图说那承继王位的长子就是这样教育起来的。他出世后,人们不把他交给女人,而交给国王身边那最高权威的太监们,为了他们的德行。他们负责使他的身体健康和强壮,而且七岁后便教他骑猎,到十四岁时把他交托给国内四个最贤哲、最公正、最有节度,又最勇敢的人。第一个教他宗教,第二个教他真诚,第三个教他节欲,第四个教他大无畏。

这是值得深思的事:在利库尔戈斯(Lycurgue)的优越的政府组织大纲里(这大纲的确尽善尽美到一个反常的程度,虽然它把儿童教育看作政府的最重要责任),就是在关于文艺女神一部分也那么少提及学问:似乎这些高贵的少年,既然看轻道德以外的一切束缚,并不像我们一样,需要知识的教师,而只需要勇敢、谨慎和正义的教师。柏拉图在他的《法律》(Les Lois)一书里便仿效这榜样。教授方法便是问学生许多关于人类的判断力及行为的问题。如果学生贬责或赞美这人或这事,要说出论断的理由。这样,他们磨锐了机智,同时又学会了什么是善恶。在色诺芬的《居鲁士的教育》(La Cyropédie)一书里,亚士提亚格士(Astyages)要居鲁士二世叙述他的最后一课。"那就是,"他说,"在我们学校里,一个年纪大的学生把他那太小的外衣交给他一个较小的同伴,又把这后者较大的外衣拿走。我们的老师要我做这纠纷的裁判时,我判断这事应该保持现状,因为这样于两者都方便。于是他责备我裁判得不对,因为我只考虑到是否适合,而我首先却应该体察这事件的法律论证,那就是任何人不应该被别人勉强处置他的所有物。"他接着说他因此被鞭打,正如我们在村学里为了忘记某一个词①的"不定过去时"挨打一样。

我的学究得要先做一篇 *in genere demonstrativo*② 的雄辩演说词,才能说服我他的学校可以和这相比拟。波斯人要走捷径,既然各种学问,即使直接研究,也只能够教给我们智慧、诚实和决断力,他们要一开头就使儿童和那效果接触,不用听教,而用行为实验来教导他们。不仅用言语和训条,而尤其要用榜样和工作来活活泼泼地陶铸他们,以便他们的学问不单是藏在心里的知识,而是心灵的本质和习惯,不是得来的东西,而是自然的禀赋。有人问阿格西劳斯二世儿童应该学什么,他答道:"他们长大的时候应该做的事。"无怪这样的教育获得惊人的效果了。

据说他们常常到希腊别的城市去找寻修辞学家、画家、音乐家,却到斯巴达去找立法委员、司法官和将军。在雅典他们学习怎样说得好,在斯巴达学习怎样做得好。在雅典学怎样摆脱诡辩争论的羁绊,揭发那狡诈地交织的巧言的欺骗;在斯巴达学怎样解除逸乐的网,勇敢地摧折命运和

---

① **某一个词** 原文为希腊动词 τύπτω(打)。
② **in genere demonstrativo** 典礼宣德式(拉丁文)。

无常的恫吓。雅典从事于空言,斯巴达从事于实物。前者不断地操练口舌,后者不断地操练灵魂。无怪乎当安提巴特(Antipater)要求斯巴达人交出五十个儿童作为人质的时候,和我们正相反,他们回答说宁可拿两倍此数的成人来替代,他们把国家丧失教育事业看得这么严重! 如果阿格西劳斯二世要色诺芬送他的儿子到斯巴达去受教育,并非为学修辞学和辩证法,"而是,"他说,"学那最优良的科学,就是说,那服从和命令的科学。"

看看苏格拉底依照自己方式取笑门人希比亚士(Hippias),那真是非常有趣的。希比亚士对他叙述在西西里许多小城教书赚了不少的钱,在斯巴达却分文不获,又说那是些蠢汉,不知量度和计算,不注重文法和音节,只浪费时间去学习王位的承继、立国和败亡,以及许多同样无用的故事。苏格拉底等他说完后,一步步地使他承认斯巴达政府组织的优良,个人生活的幸福和道德,让希比亚士自己得出结论,他的学问是怎样无用。

无论是在这尚武的政府或其他类似的国家里,事实都教训我们,学术的研习与其说使我们的胆量坚强和勇武,毋宁说使它柔弱和女性化。现在全世界显得最强的国家要算土耳其了,当地人民被训练去轻文,正不亚于重武。我觉得罗马人在学术未昌明前更勇敢。我们今天最善战的也就是那些最粗鄙、最愚昧的国家。斯基泰(Scythes)、帕提亚(Parthes)和帖木儿(Tamerlan)便是最好的例证。当哥特人(Goths)蹂躏希腊的时候,那些图书馆所以得免于火灾者,完全因为其中一个哥特人散播这意见:应该把这类足以引诱他们不务军事,而以一些次要的闲业为戏的家当留给他们的敌人。当我们查理八世(Charles VIII)剑不出鞘而入主那不勒斯及意大利大部分国土,扈从他的诸侯们都把这意外的胜利归功于意大利的王侯平日不尚勇武,不习兵事,而只乐于研究学术,以求精博。

原著第一卷第二十五章

# 21　论凭人们的见识来评定真假之狂妄

　　我们把轻信和容易被人说服诿诸愚昧和头脑简单，或者不是没有理由的。因为我从前似乎听说过，所谓信，就是一种印在我们灵魂上的标记，灵魂越软弱越少抵抗力，接受外来的印象也越容易。"正如天秤盘承受了重量必定下坠，我们的心灵也让步给明显的证据。"（西塞罗）灵魂越空虚越缺少平衡力，越容易受了第一次劝导的重量便坠下来。这就是为什么小孩、民众、妇女和病人的耳朵最软，最易被人播弄了。但是，在另一方面，贸贸然把那些我们觉得未必然的事物轻蔑和判定为虚假，也是一个愚蠢的傲慢。这是一般自以为比常人高明的人的普通毛病。

　　我从前就是这样：一听到人家谈起回魂、预兆、魔术、巫觋，或一些我无法相信的故事，

　　　　梦幻、符咒、奇迹、魔法，

　　夜游的鬼和铁沙腊的恫吓。（贺拉斯）

便马上悲悯那些为妖言所迷惑的人。现在呢，我觉得自己至少也和他们一样可悲悯，并不是经验后来曾经给我看见什么超越我最初的信念的东西，也不是我缺少好奇心。但理性启迪我，这样武断地判定一件事为虚假和不可能，就等于想象我们有权去知道上帝的意志和我们大自然母亲力量的界限。而世界上再没有比用见识和能力的法则来绳度这些事物更昭彰的狂妄了。如果我们把"怪诞"和"奇迹"一类的名词加在那些超越我们理性的事物上，那该会有多少这类事物不断地显现在我们眼前！试想一

下,经过了多少的云雾和怎样的摸索,我们才被引导到现有的大部分事物的知识上来。当然,我们会发觉,与其说是知识去掉它们的奇怪的面目,毋宁说是习以为常:

> 我们厌倦了的眼睛,
>
> 不再惊美天上光明的殿宇。(卢克莱修)

我们还会发觉,如果这些事物第一次呈现,我们将觉得它们和别的事物一样不可思议,甚或更加不可思议,

> 如果它们今天方莅止,
>
> 如果它们的存在骤然
>
> 在凡夫们的眼前显现,
>
> 我们将觉得没有什么更神奇,
>
> 或有什么更不合常理。(卢克莱修)

一个从未看见过河流的人,初次遇到一条河,可能以为是大海。我们所认识的最大的东西,我们便断定它是大自然在这方面所能做到的极端:

> 一条河无论怎样小,对于那
>
> 未见过更大的河的人便显得大;
>
> 人和树也一样;每件东西
>
> 如果凡夫看见它出类拔萃,
>
> 便想象它是浩荡无比。(卢克莱修)

> 眼睛看惯了,心灵也习以为常。我们不赞美常见的东西,也不去寻求究竟。(西塞罗)

鼓励我们去寻根究底的,与其说是事物的伟大,毋宁说是它们的新奇。

我们评判事物,必须带着对于大自然的无边法力的更大虔敬,以及更深切承认自己的愚昧和弱点。多少可能性极少的事物,为一些忠厚可靠的人所证实,即使我们仍不信服,至少也得把它们当作悬案。因为,断定它们不可能,便等于带着卤莽的臆断去自命知道可能性的界限。如果我

们认清不可能和不寻常的差异,认清反自然普通秩序和反常人一般意见的差异,不卤莽地相信,不轻易不信,我们便遵守了开隆(Chilon)这句格言:"没有什么是过分的。"

我们在法华沙尔(Froissart)的《纪年》(Annales)里,读到佛华(Foix)伯爵身在比安,却第二天便知道卡斯蒂利亚的约翰一世(Jean Iᵉʳ de Castille)在阿胡巴罗达城之败①,还有他自述得到这消息的方法,我们可以嘲笑他。另一件事,我们的《纪年》说,洪诺留三世(Honorius III)教皇在腓力二世王(Philip II)死于芒特那一天,公开举行他的殡礼,并命令全意大利同时举行,我们同样可以嘲笑他。因为这些证人的权威或许不足以说服我们。但怎么!普鲁塔克除了他所引用的几个古代的榜样以外,告诉我们他很确凿知道在图密善(Domitien)时代,安东尼(Antonius)在那距数日路程的德国战败的消息,当天便在罗马公布并传播于全世界。恺撒声称消息常常早于事实,难道我们会说这些人像俗人一般受骗,因为他们没有我们那么明察么?还有,如果老普林尼运用他的判断力,还有比他更清楚、更锋锐、更明察秋毫的么?还有比他距离虚荣心更远的么?且别提他的过人学识,我并不看重这个,在上述两方面,我们有什么比他强的呢?然而没有一个小学生,无论怎样年轻,不可以指证他的荒诞,或在自然进展史上教训他的。

当我们在布谢(Jean Bouchet)的书里读到那关于圣希拉尔(Saint Hilaire)圣骨的种种奇迹,随它去吧,因为作者的名望并不足以阻止我们不信他。但是把那些相类的故事全盘否认,我就觉得未免太卤莽了。那伟大的圣奥古斯丁证实他亲眼看见一个瞎了眼的小孩,在米兰的圣热尔维(Saint Gervais)和圣普鲁太士(Saint Protais)的圣骨上恢复了他的视觉。在迦太基,一个患毒瘤的女人受了一个新受洗礼的女人画了一个十字而得痊愈。圣奥古斯丁的知交赫士柏里乌士(Hesperius)用了我们主耶

---

① **阿胡巴罗达城之败**  战役发生在葡萄牙,佛华伯爵身处法国,消息在公布十天后得到证实。

稣墓上一撮土把那骚扰他家的鬼赶跑,而这撮土后来被移到礼拜堂去,一个疯瘫的人马上给治好了。一个在进香队里的女人,用花球触着圣埃蒂安(Saint Étienne)的神龛,然后拿来擦她的眼,恢复那久失去的光明,以及许多他说亲眼所见的奇迹。我们将控告他和那两个请来作证的圣洁的主教奥勒里乌士(Aurelius)和马思米奴士(Maximinus)什么呢? 难道是愚昧、头脑简单、轻信、恶意或欺诈么? 我们今天有没有人冒昧到以为,无论在德性和虔敬上,或在学问、判断和见识上,可以和他们相比呢?"这些人,即使他们不陈述什么理由,单是他们的权威便足以说服我了。"(西塞罗)

轻视我们所不能拟想的事物,实在是一个极危险、影响极大的傲慢。且别提它所包含的可笑的冒昧,因为你既用你的优美的理解力来划定真假的界限之后,你发觉不得不相信那些比你所否认的事物更奇怪的东西,你已经逼自己去打破这些界限了。现在,在这宗教纠纷的时代,那把许多不宁带给我们良心的,我觉得就是那些天主教徒们对于信仰的局部放弃。当他们把争执中的一部分信条让步给敌人的时候,他们自以为和平及开明。但是,他们没有看到,开始让步和退后会给予进攻的人什么利益,以及对方将怎样受了这鼓励而步步进逼。除此之外,他们视为最无关大体的信条,有时竟极端重要。我们要不是完全皈依我们宗教制度的权威,便应该完全抛弃它,并非由我们决定那一部分我们应该服从。

不仅如此,我还可以根据我的经验来说。从前我曾经滥用过同样的自由来为自己挑选,忽略了我们宗教仪式里那似乎太奇怪或太无意义的某几点。当我偶然和一些学者谈及的时候,我发见这些事物实在有着一个确定和牢固的基础,只因为我们愚昧和孤陋才没有那么尊重罢了。我们为什么不记得,在我们的判断力里也有不少矛盾呢? 有多少事物昨天还是我们信仰的中心点,今天已经变成了无稽之谈了呢? 虚荣心和好奇心是我们灵魂的两条鞭子。后者驱赶我们把鼻子放在一切东西上面,前者禁止我们留下游移不决的东西。

原著第一卷第二十七章

# 22  我们怎样为同一事物哭笑

我们在历史上读到,安提干奴士(Antigonos Iᵉʳ)对他儿子生气,因为他儿子把敌人皮鲁士(Pyrrhus)王的头献给他,那是刚才和他作战被杀的,他一看见这头便呜呜地痛哭起来。洛林公爵勒奈(René II)也哀哭刚才被他打败的布艮尼公爵查理(Charles Le Téméraire)之死,并且为他的殡仪戴起孝来。在奥莱(Auray)之战,蒙弗尔(Jean de Monfort)伯爵战胜了和他争夺布列塔尼公国的布洛瓦(Charles de Blois)之后,那胜利者看见敌人的尸首竟禁不住悲伤起来,——我们用不着马上喊道:

> 就是这样,我们的灵魂用种种
>
> 不同的幕蒙住它秘密的冲动:
>
> 悲哀时显得快乐,快乐时悲哀。(彼特拉克)

当人把庞培的头献给恺撒的时候,历史书说他把脸扭过去,仿佛看见了一件丑恶不堪的东西一样。他们两者之间既然在政府事务有过一个这么长期的谅解与共事,又有过那么多的共同的患难与安乐,那么多的互助与同盟,我们决不要以为这表情完全是虚伪和造作,像另一位诗人所说的:

> 当他自知从此可以高枕无忧,
>
> 便任他的眼泪尽情畅流,
>
> 又从那充满了快乐的心,
>
> 迸出了一声呜咽与呻吟。(卢卡努斯)

因为,虽然我们大部分的行为的确只是粉饰和面具,并且

> 财产继承人的欢笑隐藏在眼泪里。(史路士)

这句话有时很对,我们在评判这些情节的时候,总不能不考虑到我们灵魂怎样常常给各种不同的情感所激荡。据说我们的身体里面藏着无数相反的情绪,其中那依照我们的禀赋最常占优势的为主宰。同样,我们灵魂虽然为各种冲动所震撼,其中必有一个常常主宰着这一境域。但是由于我们灵魂的柔顺善变,这统治占的优势并非绝对到那些柔弱的情感不会间或施行猛攻,而且暂时占优势。因此我们不独看见那些天真烂漫的顺着天性的小孩常常为了同一件事又哭又笑,就是我们当中,没有一个人敢夸口,无论他旅行的心情怎样殷切,在离别家人和朋友时不感到他的勇气多少有点摇动,即使没有真的哭出来,上马的时候总不免带着一副忧郁和沮丧的神气。还有,无论那燃烧着一个大家闺秀的心的火焰是怎么温和,人们总得硬把她从母亲的颈脖拉开,交给她的丈夫,任凭这位好伴侣怎么说:

> 新婚的妇人难道讨厌维纳斯?
> 还是她们想欺骗父母的欢心,
> 在洞房的前夕假装泪流沾襟?
> 不呀,我敢指着一切神明发誓,
> 这绝望,这眼泪,一切都是虚情!(卡图卢斯)

所以哀哭那我们并不想他生存的人的死没有什么希奇的。

当我骂仆人的时候,我使尽劲去骂他,我的咒骂是真实而非矫饰的。但当怒气过去之后,如果他需要我帮助,我很愿意帮他,我马上就翻开另一页了。当我称他为蠢材、为笨牛的时候,我并没有意思把这些衔头永远贴在他身上。当我一刻钟后称他为老实人的时候,也并不以为我推翻前言。

没有一种品性纯粹地普遍地盖过我们的。如果不因为自言自语令我们看来像一个疯子的话,我就承认几乎没有一天我不听见自己呼喝自己

道:"可恶的傻子!"但我并不以为这是我的定义。

谁看见我对待我太太时而冷淡,时而殷勤,想象其中一个态度必定是假的,他就是个蠢材。尼禄打发他母亲去溺死,但当他和母亲告别的时候,依然受这母性的辞别所感动,激起一种恐怖与悲悯的情绪。

据说太阳的光并不是一片的,但那么不断地放射出一条一条稠密的光线在我们身上,以致我们分辨不出来:

> 滔滔不竭的光明的源泉,
>
> 太阳用它的新生的光华
>
> 不断地泛照着万里的长天,
>
> 时刻在交换着璀璨的光线。(卢克莱修)

同样,我们的灵魂也不知不觉地放射着各种光辉。

亚尔塔班奴士(Artabanus)无意中发觉他的侄子泽尔士神色有异,责骂他为什么变得那么快。泽尔士那时正观看他的浩大军队,横渡赫勒斯蓬海峡去讨伐希腊。他看见这千军万马都受他指挥,最先产生一阵快乐的颤栗,在他那充满了喜悦和得意的眼里透露出来,但他同时忽然想起这许多生命都要枯死,至多不过一个世纪,又皱起眉头,伤感到潸然泪下。

我们曾经用坚决的意志去雪耻,并且在胜利的时候感到一种特殊的满足,可是我们竟不禁哭起来。我们并非为此而哭,情势并没有丝毫改变。不过我们心灵用另一只眼观察这事,并且想象它在另一种面目之下罢了。因为每事每物都有几个棱角,放射出几道光来。血统、旧交和友谊抓住我们的想象,依照它们的景况当时很热烈地影响它,但转变得那么快,我们无从捉摸:

> 当我们的心灵运筹和施行,
>
> 有什么能够比得上它神速?
>
> 所以它的移动、转易、和变更
>
> 远胜一切肉眼可见的事物。(卢克莱修)

为了这缘故,我们想把这种种交相承续的感情联为一体,实在是大错误。当蒂莫里安(Timoléon)哀哭他那经过了高贵的深思熟筹才下手的暗杀①,他并不是哭国家重新获得自由,也不是哭那专制魔王,而是哭他的兄弟。他已经尽了义务的一部分了,我们且让他也尽其他一部分吧。

原著第一卷第三十八章

① **暗杀**　蒂莫里安是古希腊民主政治家,他亲自参加了以火焚死其长兄科林斯僭主蒂莫芬尼(Timophane)的暗杀,事后隐居多年。

# 23  论友谊

当我看见我家里一个画家的工作方法,我便立心要模仿他。他挑选每面墙的中心点和最美丽的地方,在那上面安置一幅精心结撰的画,又在它四周的空白处填满了许多怪诞的,就是说,幻想的画,它们唯一的美处就是变幻和离奇。

其实,我这些试笔又是什么呢? 还不是一些离奇怪诞的躯体,无定形、无秩序、无联贯、无分寸,全属偶然的。

> 像一个女人,梦一般的美,
>
> 却有一条讨厌的鱼尾。(贺拉斯)

在第二点上我诚然可以和我的画家并驾齐驱,但在那最好的另一部分,我却相形见绌了:因为我有限的才能不允许我敢于画一幅丰富、完美、符合艺术的画。我很想借用一幅拉博埃西的画,使这部作品其余部分都光耀起来。那是一篇他题为《自愿的奴役》(*La Servitude volontaire*)的论文,但有些人不知道这层,后来把它改称为《反独夫论》(*Le Contre Un*),改得很确切。他很年青的时候,当试作写这篇论文,以颂扬自由而反对暴君。这篇文章久已传诵于有学问的人们当中,获得很大的也是应得的赞许,因为文笔极优雅,并且丰盈到极点。可是,说这已经尽他所长却差得很远。如果在他比较成熟的年龄,当我认识他的时候,他肯接受我的献议,把他的思想写下来,我们就会见到许多几乎可以和古代的杰作媲美的难得的作品。因为特别是天赋,我不认为有人可以和他相比。但是他什么都没有留下来,除了这篇论文(而且连这也是偶然保存的,我也不相信离开他的手之后,他曾再看过)和几篇关于那道因为内战而出名的正月谕令①的备忘录,也许还会在别处找到应有的地位。这些就是我在他的遗物中所能保留的(他在死的爪牙下,曾经带着这么挚爱的委托,由遗嘱把他的藏书和遗稿赠给我),除了我已经印行的他那一小本作品。我特别感激这篇文章,因为它是我们最初认识的媒介。在我未认识他以前许久,已经有人把它拿给我看,使我知道了他的名字,就这样铺好那条通往友谊之路,——这友谊,上帝允许多么久,我们便珍爱多么久,是这么尽善和完全。我们在书上一定很少见过,而在当今的人们中简直连影儿也看不见。这需要那么多的机缘把它树立起来,如果幸运在三百年内成就一次已经算很多了。

本性诱导我们去做的,似乎再没有什么更甚于交朋结友的了。亚里士多德曾说那好的法官把友谊比司法看得更重。而友谊完美的最高点就是这样。因为,一般地说,那一切由娱乐或利益、由公共或私人的需要所结合和滋养的友谊,愈把其他原因、目的和效果混在里面,愈是没有那么美丽和高贵,也愈不成其友谊了。

就是古代所认识的这四种友谊:血缘、社交、慈善和情爱,无论是分开或合在一起,都够不上理想的友谊。

儿童对父亲的友谊其实只是尊敬。友谊以传达为养料,而传达却不能存在于他们之间,因为差异太大,而且也许会和天然的义务冲突。不独父亲不能把所有秘密的思想告诉给儿子,以免产生不适当的亲昵,并且儿子也不能对父亲加以责备和规劝,二者却是友谊的最重要的职务。曾经有许多国度,那里的风俗是子杀父,还有别的国度父杀子,为的是避免互相妨碍,自然便是一个倚靠另一个的毁灭而生存。我们知道有些哲学家蔑视血缘关系,试看亚里士狄普士,有人苦劝他应该爱他的孩子,理由是

---

① **正月谕令** 1571 年的谕旨,批准新教徒(Huguenots)可以公开实行他们的信仰。——译者原注

他们从他那里出来。他开始吐痰，说这也是从他那里出来的，而且我们还生虱子和虫呢！而另一个人，普鲁塔克劝他和他的兄弟和解，那人说道："我并不是因为他从同一个窟窿出来，而把他看得更重。"

兄弟这名义诚然是一个美丽和充满了挚爱的名义。并且就是为了这缘故，我和拉博埃西结拜为兄弟。但是财产的混合和分离，以及一个人的富有便是另一个的贫乏，这些对于软化和溶解兄弟间的钎药都有极大的效力。弟兄们既要把他们的事业用同一的速率在同一的途径上推进，便不得不常常互相倾轧和冲撞。而且，那产生真正完美的友谊的契合和关系，怎么会存在于天生的兄弟间呢？父和子的性格可以完全不同，兄弟亦然。是我儿子，是我父亲，然而却是一个乖戾、凶恶或愚蠢的人。不仅这样，这些友谊越是由法律和义务强加给我们，我们的选择和自主的自由也越少。而我们自主的自由所产生的东西，再没有比挚爱和友谊更是属于它自己的了。这并非因为我在这方面不曾应有尽有地经验过一切，尽管我有一个最好的父亲，并且最宽容，直至他的末年，又出自一个从父到子都出名的家庭，在兄弟和好这方面堪为模范。

> 远近皆知
> 我以父亲的爱
> 来待我的兄弟。（贺拉斯）

至于用它来和我们对女人的感情相比，虽然这后者出自我们的选择，我们实在不能这样做，并且也不能把它归入同一类。它的火焰，我承认，

> 对于那把苦甜的欢欣
> 混在我们痛苦里的女神，
> 我并不是一个陌生人。（卡图卢斯）

更活跃、更凶猛、更热烈。但那只是一堆匆促和浮躁的火，飘忽和变幻，热病的火，容易过度和复发，而且只抓住我们的一隅的。

在友谊里却是一片普遍的温热，平匀而且有节度，一片安静有恒的温热，全是温柔和平滑，没有锐利的刺蜇。更甚的，在爱情里，那只是一个狂

妄的欲望追随着那逃避我们的东西：

> 像猎人追逐那狂奔的野兔，
>
> 不论寒和暑，也不论山和谷；
>
> 一旦到手便看得如同敝屣，
>
> 因为只有奔逃才引起追逐。（阿里奥斯托 Arioste）

一进入友谊的界线，就是说，在两情相悦里，它便减弱和消灭了。享受把它毁坏，因为它有着一个肉欲的目的，受制于餍足。反之，友谊是按其被想念的程度来计算享受的，享受适足以产生、滋养和增长它，因为它属于精神的，灵魂由于习用而愈优美。在这完美的友谊下面，那些朝三暮四的爱情曾一度在我身上找到位置，不必多说了——上面诗句已经很清楚地自白了。这样，我蕴藏着两种热情：二者互相认识，却永不比较！前者很坚定地在一个骄矜高傲的飞翔里升起来，带着轻蔑去眺望这后者走它的路，在很远很远的下面。

至于结婚，它不独是一种只有入口的自由的贸易（既然它的延续是强迫的，倚靠我们意志以外的东西），并且往往是一种含有别的动机的贸易，其间插入无数的纠纷需要解除，足以截断一个活生生的感情的绳索，扰乱它的进程。而友谊却除它自己，没有别的经营或贸易。不仅这样，老实说，普通女人都不能应答这些对谈和交流，而二者都是这种神圣联系的乳娘。她们的灵魂也不够坚定来忍受一个这么持久和坚实的结扣的束缚。真的，如果不是这样，如果能够建立一个自由和自愿的亲昵，在那里不独灵魂可以有完全的享受，就是肉体也分享这结合，在那里整个人都参加进去，那么，友谊一定会更丰盈更完美。但是女性一直到现在还不能达到这点，而且，根据古代各派学说共同的意见，她们完全被关在门外。

还有另一种希腊的自由①，为我们的风俗理所当然地所憎恶。因为，根据他们的习惯，情人之间既然需要一个这么不同的年龄和职务差别，便

---

① **希腊的自由** 这里所讨论的是希腊盛行的同性爱。参看柏拉图《盛宴》一书。——译者原注

不见得能充分符合我们这里所要求的完全结合与和谐。"因为,这种友谊爱情究竟是什么?为什么不爱一个难看的少年或一个漂亮的老人?"(西塞罗)我相信就是柏拉图学院派,也不能否认我替他们作这样的描写:当追求者看见一个正开着娇柔的花的少年时,维纳斯的儿子①在他的心煽起这最初的狂热,只是建立在一个外在的美——肉体繁殖的幻影——上面(对于这朵花,他们容许一切由无节制的火焰产生出来的无礼和热烈的举动)。因为它断不能建立在精神上,既然精神还未显露出来,正在初生,还未到萌芽的年龄。如果这狂热抓住一颗卑鄙的心,追求的手段便是金钱、馈赠、荣升等恩宠,以及其他类似的为人们所贬斥的商品。如果降临在一颗比较高贵的心上,笼络的手段也比较高贵:讲授哲学,教导崇敬宗教、服从法律和为国捐躯,以及勇敢、智慧和正义的榜样。追求者的肉体美既已凋谢,要致力由灵魂的妩媚与美丽而得受欢迎,希望通过这精神上的交往,可以建立一个更坚固、更持久的交易。

当这种追求在适当的时期达到它的效果时,在被爱者心里便产生一种愿望,由精神美的媒介去获得一种灵性(因为学院派虽然不要求寻爱者从容和谨慎,对于被爱者却要求得很严格,既然他要判断的是内在的美,难于认识,又因为隐微的缘故,难于发见)。在这里,精神美是主要的,肉体美是可有可无和次要的。在追求者方面却正相反。为了这原故,学院派偏爱那被爱者,并且肯定就是神也偏爱。他们严厉责备埃斯库罗斯,为的是关于阿喀琉斯(Achilles)和帕特洛克罗斯(Patrocle)两人的爱情描写,他把追求者身份加于阿喀琉斯的身上,那时候他正在胡须未长的青春韶华之年,又是希腊最美的男子。

这全面的交情既建立之后,如果那主要和较有价值的部分发挥作用和占优势,学院派说可以产生许多有裨于个人和公共幸福的果子,造就那接受这风俗的国家的力量,以及自由和正义的重要藩篱。试看哈尔谟狄

---

① **维纳斯的儿子** 丘比特(Cupidon),罗马神话中的爱神。

乌士(Harmodius)和亚里士多基顿(Aristogiton)两人的有益的爱吧①,他们称之为神圣。而且,在他们看来,只有暴君的专横和人民的怯懦才仇恨它。总之,学院派可以赞许的一句话就是:这是一种以友谊为归宿的爱。这定义和苦行学派的定义颇相同:"爱是一种想望,要获得那由美丽吸引我们的人的友谊。"(西塞罗)

我回到我的关于一种比较平坦端正的友谊的叙述。如西塞罗所说:"只有年龄相当、性格成熟稳定始能判断友谊。"大抵我们普通称为朋友和友谊的,只是由某种机会或利便建立起来的认识和亲昵,我们的灵魂藉以聚拢在一起。在我所说的友谊里,我们的灵魂融混得那么完全,简直无缝可觅。如果逼我说出为什么我爱拉博埃西,我觉得我只能这样回答来表白:"因为是他,因为是我。"

超过我能说明的理由,超过我能详细说明的理由,有一种我也不知是什么的不可解释的命定的力量做这结合的媒介。我们在未见面之前便互相寻找,由一些互相听见的转述转述,我们已经由我们的名字互相拥抱了(这些转述影响我们的感情实在多于普通转述在情理上所能做到的,我想大概是由上天的意旨吧)。而在我们第一次会面时,那是偶然在一个城市的盛宴聚会里,我们感到那么倾倒,那么相知,那么投合,以致从那刻起,再没有比他和我更接近的。他写了一首极优越的拉丁文诗,已经发表了,在诗里对我们相知之匆促、这么快便达到完美作了辩解。我们的友谊开始得那么晚,来日无多(因为我们俩都已经成年,他比我还长几岁),再不能蹉跎时光,去遵照普通柔懦的友谊的模型,那是需要十分审慎,进行许多开端的长谈。我们的友谊本身以外没有别的典型,只能和自身比较。这并不是一个特殊考虑或两个、三个、四个,或一千个,而是这一切混合的纯精抓住了我的意志,引导它去没入和消失在他的意志里;也抓住他的意志,引导它去没入和消失在我的意志里。同样的如饥如渴,互相竞争。我

---

① **有益的爱** 这两人是公元前 6 世纪的雅典同性恋人,暴君的兄弟企图横刀夺爱,迫得他们把对方杀死,两人亦因此遇害。雅典人视他们为英雄,树碑纪念。

说消失是真的,因为我们不保留丝毫属于自己的东西,既没有属于他,也没有属于我。

莱里乌士(Lélius)当着许多罗马执政官(这些执政官在提比略·格拉古[Tiberius Gracchus]被处死之后,迫害所有曾经和他有秘密来往的人),问及格拉古最好的朋友布洛西乌士(Caius Blosius),他会替格拉古干什么,他答道:"一切。""怎么一切?"莱里乌士接着说,"如果他要你放火烧庙宇呢?""他断不会要我做这个。""但假如他这样做呢?""我就会服从他。"布洛西乌士答道。如果他像历史家所说是格拉古的亲密朋友,他用不着用这种大胆的极端的自白去冒犯那些执政官们,并且不应该放弃他对于格拉古的意旨的坚信。但是,那些指责他的言词含有煽动性的人,他们并不了解这奥秘,也没有设想(这并且是事实)他无论在力量上和认识上都好似怀有格拉古的遗嘱。他们首先是朋友,然后才是国民,他们互为朋友实在多于国家的朋友或敌人,多于野心的谋反同伙。既然完全互相依托,他们便绝对互相操纵对方意向的缰绳。试设想这一套马具为道德所指导及为理性所牵引(没有这二者要把马具装配起来是不可能的),布洛西乌士的回答便恰如其分。如果他们的行为互相脱节,他们既不是依照我的标准的朋友,也不是他们的标准的朋友。

除此以外,这答复并不比我下面的答复听起来更真切。如果有人问我:"如果你的意志要杀你女儿,你会杀她吗?"我回答会这样做。因为这丝毫不能证明我答应这样做,为的是我对于我的意志没有丝毫怀疑。对于我朋友的意志也正是一样,全世界的道理也不能推翻我对于我朋友的意向和判断力的确实把握。他没有一个行为传到我这里,无论戴的是什么面目,我不是立刻发见它的动机的。我们的灵魂这么一致地同行,带着这么热烈的挚爱相视,又带着同样的挚爱互相看进心坎的深处,以致我不独像我的心一样认识他的心,并且比起信赖我自己,我必定更愿意信赖他。

我不许人家把其他普通的友谊和我们的友谊相提并论。我和别人一样有过普通的友谊,并且是它们种类中最完美的。但我不劝任何人用同样的尺来量度,否则会大错特错。在普通的友谊里,我们得要手执着马缰小心翼翼地前进,那绳结并没打得那么稳,足以让我们用不着提防。开隆说:"爱他,像你终有一天会恨他。恨他,像你终有一天会爱他。"这训条用在至尊无二的友谊是多么可憎,用在那寻常的友谊却非常有益。对于这后者,我们必须引用亚里士多德常挂在嘴边这句话:"啊,我的朋友们,世上并没有朋友。"

在这高贵的往来里,基于我们意志的完全的混合,帮忙和恩惠这些其他友谊的养料,简直没有一提的价值。因为,正如我的友谊并不因为我在需要时得到救助而有所增加(无论苦行学派的哲人怎样说),我也不因为得到效劳而感激。同样,这样的朋友的结合既然真是融洽无间,简直失掉了这类义务的感觉,并且厌恶和排斥那些有分歧和区别的字眼:恩惠、义务、感激、祈求、感谢等等。既然实际上一切对于他们都是共同的:意志、思想、意见、财产、妻子、尊荣和生命,而且他们的契合又只是一个灵魂在两个身躯里,依照亚里士多德的恰当的定义,他们便不能互相借取和给予任何东西。这就是为什么那些立法者,用这种神圣友情一些幻想的貌似东西来褒奖婚姻,禁止夫妇间互相馈赠,想藉此暗示一切都属于他们俩,没有什么可以分开或各自享受的东西。

如果在我所说的友谊里,其中一个能够对另一个有所赠予,那令他的朋友感激的就会是那接受赠品的人。因为,既然两个人首先谋求怎样去使朋友获益,那提供缘由和机会的才是慷慨的施主,他赐给他朋友那实现他的最大的愿望的满足。

当哲学者第欧根尼(Diogenes)有急需的时候,他说他问朋友把钱要回来,而不是说问他们借钱。我将叙述一个奇怪的榜样,来证明这件事:

科林斯人欧达密达士(Eudamidas)有两个朋友:一个是夏理鲜奴士(Charixenus),西史安尼人;一个是亚勒特乌士(Aretheus),科林斯人。因为他很穷,而他两个朋友富有,当他临终的时候,把遗嘱这样写到:"我给亚勒特乌士的遗产:他要扶养我母亲,抚慰她的暮年。给夏理鲜奴士的遗产是:他要把我女儿出嫁,并且照他的力量供给她一份丰富的嫁奁。若其中一个死去,我任命那剩下的一个替代他。"那些最先看见这遗嘱的人觉得好笑,但当他的嘱托人得到通知之后,却异常满足地接受了。其中一个,夏理鲜奴士,在五日后死去,亚勒特乌士得到替代他的权利,极为细心地扶养那母亲,又在他所有的五个达兰①的财产中,用两个半达兰作他独女的嫁奁,两个半赐给欧达密达士女儿,并且两个女儿的婚礼同日举行。

这榜样可以说极其完备,除了这点,就是朋友的数目不止一个。因为我所说的完美的友谊是不可分的:每个人把自己那么完全地献给他的朋友,以致他再没有什么分给另一个人。反之,他会抱怨自己不能一分为二、一分为三或一分为四,不能有几个灵魂和几个意志来完全献给他的朋友。

普通的友谊,我们可以把它分开。我们可以爱这个,为他的美貌;爱另一个,为他的风流;爱第三个,为他的慷慨;爱第四个,为他的兄弟一般的情谊;爱第五个,为他那父亲一般的挚爱,以及其他种种。但是完美的友谊占据了整个灵魂,并且以绝对的权力统治着它的整体,却无论如何也不能一分为二。如果两个朋友同时要你救助,你将奔向哪一个呢? 如果他们要你所做的事性质正相反,你将怎样处置呢? 如果一个把一件事交托给你的缄默,而这事让另一个知道却有用处,你将怎样解决呢?

独一无二的至高的友谊解除一切别的义务。我发誓不告诉别人的秘密,我可以毫不违反誓言传给一个并非别人的人,因为这个人就是我自己。把自己一分为二已经是够奇迹的了,那些说可以把自己一分为三的,简直不知道它的伟大。一切极端的东西都是无匹的。谁想象我能够同样爱两个人,而他们能够像我爱他们一样,互相爱及爱我,谁就把一件最唯一的和最一体的东西变为无数团体了(而且这东西就是一件在这世上也极难找到的)。

这故事的结局和我所说的正符合,因为欧达密达士把"用他的朋友来

---

① **达兰** 希腊货币名,有金银两种:银的约值5600金佛郎,金的约值56000金佛郎。——译者原注

接济他的需要",当作赐给朋友的恩惠和仁慈。他让他们做他的慷慨的承继人,这慷慨就是把那为他谋利益的方法放在他们手里。而且,无疑地,友谊的力量在他的行为上,比在亚勒特乌士的行为上显得更为丰富。

总之,没有尝过这些美妙滋味的人是断不能想象得到的,所以我极推崇一个年青的兵士回答居鲁士二世的话。问他要多少代价才肯出让一匹刚才让他获得赛马头奖的马,愿不愿和一个王国相换。他答道:"断不,陛下,但我很愿意放弃它去获得一个朋友,如果找得到值得这样结交的人。"

他说得不错,"如果找得到",因为找一个人适宜于泛泛之交是很容易的。但是在另一种友谊里,在那里面我们袒露我们心的深处,没有丝毫隐匿的,的确,一切行为的动机都得要完全清楚和真实。

在那只有一个目标的组合里,我们只须设法弥补特别关系这目标的短处。我的医生或律师信仰什么宗教于我并没多大关系。这考虑完全无涉于他们对我应做的职务。对于那些服侍我的人的关系亦然。我并不特别要知道我的马弁是否贞洁,只求他做事勤谨。我不怕用一个好赌的驴夫而宁可不用一个傻的,不怕用一个说粗话的厨子而宁可不用一个愚昧的。我并不要去告诉别人应该做什么,(这样的人已经很多了),我只说我自己要做的。

> 我做我所喜欢的,
>
> 你也这样做吧。(泰伦提乌斯)

我以逗乐和餐桌上的亲昵气氛配合,而非假正经。在床上,美丽先于良善。在社交谈话里,首要是才能,即使缺乏真诚,对于其他亦是一样。

正如那个被人撞见骑在竹竿上和孩子游戏的人①,求那撞见的人等到自己做了父亲时再发表意见,因为他相信到那时,在那人心里产生的情感就会令他变成这种行为的公正的裁判。同样,我希望跟那些曾经体验过我的话的人谈话。但是我知道这样一个友谊多么不寻常,不,多么难得,

---

① **和孩子游戏的人** 斯巴达王阿格西劳斯二世(Agesilas II)。

我并不期望找到一个适当的裁判。因为甚至古代作家所留下来的关于这题目的论述,和我自己的情感比较起来,我也觉得贫弱和无味。而在这一点上,现实简直超过哲学训条。

> 对于理性清明的人,
>
> 什么都比不上一个知心!(贺拉斯)

古代的诗人米南德(Ménandre)说,一个人只要能够碰见一个朋友的影子便堪称幸福了。他说得真对,尤其他是根据经验说的。因为,真的,当我把毕生其余的日子,虽然由上帝的恩惠在安乐与逸豫中度过,而且,除了丧失一个这么亲爱的朋友,没有什么深切的忧痛,充满了心灵的宁静。并且,用不着找别的,我的天生的原始的优点已经得到了充分的酬报。当我把这些日子和那天赐给我去享受这个人的温甜结伴和交往的四年比较起来,不过是烟,是黑暗无聊的长夜而已。自从我失掉他那天,

> 这一天,上天要它永远圣洁,
>
> 对于我却永远是悲苦。(维吉尔)

我的生命只无精打采地拖延。就是它所供献给我的快乐,不独不能抚慰我,反而加倍失去他的忧伤。我们从前无论什么事都是各占一半,我觉得现在似乎霸占了他的份儿,

> 我不愿再尝什么快乐,
>
> 直到他安然归来和我分享。(泰伦提乌斯)

我已经那么习惯随时随地做第二个半个,以致我觉得自己只是半个人:

> 唉!既然夭亡已把你带走,
>
> 你,我灵魂的一部分,
>
> 我为什么还在这里滞留,
>
> 带着一颗死灰的心,
>
> 像一座破碎的神龛的残片?
>
> 不,同一天看见我们共赴阴冥!(贺拉斯)

无论在行为或梦中我都想念他,正如他会想念我一样。因为,正如他在一切别的才能和德性上都远超过我,对于友谊的义务也是一样。

> 为什么我悲痛害羞?
> 为什么我不敢尽情哀哭
> 一个这么亲的心腹朋友?(贺拉斯)


> 兄弟呵,丧失你于我是多么苦!
> 你的死捣碎了我一切欢娱。
> 你的友谊所孕育的幸福,
> 刹那间全和你一同消逝!
> 坟墓把我的灵魂和你的一切带去!
> 自从你去后,我早已
> 和一切艺术女神永远告辞:
> 思想的快乐,研究的暇豫,
> 以及一切生命的乐趣,
> 于我皆索然无味!
> 你的声音难道已永远消沉?
> 兄弟呵,我的生命! 我的灵魂!
> 难道我将永远不能再见到你?
> 呀! 难道我只能在我心里
> 像往日一般爱你?(卡图卢斯)

但是让我们试听这十六岁的童子说话罢①。


\*　　　　\*　　　　\*　　　　\*

---

① **十六岁的童子说话**　作者原意在此处插入拉博埃西所作《自愿的奴役》,但后来取消,原因如下述。

因为我发现这篇文章①后来已经给那些想扰乱和改变(却不考虑能否改善)我们政府的现状的人印行,而且带着恶意混在自己的涂鸦里面,我便取消那要把它插在这里的初衷。又为要免除那些没有机会认识他的真正意见和行为的人对这作者有成见,我要告诉他们他写这篇文章时年纪还很轻,只当作一种练习,一个已经被别的作家写烂了的题目。我并不怀疑他相信他所写的,因为他太诚恳了,即使在开玩笑的时候也不会说谎的。而且我还知道,如果他有权选择,就宁可生在威尼斯市而不愿生于莎尔腊(Sarlac)②,并且有很好的理由。但他另有一个原则,至高无上地印在他灵魂上,那就是虔诚地服从和遵守他本国的法律。再没有一个比他更好的国民,或更关心他那国家的治安,或更仇恨他那时代的骚乱和革新的。他会宁可用他的才能把它们制止,断不愿供给一些增加混乱的机会。他的心灵是依照别的时代的模型铸就的。

现在,我要用另一部作品③,在同一时期产生而比较轻松快活的,来替代这严肃的作品。

原著第一卷第二十八章

---

① **这篇文章** 即篇首所提及的《自愿的奴役》一文。——译者原注
② **莎尔腊** 法国西南部城市,拉博埃西的出生地。
③ **另一部作品** 指原书下一章所载的 25 首《商籁》(*Sonnets*)。——译者原注

# 24　论人与人之间的不平等

普鲁塔克在某处曾说,他以为兽与兽之间的距离没有人与人之间的那么远。他说的是灵魂的完美和内在的品质。其实我觉得我所想象的埃帕米农达和我所认识的某些人——我的意思是指那些具有常识的人——之间有着这样的距离,以致我比普鲁塔克更进一步,说某人和某人之间的距离比某人和某兽之间的还要远;

> 神呵,一个人怎样地超越于另一个人呀!(泰伦提乌斯)

而且心灵上的阶级比这里和天空之间的丈数一样多,一样不可数计。

但是,关于人的估价,真是奇怪,除了我们自己,没有什么不是以本身的品质为标准的。我们赞美一匹马因为它的力量和快捷,

> 我们赞美那神速的骏马,
>
> 它常常毫不费力便获胜,
>
> 从万头攒动的观众中,
>
> 迸出一阵阵喝彩的掌声。(尤维纳利斯)

而不是因为它的装具。一条猎狗因为它的敏捷,而不是因为它的颈圈。一只鹰隼因为它的翅膀,而不是因为它的足套和铃铛。为什么我们不一样地根据人的本身的价值而看重一个人呢?他有一大队扈从、一座美丽的宫殿、这么大的势力、这么多的收入,一切都是环绕着他身外,而非在他身内。你不买一只在口袋里的猫。如果你买一匹马,你把装具挪开,要它赤裸裸没有遮掩,或者,如果照从前王子买马的办法,那被遮掩着的只是

不那么重要的部分,以免耗费你的钦羡在它美丽的色泽和圆壮的臀部上,
而全神专注它的腿、眼,和脚这些最有用的部分上:

> 这是王子们的习惯:
>
> 他们不买赤裸裸的马,
>
> 为的是怕受它的圆臀、
>
> 短头和阔胸所欺骗,
>
> 忘记了它还有着
>
> 蹒跚的腿和柔软的蹄。(贺拉斯)

为什么,估量一个人,你估量他时完全包围和蒙蔽着的呢?他只对我
们显露那些完全不属于他的部分,把那些我们藉以给他一个真确的评价
的部分藏起来。你所想知道的是剑的价值,而不是剑鞘的价值。如果你
把剑抽出来,也许会觉得一文不值。你得要由他本身来评判一个人,而不
是由他的衣饰。正如一个古人很诙谐地说:"你知道为什么把他看得很高
吗?因为你连他的木屐也算在内。"台座并非雕像。试量度他不连带他的
高跷,让他撇开财富和尊荣,只穿着衬衣出来,他的身体足以胜任他的职
务吗?强健而且活泼吗?他有一个怎样的灵魂?它是美丽、能干,而且很
恰当地具有各部分吗?它本身高尚,或是因别人高尚?命运和它有无关
系呢?它是否睁大眼睛面对刺来的剑呢?它关心不关心生命从何处离
开,从口或从颈喉?它是否宁静、和平及快乐?这是我们所当考虑,并且
藉以判断那我们之间的极端差异。他是否

> 那随时可以自主的哲士——
>
> 不怕贫困,锁链和死亡?
>
> 能否不希冀外来的尊贵,
>
> 抑制自己的热情与欲望?
>
> 完全,自我集中,毫无惧心
>
> 去面向生命的转变与顺逆——
>
> 岂止,带着坚定的灵魂

去抵抗命运最凶恶的打击？（贺拉斯）

一个这样的人实在高出于王国和公国五百倍，他自己就是一个帝国了。

真正的哲士

是自己幸福的主人。（普劳图斯 Plaute）

他还企求什么呢？

你可不看见

就是大自然又惶惶何所求？

如其不是一个苦难的身

和一颗超脱了烦忧的灵魂？（卢克莱修）

试把他比我们一般人类：愚蠢、堕落、奴性、无恒、不断地在各种不同的热情的风浪中浮沉和飘荡，并且完全倚靠别人，其间的距离真是比天和地还要远。但是我们受习惯蒙蔽得那么厉害，以致我们毫未感觉到。一看见一个农夫和一个国王，一个贵族和一个奴隶，一个行政官和一个老百姓，一个富翁和一个穷人，一种极端的差异便立刻出现于我们眼帘，虽然照某种说法，他们的不同只是在裤子上面而已。

在色雷斯，国王和百姓的区别方法极其奇特可笑。国王自己另有一个宗教，一个不许百姓崇拜的神，就是众神信使。他指定战神、酒神和月神为百姓的神。

其实这些都不过是画上的衣冠而已，并没有丝毫实际的分别。

因为，像那些演喜剧的人一样，你看见他们在舞台上扮成公爵或皇帝的样子。但是，霎时后，你又看见他们变成可怜的奴仆和脚夫了。

同样，那皇帝，他的辉煌在公共场所使你头晕目眩的：

璀璨的黄金上

镶着累累的碧玉，

他长年穿着

那被淫荡的汗渍透的

　　*海青色的袍（卢克莱修）*

　　试在帷幕后看他，不过是一个平常人而已，而且，说不定比他最微末的百姓还要卑鄙哩。"哲士的幸福在自己里面，另一个的幸福却只在表面上。"（塞内卡）

　　懦弱、游移、野心、怨恨和妒忌扰乱他的心正和别人一样：

> 国库的宝藏
>
> 不能镇定心灵的操劳；
>
> 公使的节钺
>
> 也不能驱逐
>
> 那在华邸下飞翔的烦恼。（贺拉斯）

　　恐怖与忧虑在戎伍中抓住他们的喉：

> 恐怖与忧虑，和人类并存，
>
> 既不怕闪亮的武器与戈矛，
>
> 也一样光临王公们的心，
>
> 它们并不尊重黄金的显耀。（卢克莱修）

　　发烧、头痛和风湿难道对他们比对我们宽容些么？当老年坠在他肩膀上，侍卫他的弓箭手能够帮他卸除下来吗？当他被死亡的恐怖弄麻木的时候，侍臣在场又能镇定多少？当他在妒忌和任性的心情里的时候，我们的觐礼能够使他和平么？缀满金银和珠宝的床帷，没有丝毫能力去解除一场绞肠痧的尖锐的痛苦：

> 并不因为你穿着大紫袍，
>
> 或在锦绣的毯子上打滚，
>
> 发烧会离开你得更早，
>
> 比起你在破床上呻吟。（卢克莱修）

　　那伟大的亚历山大的谄媚者令他相信他是宙斯的儿子。一天，他受伤了，眼望着血从伤口汩汩地流出来，他说："好，你们现在怎么说呢？这可不是鲜红的纯粹的人血么？并不是荷马告诉我们的那从神的伤口流出来的血呀。"诗人赫尔摩多路士(Hermodorus)写了一首诗贺安提干奴士，称他为太阳的儿子，但他抗议说："那倒马桶的知道很清楚完全没有这么一回事。"

无论怎样说，他只是一个人，如果他出身卑贱，全宇宙的帝国也不能补救他。

> 让少女飞去欢迎他的微笑，
>
> 让玫瑰花在他的脚下开放！(佩尔西乌斯)

这又有什么呢，如果他的灵魂粗鄙和愚蠢？没有精力和头脑，就是快乐和幸福也感觉不到的。

> 一切事物的价值，
>
> 皆得自它们主人的心灵；
>
> 对于善用的，它们是祝福，
>
> 不善用它们便变成咒诅。(泰伦提乌斯)

命运的一切祝福也得有准确的感觉才能够玩味。使我们快乐的，是享受它们，而不是把它们占有：

> 无论屋宇、田地、铜山和金堆，
>
> 也不能驱逐主人的忧虑，
>
> 或熄灭发烧的头的火焰。
>
> 健全的心灵和健全的身躯，
>
> 是享受财产的唯一条件。
>
> 对于那常怀惧心的懦夫，
>
> 或一个人贪得无厌，一切
>
> 财富都等于彩画的颜色
>
> 对于一个烂眼的人，或药水
>
> 对于一条患风湿的腿。(贺拉斯)

　　他是傻子,他的舌头愚拙和蠢钝,他不能享受他的财产正不亚于一个伤风的人不能欣赏希腊酒的醇芳,或一匹马不能欣赏那装饰它的马具。正如柏拉图所说,健康、美丽、力量、富裕,以及一切我们称之为财富的东西,对于恶人是恶,不减于对于善人是善一样。反之,恶的事物亦然。

　　而且,当身心都在恶劣的境况里时,这些外在的舒服有什么用处呢?既然一颗最轻的刺戳或灵魂最微弱的痛楚,便足以剥夺我们做全世界的至尊者的快乐。只要风湿症的痉挛一起,无论他大人或陛下都是枉然,

　　　　全披着金,全披着银(提布卢斯)

他不也忘记他的宫殿和尊严吗?如果发脾气,他的王位可以使他不脸红脸青、咬牙切齿吗?现在,如果他是个天资聪颖和敏捷的人,即贵为至尊也不能更增加他多少快乐:

　　　　只要你的脾胃强壮,

　　　　两腿敏捷,胸膛宽敞,

　　　　国王的富贵便不能更增加

　　　　你的幸福与安康。(贺拉斯)

　　他就要知道这一切都不过是陷阱和幻象。岂止,他或许就会同意西流古(Seleucos)的话:“如果一个人知道王笏有多么重,当他看见它在地上,就不会去低头把它拾起来。”他是想起那降在一个贤主身上的重大责任。

　　真的,治理一国并不是小事,既然自治已经够艰难了。至于发号施令,虽然看来是这么惬意,只要想起人类判断力的愚懦,以及选择新事物之困难和没有把握,我深信追随比领导容易得多,也舒服得多。而且只要守着常轨,只为自己负责,对于心灵是极安闲的。

　　　　静静地服从,岂不胜似

　　　　包揽大权,和拥有天下?(卢克莱修)

　　再加上居鲁士二世这句话:“没有人是适宜于统治的,如果不贤于他

所统治的人。"

但在色诺芬的书里,希路王(Hiéron I<sup>er</sup>)更进一步说:"对于快乐的享受,国王不及私人,因为予取予携很容易,把我们在那里面所找着的甜酸刺激全剥夺了。"

> 太热烈太幸福的爱终会使我厌倦,
>
> 正如可口的食品损害我们的脾胃。(奥维德)

你以为唱歌队里的儿童在音乐里找到很大的乐趣吗?其实餍足已使他们觉得烦腻了。宴会、跳舞、化装舞和竞技只对于那因罕见而想见识的人有趣罢了,对于那把这当作家常便饭的人便变为陈腐讨厌了。妇女们也不能使那任意享受她们的人产生快感。谁不给自己有口渴的机会,谁就不知饮水的快乐。我们觉得卖艺人的把戏很逗乐,但对于他们却是苦工。这情形,我们可以从王公大人的消遣看出来,对于他们,能够有时打扮为平民和屈就平民的卑贱生活,就是最大的盛宴。

> 王公们喜欢变换:
>
> 清净的桌,简单的馔,
>
> 没紫袍也没绣垫,
>
> 陈设在贫民的茅舍间,
>
> 常常展开他们的愁颜。(贺拉斯)

再没有比丰富更累赘更讨厌的。眼望三百佳人任你为所欲为,像土耳其王一样,什么欲望不生厌呢?他那没有七千只鹰相随就不去狩猎的祖先,究竟保留着怎样的佃猎的兴味和面目呢?

不仅这样,我相信这光彩的堂皇带了不少的不便给那最温柔的享受,大人们太显赫、太为众目所视了。不知为什么,我们期望他们掩饰他们的错误实在比期望别人多些。因为,那些在我们身上只是失于检点的事,在他们身上百姓便看作专制、轻蔑和犯法了。而且,除了看到他们对于恶的倾向,还看到他们似乎在侮辱和蹂躏公共法制上得到一种附加的快乐。真的,柏拉图在他的《高尔吉亚》(Gorgias)里,把暴君解释为一个在一座城里有为所欲为的自由的人。为了这缘故,恶行的公开暴露比较恶行本身更易获罪于人。每个人都怕被人窥探和监视,大人们连思想和行藏都在众目共视之下,每个百姓都觉得有裁判他们的权利。何况污点因了他们所在的地位的昭彰而被放大,正如额上的痣或疣比任何地方的疤痕都显著一样。

因此,诗人们想象宙斯的爱事是在各种装扮下举行的。在加给他的一切爱情的奇遇中,我觉得似乎只有一次他现身于他的尊严与堂皇里的。

但是让我们回到希路吧。他也告诉我们他当国王所感到的种种不方便:不能自由到处游荡和旅行,像囚徒一般被关禁在他的国境里,以及觉得自己一举一动都受一大堆骚扰的群众注目。真的,眼见我们的国王独自一人在桌上,给许多说话和旁观的人包围着,我私心里怜悯他们实在多于妒忌。

亚尔风素(Alphonso)王说,在这一点上,驴子也比国王好些:它们的主人让它们安然吃草,而国王却不能从他们的仆人取得这恩惠。

我永远不能想象在一个聪明人的生活里,被二十个人监视他坐马桶是一个什么便利。或者得到一个有一万镑进款,或曾经攻取迦沙勒(Casal)或守护西恩纳(Siene)的人的服侍,会比一个富于经验的好马弁更方便、更洽意。

王子们的优越几乎是些幻想的优越。每一阶级的运气都有和国王的地位相仿佛之处。恺撒称当时法国一切掌生杀权的贵胄为小王。真的,除了"陛下"这衔头,他们和国王相差无几。试看那些离宫廷很远的省份,譬如布列塔尼,一个幽隐而且守家的侯爷,在奴仆中长大,扈从、百姓、侍卫、活动、侍奉与礼仪,又试看他的想象力如何飞翔,还有比这更富于至尊的气概的吗?他一年只听见人提起他的主子一次,正如听人说及波斯的国王一样,而且只由一种他的秘书记载的姻戚关系承认这主子。其实我们的法律是够自由的了,皇室的重量触着一个法国贵胄的一生不到两次。我们当中真正的服从的人,只关系于那些愿意接受这样的服务和喜欢由此取得富贵利禄的人罢了。对于那甘心在自己的家园里过幽暗生活,而

且懂得治理家务没有纠纷和官司的人,他和威尼斯公爵一样的自由。"奴役握住很少的人,许多人却紧握着奴役。"(塞内卡)

但希路特别着重他被剥夺了那友谊和社交(人生最甜蜜最完美的果)这事实。因为我怎能够从一个一切权力(无论愿意与否)都倚靠着我的人获取挚爱与善意的表示呢? 我可以把他那谦逊的言词和恭敬的礼貌算数吗,既然他没有权力拒绝这样做? 我们从那些畏惧我们的人得来的尊崇并非尊崇,这些恭敬是献给王权的,而不是给我的:

> 王权的最大的优点,
>
> 就是人民不独要忍受,
>
> 还要歌颂暴君的行为。(塞内卡)

我岂不看见暴君和贤主,一个受人憎恶,一个受人爱戴,得到同样的尊崇吗? 同样的华服、同样的礼节供奉着我的先辈,正和我的承继人一样,如果我的百姓不冒犯我,这并不足以证明他们对我的好感:我为什么这样看法呢,既然他们即使想这样做也不能? 没有人追随我是为了他和我之间的友谊的,因为这么少往来和意气相投断无联结友谊之可能。我和别人之间的不平等和不相称太大了。他们的服从只是一种姿态和习惯罢了,与其说是献给我不如说是献给我的幸运,藉以增加他们的幸运。他们对我所说所做的都不过是敷衍。他们的自由既然四方八面都给我那驾驭着他们的大权所禁制,我在我周围看见的只是掩饰和面具。

朱里安皇帝(Julien)的朝臣有一天赞颂他治国公正。他说:"如果这赞颂来自那些当我行为不当时敢贬责或不赞成我的人,会令我骄傲到膨胀起来。"

王子们所享受的真正利益,中产的人都可以分享(骑飞马食仙果是神的事),因为他们的睡眠与食欲和我们无丝毫差异。他们的利剑比较我们所用的并不见得质地更优良,他们的冕旒并不能避日和遮雨。戴克里先(Diocletian)戴着一顶那么受人崇敬和幸运的冕旒,竟抛弃它归隐,去享受个人生活的快乐。不久以后,政事紧急,要他去重握政权,他回答那些催驾的人说:"你们如果看见我亲手在家里所植的树的美丽的秩序,以及我在那里所种的甘美的甜瓜,你们就不会试来说服我了。"

根据阿那卡西斯(Anacharsis)的意见,最完美的政体就是根据善行决定优先权,根据恶德决定摒弃,其余一切相等。

当皮鲁士王企图去侵略意大利的时候,他的贤智的枢密官洗尼亚士(Cyneas)想使他意识到他的野心之虚幻,问他道:"主呵,你伟大的企图有什么目的呢?"他立刻答道:"为要入主意大利。"洗尼亚士接着问道:"这样做了之后又怎样呢?"皮鲁士说:"我要侵伐高卢和西班牙。"——"那以后呢?"——"我要征伏亚非利加。到末了,当全世界都俯伏在我脚下的时候,我就安心休养,以享余年了。"洗尼亚士于是反驳道:"为上帝的名,主呵,告诉我究竟为什么你不从此刻起,如果你愿意,就做到这层呢? 为什么你不立刻置身于你说要做到的境地,免掉你投入两者之间的许多功夫和许多冒险呢?"

因为,他并不知道欲望的界限,
并不认识真正快乐的止境。(卢克莱修)

关于这层,我要引用这句我觉得特别美的诗作为小结:

每个人的性格创造自己的命运。(奈波斯 Cornélius Nepos)

原著第一卷第四十二章

# 25　论惩罚怯懦

　　我从前听见一位王子兼名将主张军人不要因怯懦而被处死刑,有人刚在席上对他谈起威尔文大夫(Seigneur de Vervins)讼案①,这大夫因为把布罗尼城投降而被判处死刑的。

　　其实我们应该分清楚:一种过错是由于我们的弱点,另一种却是由于我们的恶意。因为在后者,我们有意反抗自然印在我们灵魂里的理性法则,前者却可以拿"我们的软弱和缺点是自然造成"这话来辩护。所以许多人主张,我们只应对于那些背着良心而做的事负责;从这法则便产生那反对将异教徒和无神派处死刑,和主张那些因缺乏学识而失职的法官和律师不该受罚的意见。

　　至于怯懦,最普通的办法当然是拿羞耻和凌辱来惩罚它了。相传立法官夏龙达(Charondas)最先使用这方法。在他以前,希腊法律把临阵退缩的兵士处决;他却只要他们穿女人衣服站在公共的地方示众三天,希望还可以用他们,既然羞耻可以使他们的勇气恢复回来。

> 与其流犯人的血,
>
> 不如使血涌到他脸上(德尔图良 Tertullien)

　　似乎古罗马律法亦将临阵退缩者问死罪。因为马尔塞连努(Ammien Marcellinus)告诉我们,朱里安皇帝把那十个冲锋时候背着巴尔特人逃亡

---

　　① **讼案**　1544 年,英王亨利八世围攻法国北部的布罗尼城,守将威尔文不战而降。1550 年法王以金钱赎回该城,威尔文受审被处死。

的兵士先革职,后处死刑,"依照古代的法律",他说。可是另一回,为了同样的过失,他只罚那些兵士与俘虏们同站在辎重旗下。罗马人对于那些从甘纳亡命和在同一次战争跟着福尔维乌斯(Caius Fulvius)败走的兵士所施行的酷刑①并不至于死。

不过羞辱可以驱逐他们到绝望的境地,把他们不独变成冷淡,而且变为仇敌:这也是可顾虑的。

我们父亲在日,原是夏提勇将军部下一个统领的佛朗泽大夫(Franget),受夏班拿将军任命为冯达拉比亚知府以代鲁特先生,既把城降于西班牙人,被革去贵族头衔,他和他的后裔都降为平民,要纳税而且不得再执干戈,这严厉的判词便在里昂施行。后来南苏伯爵(Nansau)进纪斯城的时候,城内所有绅士均受同样的刑罚,后来还有许多也是一样。

无论如何,当愚昧或怯懦到了这么粗鲁和明显,以至超出常情的时候,我们便当作不义和恶意的充分证据,并且照例惩罚亦是理所当然。

原著第一卷第十六章

初刊一九三八年八月二十五日香港《星岛日报·星座》二十五期

---

① **施行的酷刑**　福尔维乌斯被元老院判决流放,逃生士兵被放逐到西西里岛从事苦工。

# 26　论被困守的守城将应否出来议和

罗马钦差大臣路斯乌·马斯乌士（Lucius Marcius）与马其顿国王佩尔修斯（Perseus）作战之役，为要获得相当的时日以完成作战的准备，提出某种妥协。那昏睡的国王受了他的催眠，竟允许停战几天，因而给敌人以补充的机会和时日，而致自己最后的灭亡。可是罗马元老院的老人，不忘他们祖先的成法，贬责这种举动，以为有乖于古代"以勇战而非以诈战"的风气：无袭击，无夜斗，无诈败，无埋伏；不独永无不肯而战，甚且往往指定日期和地点。同样忠厚的心理使他们把那卖国的医生①送回皮鲁士，把那不忠的教师②交给法里斯克人。

这些都是真正的罗马法，迥异于希腊的狡滑以及布匿（Punique）③的奸诈，那些人视"以力取胜"没有"以计取胜"那么光荣。欺诈可以行于一时。但是一个人只有清清楚楚知道不是为时机或诡计所乘，而的确败于人对人的公开战争，才承认自己被征服。这些老人的说法证明他们并未接受这句名言：

> 与敌人交手，谁论力与诈？（维吉尔）

波里比（Polybe）说，亚加依人痛恨战争上各种诡计，除非他们的敌人勇气丧尽，他们不以为胜利。

---

① **卖国的医生**　伊庇鲁斯城邦御医，曾向来侵的罗马人提议毒杀国王皮鲁士。
② **不忠的教师**　法里斯克权贵的教师，曾把主人的子女带到罗马敌营去。
③ **布匿**　迦太基。

"一个智德兼全的人应该知道只有绝对的忠信与诚实得来的才是真正的胜利"。(弗洛路 Florus)

另一个人说：

让勇敢判断：看命运

把胜利归你或归我。(恩尼乌斯)

在那些我们很乐意称为野蛮的民族中，有一个铁纳特(Ternate)①国。他们的习惯是：在未战之前，声明有多少人马，多少军械，用什么战术，攻守的器械是什么。但是宣告之后，如果敌人不肯投降或讲和，他们就有权自由行动，无论用什么方法取胜也不能怪他们奸诈或不义。

古代的佛罗伦萨人距离那乘人于危之心是这么远，简直在未用兵前一个月，就不断以钟声警告敌人。他们称之为 Martinella(晨钟)。

至于没有那么多顾虑的我们，只要谁在战事上占上风的，我们便把战胜的荣誉奖给他，而且，继来山得(Lysander)之后，我们说"如果狮皮太短，可以用狐皮补足"。最普通的袭击机会便由这种狡诈风气造成。所以我们说，再没有比议和或谈判妥协的时候将领更应该警醒的。为了这缘故，当今的将领们口中流行一条通例：被围困的守城将千万不要亲身出去谈判。

我们父亲在日，那守模崇城(Mousson)以抵抗南苏伯爵的蒙摩(Montmord)和亚心尼(Assigni)两位领主便因此受责备。但是如果亲身去的确可以保存优势和安全，其举动是可以受人谅解的。基·德兰贡伯爵(Guy de Rangon)(如果杜贝莱的话可靠，因为基西雅尔典[Guichardin]说是他自己)在瑞史城就是这样办，当埃士古领主(Escut)走近城和他谈判的时候，因为离城这么近，在谈判中骤然起了纠纷，不独埃士古大夫及跟从他的军队自觉力薄，以致亚历山大·提里沃齐(Alexandre Trivulce)被杀死，而且为了自身的安全，还得听从德兰贡伯

———————————

① **铁纳特** 马六甲海峡的一个岛屿。

爵的话,紧随他以躲避城内的箭锋。

欧迈尼斯(Eumenès)守卫诺拉城,攻城将安提干奴士要挟他出城谈判,其中一个理由是:安提干奴士既是两人中比较强大的,欧迈尼斯出城见他正是合理的事。欧迈尼斯给他这样一个高贵的答复:"我一天有剑在手,断不会承认别人比我强大。"直到安提干奴士按他要求把侄儿托勒密(Ptolomaeus)给他作人质,他才肯出城。

然而也有听信攻城者的话出城而结果很好的。试看香槟骑士亨利·德伏(Henry de Vaux),在柯麦西堡见困于英人,统率英军的德彭纳(De Bonnes)既从外面把堡底大部分挖空,只要一星火便足以把堡内的居民埋在地底,于是传召亨利为他自己的利益出来谈判。亨利如言随着三人出去。眼见他自己的毁灭是怎样地不可避免,他不得不深深地感激他的敌人:因为他率着军队一起降敌之后,地道火起,梁柱通燃起来,不一会而全堡变成灰烬了。

我是很容易听信别人的许诺。但是如果我使人以为,这并非出自我的衷心和信任他的忠诚,而是由于绝望和缺乏勇气,我会没有那么情愿这样做。

原著第一卷第五章

初刊一九三八年八月二十六日香港《星岛日报·星座》二十六期

# 27　论谈判时之危险

我最近在穆斯当①(Mussidan)附近,眼见那些给我们军队驱逐出境的兵士和他们的友军大呼"背义",为的是正当休战会议之际,我军袭击他们,把他们冲散。这样的抗议在前代也许有道理,但是,我刚才说过,我们的方法已经完全脱离这种法则了。在最后的印鉴未盖上之前,我们切勿轻信别人。而且就这样也还未够,信任得胜的军队遵守那由容易与相宜的条件投降的城所立的誓盟,以及任由兵士们在胜利的兴高采烈中自由进城都永远是危险的事。

罗马的民政官埃弥利·烈芝路(Aemylius Regillus)费了许多时日还不能攻下夫卡城(Phocée),因为居民非常勇敢。于是和他们立约,允许把他们当罗马人的朋友看待,并且他的军队也和进一个同盟国一般进城,这样便消除了对方一切对于仇敌举动的畏惧。可是,为了显得特别威风,他把军队一起带进城之后,用尽了各种力量也不能约束军队。于是,贪婪与报复的权利压倒了军律与军令,他眼光光望着城市大部分被抢劫无遗。

克莱奥米尼三世(Cléomène III)说,战争的时候,无论我们对敌人干下多大的损害,在人神的心目中都是超出正义的裁判。既与阿尔戈斯人约好休战七日,他第三夜便趁他们熟睡扑击他们,把他们歼灭,宣称休战约中并未提及晚上。可是神明终于惩罚②这精巧的背盟。

---

① **穆斯当**　离蒙田古堡仅数公里的地方,文中所述事件发生于 1569 年。
② **终于惩罚**　克莱奥米尼三世后来战败,逃往埃及,自杀身亡。

在和议中,正当居民讨论本身安全的时候,卡斯里农(Casilinum)城忽被袭取,这事竟发生在将领最正直,罗马军律最严明的世纪。因为如果时地得宜,并非一定不许我们利用敌人的愚蠢,和利用他们的怯懦一样。无疑地,战争自然有许多损害理性的合理权利。在这里,这条法则便失败了:"我们不应得利于他人之愚。"(西塞罗)

但是我觉得非常惊讶,像色诺芬那么熟悉这问题的作家,又是良将,又是苏格拉底的首徒,对于他那位明主①言论和功业居然这么宽容。我实在不能像他那样事事处处都容许这么多例外。

奥比尼大夫(Comte d'Aubigny)攻加布亚城。经过了一场猛攻之后,守城将哥隆纳(Colonne)站在城堡上开始议和。当他的士兵精神比平常散漫之际,我军把他们全数俘虏和斩死。新近在依和城,罗麦鲁(Romero)像一个驯良的牧师似地出城去与国王军队统帅议和,回去时发觉城已被占了。可是,我们也有吃亏的时候。当壁士加侯爵(Pesquaire)攻热那亚城,守城将弗烈哥沙(Fregose)受我们保护,因为谈判已经达到大家以为完成的程度,而且差不多要结束了,西班牙人忽乘机偷进城,因而获全胜。又后来布里仁伯爵守力尼城(Ligny-en-Barrois),皇帝御驾亲自围攻他,他的大将伯台意(Bertheuille)出城议和,正谈判间,城已拔了。诗人说得好:

> 无论是机会或良谋
> 胜利永远是可贵的。(阿里奥斯托)

可是哲学家克里西波斯(Chrysippe)就不这样想法,即我亦不尽同意,因为他常说:"赛跑的人自然应该尽力跑快,但无论如何不能伸手去阻挡他的敌人,或伸脚去把他绊倒。"

英伟的亚历山大回答波里白贡(Alexandre Polypercon)劝他乘夜进政大流士的话更豪爽:"断不。"他说:"窃取胜利不是我的本领。我宁可怨

---

① **他那位明主** 居鲁士二世。色诺芬著有《居鲁士的教育》一书,以小说手法叙述居鲁士二世的生平。

命也不愿为我的胜利有愧色。"

　　阿里特逃了,米士纯可不乘机袭击,

　　也不趁他看不见从背后刺他;

　　他追上前,同他面对面相打;

　　他不屑以诡诈取胜,他要用利刃降敌。(维吉尔)

原著第一卷第六章

初刊一九三八年八月二十七日香港《星岛日报·星座》二十七期

# 28 论坚忍

　　果断与坚忍的法则并非要我们不得在能力范围内提防那些威胁我们的灾难,因而禁止我们戒备它们的突然侵袭。反之,一切预防祸患的方法不独应该,而且可嘉。坚忍的本色全在忍受那些无可救治的苦难。因此,要是用来抵挡别人底攻击,无论身体的敏捷,器械的挥使都不应该被贬责。

　　有些好战的国家打仗时全用逃避来作胜利的主要武器,把他们的背比他们的面更危险地示给敌人。土耳其人现在还多少保存这种风气。

　　柏拉图记载苏格拉底嘲笑那把"勇敢"解释为"坚决地站在阵线上以抗敌人"的拉凯斯说:"怎么,难道让步给他们以打他们就是怯懦么?"于是他征引荷马怎样赞美埃涅阿斯人善逃。等到拉凯斯经过一番思索,承认斯基泰人及普通骑兵都惯用这战术,苏格拉底还对他征引那善于步战的斯巴达人为例:他们历来打仗都是不肯退让寸土的。可是柏拉提亚之役,苦不能攻破波斯人的阵线,他们于是分散和后退,使敌人想像他们败退而追赶他们,以解散那牢不可破的集团。他们因此获胜。

　　关于斯基泰人,相传大流士征讨他们的时候,通牒给他们的国王,痛骂他的军队老是望后退以避免肉搏。伊达梯尔士(这是那国王的名字)回答他道:这并非因为怕他或其他生人,而是他的邦人进行的方式。因为他们没有田地城市房屋用得着捍卫,所以不怕敌人获得什么利益。要是有谁真是饿得忍不住要咬一口,不妨走近他们的坟场,就知道要跟谁说话。

　　不过枪战的时候,一个人既被瞄准(这在打仗是常有的),不宜于移动以图避免,尤其是枪击猛烈和迅速,我们以为是无避免的余地。如果有人因此举手或低头，最低限度也成为同伴们的笑柄。

然而，查理五世皇帝在普罗旺斯攻打我们之役，古亚伯爵（Guast）侦察阿尔勒（Arles）城，从他藉以蔽身的风车后面走出来，给那正在竞技场散步的本纳瓦尔大夫和亚支纳长吏瞥见。他们马上指给枪手威里埃大夫看，他用长枪瞄射得那么准，如果我们的伯爵来不及跳过一边的话，他就会适逢其会了。

同样，许多年前，乌尔宾公爵洛朗·德·美第奇（Laurent II de Médicis），国王母后的父亲，围攻意大利韦加利亚省的蒙多尔夫的时候，看见一口对他瞄准的枪着火，幸而他仆得快，否则那从他头上掠过的枪弹就会正中他底腹部了。

老实说，我不信这种动作是测算底结果，因为仓卒间你怎能断定瞄射的高低呢？不如说命运体恤他们的恐惧还较可信，而且下一次或许正因为躲避而送身于子弹也未可知。

不瞒你们说：如果一枝抬枪对我冷不防地轰响起来，我是要惊跳的，我看见许多比我胆大的人也不免要这样。

苦行派的哲学家亦不以为他们的灵魂抵得住那些出乎意料之外的最初印象和幻想，承认他们往往受自然的震撼，例如半空中的霹雳或大厦的崩溃，以至于拘挛失色。其他震动亦然，但只要判断力健全无损，理性不失均衡，而且毫不为恐怖或痛楚所迷惑就行了。对于常人第一步都是一样的，后一步可就完全不同了。因为对于他，震动不是留下肤浅的印象，而是深入理性的堂奥，把它玷污和变坏。他依照自己的震动判断，而且顺从它们。试看苦行派哲学的境界是多么优美和充分地在这句诗里表现出来：

　　*他的泪尽管流，他的心却不动。（维吉尔）*

逍遥学派的哲人并不超脱各种烦恼，不过加以节制罢了。

原著第一卷第十二章

*初刊一九三八年八月二十八日香港《星岛日报·星座》二十八期*

# 29　论无理固守一个地方的人该受惩罚

　　勇敢有一定的界限,和一切美德一样,越过限界便入于恶途,因为看不出这分界的人很容易走到浮躁、顽固和疯狂上去,而这分界亦的确不易辨认。由此便产生战时这种风气:那些顽固地坚守着一个兵法上不能守的地方的人该受惩罚,有时且处死刑,否则因为想得免惩罚,连鸡窝也希冀抗拒大军了。

　　蒙莫朗西(Duc de Montmorency)统帅在攻帕维亚之役,受命去渡提青河和扎营于圣安东尼城外,在城的尽头见阻于一座炮垒,守炮垒的人顽固地坚持到力竭为止。他把里面的人全数上吊。后来他又曾伴太子远征阿尔卑斯山外,用武力攻下维兰诺堡之后,堡内的人尽被那些狂怒的兵士斩杀,独留下将领和旗手以同样理由问吊绞死。意大利都灵官长马丁·杜布莱(Martin du Bellay)将军,对于圣波尼将军(Saint-Bony)亦同样对待,这后者的士卒在失守时全被屠杀。

　　不过,既然守者的强弱全观攻者的力量为比例(因为一个人可以很合理抵抗两口抬枪,想支持三十口大炮的轰击便是疯子),如果再把那讨伐的国王的伟大、显赫以及他所应得的尊崇也计算在内,便不免有过于着重在这方面之虞了。而且,由同样的推论,常有许多人觉得自己的威力么不可一世,以为无论什么都不配违拗他们,只要一天运气不离开他们,便要在遇到阻力的地方用刀;正如我们从东方的国王和他们现在的承继者所习用的挑战和招降的命令方式(那么骄横、傲岸而且充满着一种野蛮的专断)可以看出来的。

在葡萄牙最先进攻印度人的区域里,他们发现许多部落有着这条不可侵犯的普遍法律:给国王或他的大将亲身战败的敌人不能赎身,亦无恩赦。

所以,如果做得到,一个人应该留心,不要陷入那胜利而且武装的仇敌判官手里。

原著第一卷第十五章

初刊一九三八年八月二十九日香港《星岛日报·星座》二十九期

# 30　此利即彼害

雅典人德马特(Demadès)把一个经营殡仪的邑人定罪,理由是他索利过多,而这利又只靠许多人的死才获得。这裁判似乎不大合理,因为没有不损人而能获利的,而且照这样看法,一切赢利都要受惩罚了。

商人只靠青年人的浪费才兴旺;农夫靠麦贵;营造家靠房屋倒塌;法官靠诉讼和人们的争执;甚至牧师的尊荣和任务也得靠我们的死亡和罪恶;没有医生欣幸别人(即使是自己的朋友)的健康的;古希腊一个喜剧家说,也没有欣幸他本城治安的兵士;其余可以类推。尤甚的是,假如各人抚心自问,就会发觉他的最亲切的愿望大半是靠损害别人而产生和养育的。

鉴乎此,我不禁幻想到大自然在这点并不违背它的普通政策,因为根据一般自然哲学家的主张,每件事物的诞生、养育和发展,便是另一物的改变与腐烂:

> 无论何物的变更或迁化,
>
> 　刚才还生的此刻已死了。(卢克莱修)

原著第一卷第二十二章

初刊一九三八年十二月十日香港《星岛日报·星座》一三二期

# 31 　王者会晤的礼法

没有什么题目，无论怎样琐碎，不应该在这断简残篇里占一位置。

根据普通的规例，一个平辈，尤其是一位长者预先通知你到你家里来，如果到时你不在家，就非常失礼。岂止，纳瓦尔皇后玛格列特(Marguerite de Navarre)简直主张一个绅士离家(这是常有的事)去迎接来宾是无礼的，无论那来宾是怎样高贵；因为单是怕在路上把他错过，也不如在家等候他比较恭敬得多；只要在他走的时候送他就够了。

至于我，这两种虚仪我都常常忽略，因为我在家里废除了一切礼节。有人因此生气么？教我怎么办呢？与其我天天受人冒犯，不如我冒犯他一次为妙：否则岂非长期的缚束？又何必逃避宫廷的奴役呢，既然要把它拖到自己的巢穴里来？

这也是普通的惯例：无论什么聚会，卑者总应该先到会场，因为照理尊长有要人伺候的权利。可是克里芒教皇与弗朗索瓦王在马赛会面那一次，弗朗索瓦把应有的准备布置妥当之后，便自己避开，使教皇抵达后有三两天的休憩静养，然后和他相会。同样，克里芒教皇与查理五世皇帝同入布罗尼城，皇帝让教皇先到，自己后到。他们说这是普通的礼制，每逢这样的人物相会面，大的总比别人先到指定的地方，即使对方是会场的主人。据他们的解释，这仪式是要表明小的去谒见大的，而不是大的谒见小的。

不独每国每城有它特殊的礼节，每种职业都有。我小时候曾在这方面受过很谨严的训练，而且常和上流社会在一起，所以我还不至于不懂我们法国的礼法：我想我还可以办一间这样的学校。我很愿意遵守礼法，可是并不拘谨到使我的生活受缚束。其中有些是特别麻烦的。只要忽略是出于大方而非出于过失，也许更有风致。我常见许多人因为太周到，太拘泥而讨人厌。

总之，礼节是一种有用的学问。像美貌和丰采，它可以和缓我们和社会和朋友接触的第一步，因而打开那由别人模范来教导我们的校门，更进而使我们培植自己为人模范，假如我们有可以指导别人的地方。

原著第一卷第十三章
初刊一九三八年十二月十二日香港《星岛日报·星座》一三四期

# 32　论我们应该审慎去批判神的意旨

欺骗的真正范围和题目是渺茫的事物,因为,第一,怪诞本身令人入信;其次,既然这些事物不在我们日常经验之内,我们便失掉反驳的方法。为了这缘故,柏拉图说,谈论神性比谈论人性容易使人满意:因为听众底愚昧给我们一个优裕广阔的范围和无限制的自由去讨论隐秘的题材。

所以没有什么比我们最少知的东西受人坚信,也没有谁比那些用荒诞来款待我们的人如医、卜、星、相、术士等得人信任。在这些人的队伍里,我还要斗胆加入另一批人,就是那些上帝意旨的惯常解释者和监督者。他们自命能够找出每件事的原因,洞悉神意的秘奥,发觉它的事功的莫测天机;而且,虽然事件的纷纭和不断的变化把他们从一隅赶到一隅,从东赶到西,他们依然坚持着去追逐圆球,用同样的粉笔涂出黑和白。

在印度某国里,他们遵守这值得赞美的风俗:他们战败的时候,公开乞宥于太阳(那是他们的神),仿佛犯了不正当的行为似的。把他们的好运或恶运归诸神的理性,把自己的理性和判断力完全隶属于它。

对于基督徒,只要相信一切都来自上帝,承认他的神圣不可思议的智慧而接受它们,并且无论它们用什么形式降临都看作好意,这就够了。但我反对一般人用我们事业的成功和兴旺,来证实和支持我们的宗教的举动。我们的信仰已经有不少别的基础,用不着靠成败来获得认可;因为,民众既听惯了那么动听又那么合口味的论证,恐怕一旦事实于他们不利并和他们的期望相反的时候,他们的信仰便摇动了。譬如在我们现在的宗教战争中,那些在罗石拉卑尔(Roche-L'Abeille)之役占上风的,高声庆祝这偶然的成功,把他们的好运看作对于他们的主张的确定赞许;当他们后来要为他们在蒙龚图(Montcontour)和牙尔纳克(Jarnac)的失败辩解,说如果他们不能完全控制一个民族,那是因为受了天父的手所责罚和鞭挞的时候,他们很清楚地表明,他们是在磨一口袋谷取两重工资,用同一口气吹冷又吹热。倒不如对人们解释真理的真正基础好。

那是一个极大的海战的胜利:几个月前在奥国的唐·胡安(Don Juan d'Autriche)指挥下击败了土耳其人;但在别的时候,上帝却喜欢让我们看见别的于我们有损的同样的胜利。

总之,将神圣的事物来屈就我们的尺度而想它们不受损失,那是很难的事。谁想要解释阿利乌(Arius)和他的教皇利奥(两个都是那异端的主要领袖),在不同的时候遭遇那么离奇又那么相像的死(因为他俩都同是在辩论中感到肚子痛,退到厕所时忽然断气了),并且强调那神圣的报复因地点环境而加重,很可以把赫利奥加巴卢斯(Heliogabalus)的死加上去,他也是在厕所被杀的。但是那被牵连在同样命运里的伊连拿乌(Saint Irénée)①又怎样呢?

上帝为要教我们知道善人另有所希冀,恶人另有所畏惧,特地依照他隐秘的意向去统制和分配这世间的祸福,以剥夺我们愚蠢地看作偏袒自己的机会。谁想由人的推论去证明自己的优胜,他们就欺骗自己。他们永不能用长剑刺中一次,却反要身受两剑。圣奥古斯丁很巧妙地对他的敌人证明这点。这是一个靠记忆的武器多于靠理性的武器决胜的冲突。

我们得要安于太阳所喜欢由他的光线赐给我们的光;谁抬起眼睛去接受更多量的光,如果作为他的傲慢的惩罚,他失掉视觉,他可别奇怪。"因为谁能知道上帝的主张?或者能想像什么是上帝的意旨呢?"②

原著第一卷第三十二章

初刊一九三八年十二月十三日香港《星岛日报·星座》一三五期

---

① **伊连拿乌** 公元 2 世纪殉教,被狮子咬死,后被册封为圣徒。

② **上帝的意旨** 引自《圣经·旧约·智慧篇》第 9 章。

# 33　论牺牲性命去逃避娱乐

我的确曾经注意到多数古人都同意这一点：当活着坏处比好处多的时候，就是应该死的时候，而保存我们的生命去受痛苦和不安就是触犯大自然的律法，像古格言所说的：

> 或无痛楚地活着，或快乐地死去。
>
> 当生只带来丑誉，我们就应该死。
>
> 啊，我宁可死也不愿活在困苦里！

至于把死的轻蔑提到这么一个程度，以至用它来摆脱富贵荣华，以及其他我们称为命运的恩惠和福泽，仿佛那劝导我们放弃这一切的理性还不够忙似的，还要加上这新任务；我就从未见有人这样指示或实行过，直到塞内卡这段文章落到我手里。在那里面他劝卢齐利乌斯，一个极得皇帝信任的有权力的人物，放弃他那骄奢繁华的生活，从世间的野心归隐到一种孤寂与哲学的宁静生活里，卢齐利乌斯对此曾举出几点困难。塞内卡说：

> 我的劝告是，你要不离开你现在所过的生活，便得离开整个的生命；我的确极愿劝你走那比较平易的路，解开而不必斩断你那打得那么坏的结，只要你在解不开的时候把它斩断。没有人，无论怎样怯懦，不宁可只摔一次完事而愿意终身蹒跚的。

我原以为这劝告只符合苦行学派严峻的教义，但比较奇怪的，它竟是采自伊壁鸠鲁的——在同样的情形下伊壁鸠鲁曾经这样写信给衣多明纳。

可是我相信在我们自己的宗教信徒里也曾发见过性质相同的情绪，不过用基督教的中庸表现出来。波瓦蒂埃主教圣希拉尔是阿利乌邪说的著名仇敌，在叙利亚的时候，听见他那留在家里和母亲一起的独女为同邑一个最显赫的豪贵求婚，因为她是一个正当韶年的美丽、富裕，又极有教育的女郎。他写信给她（像我们所知道的），说她应该放弃那些摆在眼前的许多娱乐和利益；说他在旅途中找着一个更好更适合的配偶，一个权力和贵显都大过不知多少倍的新郎，将会给她许多无价的衣服和首饰等礼物。他的计划是要使她对于世俗的娱乐失掉胃口和习惯，把她整个儿献给上帝；但是因为他觉得达到这目标的最短捷的路径是他女儿的死，他就继续不断用誓言、祈祝和祷告求上帝带她离开这世界，唤她到天上。而事情就这样经过，因为他回家不久她便离开他了。他竟感到非常之愉快。

这个人似乎远超出他人之上，因为他一开头就想到这方法，别人却只用来作补助；而且，那是关系他的独女的。

但我不想删掉这段故事的结尾，虽然它并不切题。圣希拉尔的老婆，从他那里得知他怎样由意愿和计划获得他们女儿的死之后，对于永久的天上的福乐怀着一个那么深刻的观念，她极诚恳地求她丈夫为她同样做法。于是，当上帝答应他俩共同的祈祷，把她带到他那里去的时候，那是一个以共同极端的快乐去拥抱的死。

原著第一卷第三十三章

初刊一九三八年十二月十五日香港《星岛日报·星座》一三七期

# 34　论穿衣服的习惯

　　无论我目的在什么,总不得不冲破一些习惯的藩篱:它那么小心翼翼地阻拦我们一切的接近!

　　在这严寒的季节里,我正沉思着究竟那些最近发见的国家裸体的风气是温暖的气候所造成,像我们关于印第安人和摩尔人所说的,还是人类原始的风气。既然天下万事万物,如《圣经》所说,都受同样的律法所统制,明理人研究辨别天然的和人为律法的东西时,总是应用世界的普通规则,那是不容有丝毫伪造的。

　　现在,既然一切生物都很妥当地带有针线来保存自体的生命,要说只有我们被带到一个这么不完备和贫乏的境况,一个没有外来的帮助便不能存在的境况里,实在不能入信。所以我主张:正如大自然把草木鸟兽一切生物都配备有相当的遮蔽物以抵御天气的侵害,

　　　　因而几乎一切
　　　　都有皮,或壳,或树皮
　　　　或坚硬的胼胝遮盖。(卢克莱修)

我们亦然。不过,正如有些人用人造光来熄灭白昼的光,我们用借来的工具熄灭了自己的工具。我们很容易看出,使我们不能忍受那原来可以忍受的,只是习俗:因为在那些不知有衣服的国度中,有不少是和我们住在同样的气候里的。而且,我们身上最柔弱的部分就是那些没遮掩的部分:耳,目,口,鼻。至于我们的农夫,和我们的祖先一样,还祖露胸部和腹部。

如果我们生来就非穿裙裤不可,我丝毫没有怀疑,大自然会把那暴露给四季轰炸的皮肤装厚些,和我们的手指尖及脚底一样。

为什么这似乎难于入信呢?介乎我和乡下农夫的穿衣习惯,比起农夫和只穿皮肤的人的穿衣习惯,那距离大得多了。

多少人,特别是在土耳其,把裸体当宗教!有人看见我们一个叫化子在深冬只穿衬衣,却和蟋蟀一样快活,并且和那给黑貂蒙到耳朵的人一样不觉得冷,问他怎样忍得住。"你看,先生,"他答道,"你的脸也袒露着,我不过全身都是脸罢了。"意大利人说及一个似乎关于佛罗伦萨公爵的小丑的故事。他的主人问他穿得那么薄,怎么抵得住冷(这在他自己是做不到的)。"依照我的法子吧,"他答道,"把衣服通穿起来,像我一样,你就不会比我觉得更冷了。"马西尼萨(Massinissa)王即到了极老,大家也不能劝他戴帽子出门,无论多冷,风雨多大。据说塞维鲁(Septime Severus)皇帝也是一样。

埃及和波斯之战,希岁多德说他和许多人都注意到那还在战场的尸首,埃及人的头颅比波斯人的头颅坚硬过不知多少倍,理由是后者的头永远是盖着的,最先用头巾,后来用卷边帽,而前者却从小就剃光并袒露着。

阿格西劳斯二世直到衰老还遵守着冬夏都穿同样衣服的习惯。苏埃托尼乌斯(Gaius Suetonus Tranquillus)说,恺撒永远身先士卒,常常是步行,光着头,无论出太阳还是下雨;据说汉尼拔亦一样;

于是他光着头冒着暴风前进。(伊塔利库斯)

一个威尼斯人久居贝古国(Pegu)①,最近才从那里回来,记载那里的男女都永远赤着脚,即使是在马背,身体其他部分却是盖着的。

而柏拉图给我们这奇妙的劝告,要保持全体的健康,我们必须让头和脚不再有别的遮蔽,除了大自然所供给的以外。

---

① 贝古 缅甸古国。

那个在我们国王之后被选为波兰王①,而且的确是现代一个最伟大的王子,从不戴手套,也不换他在屋里所戴的小帽,无论天气多严冽。正如我外出不能不扣纽子那样,附近的农人如果非扣纽子不可将觉得拘束。瓦罗(Marcus Terentius Varro)力辩我们在神或长官面前所以规定要光头,那是为我们的健康,锻炼我们去抵抗天气的冷酷,多于为表示尊敬。

既然我们谈到冷,而且我们法国人习于穿杂色衣服(并非我自己,因为像我父亲那样,我很少穿黑白两色以外的衣服),让我补充另一点。马丁·杜贝莱记载他向卢森堡进兵的时候,经历一个那么凛冽的冰冻,以致军需的酒只能用斧头劈开,用秤来分派给士卒,让他们用篮子带走;而奥维德所说几乎一样,

> 冰冻的酒保留着船身的形状,
>
> 他们只能一片片吃,却不能饮。

巴鲁玛阿提德(Palus Maaotides)海口冰冻得那么厉害,以致在同一个地方,米提里达的船长曾经干着脚打仗并击败了敌人,到夏天他又胜了一场海战。罗马人和迦太基人在柏拉桑西亚(Plaisance)附近作战之役,罗马人蒙了很大的不利,因为他们带着凝结的血和僵冻的脚出战;汉尼拔却派火给全军以暖兵士,每战并备有香油来涂抹身体,以增加肌肉的柔韧和活泼,堵住毛孔去抵抗冷气和当时正刮着的冽风侵贬。

希腊人从巴比伦败退,因所克服的困苦和艰难而出名。其中一个是,在亚美尼亚山碰着风雪,迷失了方向和道路;而且,因为突然被袭,一昼夜没有饮食,大部分畜牲死了,许多人也死了,许多给追逐的雹和闪耀的雪弄瞎了,许多四肢残废了;许多虽然五官俱全,却木僵、麻痹,不能在寒冷中移动了。

亚历山大见过一个国家在冬天把果树全埋起来,以保护不受霜雪侵害(我们也可以看见同样的事)。

---

① **波兰王** 巴托里(Étienne Bathory,1533—1586),匈牙利王子,1575 年被选为波兰国王。

关于穿衣服,墨西哥王每天换四回,从不穿第二次,不断把弃掉的衣服用作施与和奖品;而且无论盘或碟,或其他厨房或饭桌用具,都不再用第二次。

原著第一卷第三十六章

初刊一九三九年二月一日至二日香港《星岛日报·星座》

一八四至一八五期

# 35　命运往往不期而和理性携手

命运种种摇摆的反复无常,使她必然显出各式各样的形相。

还有比这表现得更清楚的公正行为么? 公爵瓦兰廷诺(Duc de Valentinois)立心毒死科内特枢机主教亚特利安(Adrian),在他父亲教皇亚历山大六世(Alexandre VI)及他自己去主教在梵蒂冈的家里用晚膳前,他遣人带了一瓶酒先行,并要该人严嘱酒役长小心看管。教皇比他儿子先到并索饮。那酒役长以为这酒特别委托给他是因为它的美好,斟了一杯给教皇;公爵本人刚好在入席时到,以为他那瓶酒还没有人动过,也饮了些。结果是父亲当众死去;至于儿子,经过了长期的痛苦呻吟之后,被留给另一个更坏的命运。

命运有时似乎故意播弄我们。埃士特雷(Estrée)领主那时是汪杜默殿下的旗手,和亚士哥公爵军队里的上尉里克(Liques),同向福克哲勒子爵的妹求婚,尽管他们属于不同的阵营(这在边境的邻居是会有的)。里克领主夺得锦标。但在婚礼那天,而尤其糟糕的,在洞房之前,新郎想赛一次枪,以对年轻的新娘致敬,他到圣欧默附近作战,在那里,那较强的埃士特雷把他俘虏。并且,为要使他的胜利更赫耀,那少女

> 被逼去把那刚接到她香闺的新郎
>
> 从她的绮腻的怀抱解开;
>
> 被逼,直到第二个冬天温甜的长夜
>
> 给她的饥饿的爱同样的欢快——(卡图卢斯)

竟不得不求他施恩把俘虏释放。他照办了：既然法国的贵族从不拒绝一个贵妇的要求。

命运可不仿佛是一个艺术家吗？海伦的儿子君士坦丁建立君士坦丁帝国；同样在许多世纪之后，海伦的一个儿子君士坦丁结束了它①。

有时命运高兴去超越我们的奇迹。历史记载克洛维（Clovis I）国王攻安古连的时候，城墙由神助竟自行倒下来；布谢根据可靠的史乘说，罗伯尔王（Robert II）围攻某城的时候，自己抽身到奥尔良去庆祝圣埃尼昂（Saint Aignan）节。当他还在群众中虔心祷告，被围的城墙不待攻城人丝毫的努力，已经崩溃了。在我们征米兰的战争中，命运的行为却刚相反。因为队长朗士替我们攻埃联纳城（Éronne）的时候，埋在一大段城墙下的地雷既爆发，城墙整个儿被举起来；但那么完整又那么凑巧地落在原来地基上，以致那些被困的人并不比刚才更坏。

有时命运行医。弗里城的雅逊（Jason Phereus）胸上长了一个痛疽，医生们已告束手了。他宁死也要把它去掉，在阵上不顾一切地冲入敌人的重围，身上受了一处那么合当的伤，疽竟溃裂而他也痊愈了。

命运的绘画智识不比画师普鲁托日纳（Protogénés）高明吗？这画家，画完了一只精疲力竭的猎犬之后，觉得各方面都很满意，唯独口边的涎沫无论如何也画不好；他恼起来，把海绵浸透了各种颜色，向画上抹去，目的完全是要把画毁掉。命运再恰当不过把涂抹刚刚放在狗颚上，完成了画家的艺术所不能实现的效果。

命运有时不也修改和匡正我们的计划吗？

英国王后依莎贝尔（Isabelle de France），带着一支军队从西兰重渡海回到自己的王国，去助儿子对她丈夫作战，如果在原定的港口登陆，她就完了，既然她的敌人正埋伏在那里等她；但命运不依照她的意思，把她

① **君士坦丁帝国**　公元330年，由君士坦丁大帝（Constantin I Le Grand，约270—337）开国，建都拜占庭。末代皇帝是君士坦丁十一世（Constantin XI，1404—1453），1453年奥图曼帝国入侵时战死。他们的母亲都名叫海伦（Hélène）。

抛到另一个地方，使她得安全登陆。还有这位古人，向狗扔石头，却扔中并击死他的后母，不太有理由吟出这句诗么？——

命运比我们明慧。（米南德）

以色达（Icétas）教唆两个兵士去杀蒂莫里安（Timoléon），后者那时候旅居西西里的亚德兰纳。兵士挑选他献祭的当儿，混在人丛中，正互相打暗号说时间最适宜于他们的勾当，却见第三兵士用剑向其中一个的头上狠狠刺了下，把他刺死在地上而逃去。他的同伴，以为被人发觉并且失败了，跑到祭坛去找庇护，答应把真情完全吐露出来。当他把谋叛的故事诉说的时候，又看见那第三个兵士被人捉住，当作刺客，被人边推边踢地从人丛中推向蒂莫里安和集会中最有名望的人面前。在那里他大呼开恩，说他只杀了他父亲的凶手。他的运气恰好供给他许多证人，证明他父亲的确是在列昂提纳给他刚才报复的人杀死。他获得十两雅典币的赏赐，因为他幸运地把他父亲的死，变成救生西西里人之父的机会。就这件事说，命运的公正超过了人类智慧所定的一切法律。

最后，下面的事实可不昭示命运的恩惠、仁慈和非常的怜悯的一个明确实施么？依纳蒂（Ignatius）父子俩既被罗马三执政宣布不受法律保护，决意把自己的生命互相交托给对方手里，不让暴主们下毒手。他们手执着剑，互相向怀里冲去，命运指挥他们的剑锋，并使二者的刺戳都同样致命。而且，为要使这高贵的爱显得更荣耀，让他们剩下相当的力量，去把那武装的血污的手从伤口拔出来，并互相拥抱得那么紧，以致那刽子手一刀便斩下他俩的头，他们底身体依然紧扣在这高贵的维系里，而他们底伤口那么样联成一片，简直互相挚爱地吸取对方的血液和残余的生命。

原著第一卷第三十四章

初刊一九三九年二月三日至四日香港

《星岛日报·星座》一八六至一八七期

# 36　论习惯与改变成法之不易<sup>①</sup>

　　我觉得那第一个编造这故事的人一定很认识习惯的力量。据说一个乡下女人,把一只小犊自初生时便抱在手里抚摸,这样继续下去,习惯成自然,到了它长成大牛了,她还抱得起它。因为,习惯实在是一个凶暴而又狡猾的女教师。她的威权偷偷地渐渐地插足于我们里面! 可是由这温和卑微的开始,藉了时间的帮助把它安插妥当之后,她便对我们摆出一副凶暴而专制的面孔,我们连抬起眼睛去反抗的自由都没有了。我们看见她到处都违反自然的律法。"习惯对于任何事都是最有效的教师。"(老普林尼)

　　我相信柏拉图在他的《理想国》里所说的岩洞,也相信那些常常放弃医理去迁就习俗的医生。我也相信那使他的肚子习于服毒的国王<sup>②</sup>,以及据阿尔伯(Albert le Grand)说那惯吃蜘蛛的女子。

　　在那新印度(Indes nouvelles)<sup>③</sup>地区,人们发现许多大国,并且在极不同的气候里面把蜘蛛养肥之后才拿来吃,同时也吃蝗虫、蚂蚁、壁虎和蝙蝠(在饥荒的时候一只虾蟆可以卖六金币);他们把这些东西用各种酱

---

① 本文原刊出现上下文不连贯之处,《蒙田试笔》(华东师范大学出版社 2016 年版)编者据法文原著补译缺句。

② **习于服毒的国王**　米特里达提六世(Mithridate VI,约前 131—前 63),中亚细亚地区本都国(Pontus)国王。传说每天服食毒药,以求增加身体抵抗能力,防止被毒杀。

③ **新印度**　美洲。

汁来烹调。还有些国家对于他们肉类及其他食物简直是致命的毒药。
"大哉习惯之力：猎人在雪中过夜或在山顶曝日；拳术家们为夹鞭所击伤
而丝毫不呻吟。"（西塞罗）

　　这些对于我们来说陌生的例子其实并不足怪，如果我们反省平常的
经验，习惯怎么地麻木我们的官能。我们用不着去找寻那些相传住在尼
罗河边的民族①，或者哲学家们对于天乐的解释②。据说那些坚实的天体
在转动的时候互相摩擦冲击，自然产生一种奇妙的和谐，这和谐的抑扬顿
挫造成了星辰的转变和舞蹈。可是无论这音响多么大，普天下的生物的
听觉，像埃及人的听觉给尼罗河不断的水声所催眠一样，竟不能听到这连
绵不断的和谐。鞋匠、磨坊工匠和铁匠们，如果也像我们一样惊诧，会不
能忍受那打击他们耳鼓的声音。我的香味上衣③很能娱悦我的鼻子，可是
如果接连穿上三天，就只有旁人闻得到它的香气了。尤奇怪的是，即使经
过长久的闲歇，习惯依然能够把痕迹留在我们的官能上，并且影响它，住
在钟楼附近的人都有这种经验。我住在家里一个塔楼上，那上面一个大
钟每天无论早晚都敲着圣玛利亚颂歌。这叮当的声音使我的楼阁都震动
了。虽然头几次我觉得简直不能忍受，不久我便习熟了，不独不觉得骚
扰，并且常常不致为它吵醒了。

　　柏拉图责备一个孩子作石弹戏。他答道："你为一件小事责备我。"柏
拉图反驳道："习惯并不是小事。"

　　我觉得我们最大的恶习从最柔嫩的童年便成癖，而我们教育主要部
分在保姆的手里。许多母亲看见她们的小孩拗折鸡的颈脖，和追打猫狗
为戏，觉得很好玩；不止一个愚蠢的父亲，看见他的儿子打骂一个不能自
卫的农夫成奴仆，以为这是一种尚武精神的好兆头，或者看见他用恶意的

---

① **尼罗河边的民族**　西塞罗在《西庇阿之梦》（*Le Songe de Scipion*）记述，这地区的
　　人因为瀑布响声而失去听觉。
② **天乐的解释**　毕达哥拉斯、柏拉图、老普林尼、西塞罗等哲学家，均把音乐和天体
　　联系在一起。
③ **香味上衣**　中世纪流行的男装紧身上衣，在特别场合穿着。

奸巧和诡计取胜他的同伴,以为这是智慧的表示。不知道这些都是残酷、凶暴和叛逆的真正种子和根基:它们在那里萌芽,很壮硕地舒展起来,并且在习惯的手里欣欣向荣。借口年纪太轻或世故太少而宽恕这些劣根性,实在是一个危险的教育法。第一,那是天性在说话,而天性的声音越清纯越幼稚,也就越脆弱越新奇。其次,欺诈的丑恶并不在乎金钱或一根针之差异,而且在它本身。

我觉得与其像他们那样推断说:"他只偷一根针而已,决不会偷钱的。"毋宁这样说:"既然他骗针,为什么不骗钱呢?"这准确些。我们要小心教导小孩因为恶习的本质而憎恶恶习,并且指出这些恶习的天生丑恶,使他们不仅在行为上逃避,而尤其在心里要逃避;使他们连想起来也觉得厌恶,无论恶习戴的是什么面具。

我知道很清楚,由于自幼被教导走平坦的大道,并且不肯把诡计和奸巧混在童年游戏里(而且,我们得知道,小孩游戏并非游戏,而是认真的行为),所以无论怎样轻微的消遣,我都由衷地,出自天性而毫不费力地,对于欺骗表示极端的厌恶。我玩纸牌,账目总算清楚,无论所赌的是一两文钱,或者一笔大款;无论是同我妻子女儿玩耍,输赢满不在意,或者我认真赌博的时候。随时随地,我自己的眼睛便足以使我站直,没有谁更严密地注视我,也没有谁更受我敬畏的。

我刚在家里看见一个原籍南特的侏儒,他生来便没有手臂,但他训练两只脚去做两只手要做的事,训练得那么透彻,他的脚事实上已经一半忘记了天生的作用。他索性称脚为手。他斩削,装子弹和放枪,穿针,缝纫,写字,脱帽子梳头,打牌和掷骰子,并且洗牌和摇骰子跟任何人都一样敏捷。我给他的钱(因为他靠这样表演来糊口),他用脚拿走,正如我们用手一样。我小时候还看见一个,因为没有手的缘故,用颈的折皱来挥舞一把双手剑,一枝戟,把它们抛到空中,又接回来,掷匕首,挥鞭子,跟法国任何一个御者都一样纯熟。

可是习惯的效力特别从我们心灵上所产生的印象显现出来,在那里所遇到的抵抗力是更小的。有什么习惯不可以加诸我们的信仰和判断力呢？无论怎样奇怪的意见（且别提那些宗教的大骗技，许多国家和卓越的人士都被愚弄的。因为宗教既然超越我们理性的能力，除非特别得到神恩感召，在这些问题上面迷误是比较可原谅的），关于其他事物的无论怎样怪异的意见，习惯不任意随处植树起来呢？难怪一个古人这样喊道："一个自然哲学家，就是说，一个大自然的观察者和测量者，竟还在一些为习惯所奴役的头脑找寻证据，有更加可羞么？"（西塞罗）

我相信人类想象力所能够的幻想，无论多么疯狂，都可以在某些风俗找到实例，因而为我们的理性所树立和扶持。有些民族以背相向作见礼，并且从不抬头瞻望他们所要尊敬的人。有一个国家，国王吐痰的时候，他那最宠爱的妃嫔伸手去接。另一个国家，国王左右最显赫的大臣鞠躬去用布拾起污物。

让我们在这里偷闲来讲个故事罢。一个法国绅士常常用手揩鼻涕，这是件我们的习惯最难容忍的事。为要替自己辩护（他是有名善辩的），他问我究竟这肮脏的排泄物有什么权利，可以要求我们用一块美丽的白布去接它，并且，尤甚的，把它包起来，小心放在身上呢？这可不比那把它随意乱扔，像我们处置其他排泄物一样更可怕更恶心么？我觉得他所说并非无理由：习惯使我不觉得这做法奇怪，但当人家说及其他国度这样做的时候，我们就觉得很讨厌。

奇迹的存在总是根据我们对自然的愚昧，而不是根据自然的本质，对于事物的熟视，往往蒙住了判断力的眼睛。野蛮人之于我们无论在那方面，都不会比我们对于他们更奇异，也不会更有根据：这是任何人都要承认的，如果他检阅过这些新发见的例子之后，晓得怎样对自己的经验加以反省，并且正确地比较。人类的理性是一种染液，分量大体相等地渗入我们一切见解和风俗，无论这些见解和风俗所取的是什么形式：无数的质地，无数的种类。

回到本题罢。有些民族除掉国王的妻子外，谁对他说话都要经由一只传声筒。在同一个国度里，处女暴露私处，已婚妇女却遮住，小心隐藏。另一个地方另一种风俗与此类似，贞洁只在结婚后才被看重，因为少女们可以任意取乐,而且,既受孕之后,公开用药打胎。有些地方生意人结婚,参加婚礼的商人在他之前和新娘子睡觉,睡的人越多,她越有脸子,越有结实能干的名声。官吏结婚同样进行,贵族一样,其他人也如此,除了农夫或下等人,这时由领主来睡。虽然这样,婚礼时还叮嘱新娘笃守妇道。有些地方有男妓院,甚至男人可以跟男人结婚。有些地方女人和男人并肩作战,不独打仗,还可以指挥。有些地方不独鼻子戴有戒指,嘴唇、两颊、脚趾也戴,并且用很沉重的金条穿过乳房和臀部。有些地方食东西的时候,在两股、睾丸和脚掌上揩手。有些地方承继人不是儿子而是兄弟和侄子,到他死只有侄子才能承继,但王位承继除外。有些地方习俗分配共同的财产,由最高的官吏负责所有土地的耕种,和依照每个人的需要分配收获。有些地方悲哭小孩们的夭折,却庆祝老人们的死。有些地方人们和他们的女人十个十二个睡在一张床上。有些地方女人的丈夫如果暴卒可以再婚,其他的却不能。有些地方女人那么被人看轻,女孩一生出来便被杀死,男人们向邻国买女人来满足他们的需要。有些地方丈夫可以毫无理由出妻,女人却无论什么理由都不能离开丈夫。有些地方如果女人不生育,丈夫可以把她出卖。有些地方人们把死者烹煮,打成浆,然后混在酒里饮。有些地方最可贵的葬礼就是被狗吃掉,另一些地方则被鸟吃。有些地方人们相信,那些幸福的灵魂逍遥自在地活在乐园,具备了种种舒适的好东西,而且就是这些灵魂发出我们所听见的回声。有些地方人们在水里打仗,游泳的时候射箭百发百中。有些地方当你走进王宫的时候,为要表示服从,你得耸肩低头,并把鞋脱掉。有些地方那些看守尼姑的太监连鼻和嘴唇都要被削掉,以免还有被爱之虞。教士们自己挖掉眼睛,以便和他们的幽灵交通,并接受神谕。有些地方每个人可以自己任意供奉一个神:猎人供奉狮子或狐狸,渔夫供奉某一种鱼;每个人的行为和热情都可以造成偶像:太阳、月亮和大地是主要的神祇,发誓的方式就是一面摸着地一面望着太阳;兽肉和鱼都是生食。有些地方最隆重的发誓,就是以一个本地享令名的死者名字,用手摸着他的坟墓赌咒。有些地方国王送给他的部属的新年礼物是一把火。当使者把火带到的时候,家家的旧火都要灭掉,那些国王治下的百姓就得每个亲自到主子的家里来取火,否则以叛逆论处。有些地方国王为专心奉神(这是常有的事),禅让他的王位,他的第一个承继者也要同样做法,把王位让给第三个承继人。有些地方人们因事务需要而改变政体:任意罢免国王,用元老替代来治国,有时候甚至把统治权交给民众。有些地方男人女人都受割礼,行同样的洗礼。有些地方一个兵士如果在一次或数次战争中,能够斩七个敌人的首级献给国王,便被封为贵族。有些地方人们生活在"灵魂朽死"这野蛮不平常的信仰之下。有些地方女人生小孩既不叫痛也不惊慌。有些地方妇女两腿戴铠甲,如果虱子咬她们,就得反过来咬虱子,以尽慈悲的义务。如果国王看中她们,在献出童贞前她们不敢嫁人。有些地方人们互相见礼的时候,把一只手指放在地上,然后又举向天上。有些地方男人用头顶来承东西,而女人用肩膀。女人站立小便,男人蹲着。有些地方送血液作为友谊的表示,焚香来供奉他所崇敬的人,当神灵一般。有些地方不独四代之内的亲戚不能通婚,任何远亲都不能通婚。有些地方小孩吃奶到四岁,有时到十二岁,而就在这地方,人们相信婴儿生下来第一天吃奶可以致命。有些地方父亲专管惩罚儿子,而母亲分开惩罚女儿,惩罚的方法是把他们倒吊起来用烟熏。有一个民族替女人行割礼。有些地方吃各种青草,除了不吃觉得气味臭恶的以外,竟无别的抉择。有些地方什么都是洞开的,无论多么富豪和华丽的大厦,都没有门,没有窗户,没有可以锁的箱子,在那里盗窃的刑罚两倍于其他地方。有些地方人们像猴子般,用牙齿来弄死虱子,而觉得用指甲钉死不雅观。有些地方人们永不理发或剪指甲。别一个地方只修右手的指甲,让左手的指甲长长作美丽的装饰。有些地方让全身右边的毛发尽量生长,把左边的剃光。这地方的邻近有些人留前面的头发,另一些留后面的毛发,而把另一方面的剃掉。有些地方父亲租出儿女,丈夫租出妻子给客人玩乐。有些地方可以合法地和母亲生孩子,父亲可以跟女儿和儿子混在一起。有些地方聚会吃喝玩乐的时候,互相借用自己的儿女,不管什么亲戚关系。

这里以人肉为生,那里杀死上年纪的父亲是孝心表现,另一处父亲指定那些还怀在母亲腹中的小孩,那一个当保留和抚育,那一个当抛弃和杀死。有些地方年迈的丈夫让妻子替年青人服务,另一些地方的妇女,人人共享,不算不守妇道。在某些国家,她们甚至在裙子边上挂上美丽的缨子,睡过几个男人就挂几个,作为荣誉的标记。

习惯不是也造就了一个女儿国吗①? 不是把武器交给她们,组成军队和进行战斗吗? 整个哲学无法灌输进最有智慧者脑袋的东西,习惯不是单凭自己的规则,便把最粗野的人教会了?

因为我们知道一些国家,举国上下不仅不怕死,而且欢迎死。某些地方七岁的小孩就能忍受鞭笞,一直到被鞭死也脸不改容。有些地方的财富那么被人轻视,就是城里最卑贱的人也不肯屈身去拾起一个装满金钱的钱袋。我们还认识有些地方物产非常丰饶,可是那最平常也最鲜美的食品就是面包、青菜和白水。

习惯可不曾在希俄斯岛(Chio)那地方造成这奇迹么? 七百年间,没有人记得曾经有一个妇人或女子失掉她的贞节。

总之,据我的幻想,没有什么习惯不做或做不到的。无怪乎品达罗斯(Pindaros)(有人告诉我)称习惯为"世界的女王及皇后"了。

有人被看见正在打他父亲,回答说这是他的家风,他的父亲曾经同样打他的祖父,他的祖父也同样地打他的曾祖父,并指着他儿子说:"他到了我的年纪也将一样打我。"

他的父亲被他在街上生拉硬拽,横加虐待,到了一道门前,却喝令儿子住手,因为他当年只把父亲拉到那里,这是他们家庭祖传的儿子虐待父亲的界限。

亚里士多德说,女人扯头发,咬指甲,吃木炭和泥土,既出于习惯,也因为病态。男人与男人发生关系,出于习惯更多于天性。

良心的律法,我们以为出自天性的,其实出自习惯。每个人既在心中崇敬那在他四周被大家接受和嘉许的意见和习俗,他就不能遗弃它们而

---

① **女儿国** 古希腊传说中的女儿国亚马逊(Amazones)。

没有懊悔，或遵照它们而不深自嘉许。

过去的克里特岛(Crète)居民，当他们要诅咒一个人的时候，便祷告神明让他缠上某种恶习惯。

可是习惯力量的最大效果，就是抓住和箝住我们得那么厉害，以致很难摆脱她的爪子，恢复我们的自由，去讨论和研究她的法令。真的，既然我们自幼便把习惯和母亲的奶汁同时吸入，而世界向我们婴孩的眼睛露出同一的面孔，我们仿佛生来就是为跟着同一条径走的。在我们四周发见的一般流行的想象，跟着我们父亲的种子渗入我们灵魂，便显得自然而且普遍。

所以一切脱离习惯的范围的，我们便以为脱离理性的范围：天知道大多数时候是怎样不合理的！

每个人听到一句格言立刻说这句话怎么关系到他本人，假如他像我们习于自省的人学会了那样去做，就会发觉与其说这是一句好格言，不如说是对于他的判断力的平凡愚钝一下很好的鞭挞。但是当我们接到真理的告诫和教训，当作给一般人，而不是给自己的。我们每个人都不把它实施于我们的习俗，而只愚蠢地毫无用处地把它们背诵。

让我们回头谈习惯的无上主权罢。那些在自由和自治中生长的民族，觉得其他一切政体都是反常的和不自然的。习于专治政体的人们亦是一样。无论命运供给他们怎样的方便去变革，即使他们费了极大的力量，摆脱了一个天怒人怨的君主，他们很迅速地，并且用了同样大的力量，去树立另一个，因为他们不能下决心去憎恶一个专治的政体。

习惯使每个人都满足于大自然把他安插的所在：苏格兰的野人无所用于都兰(la Touraine)。斯基泰人亦无用于色萨利(Thessalie)。

大流士问希腊人，怎样才会使他们采取印度那把死去的父亲吃掉的习惯(因为这是印度的风俗，相信没有比腹部更适宜于做他们父亲的坟墓的)，他们回答无论怎样都不会这样做；可是，当他试去说服那些印度人，要他们放弃自己的习惯，采取希腊人的风俗，烧掉他们父亲的尸首，他们显得更惊怖。人人都如是，既然习俗遮掩了事物的真相。

> 无论开端多么伟大和神异，
>
> 渐渐在人心显得平平无奇。（卢克莱修）

有一次，我有机会去为我们的一种风俗辩护，这风俗是我们四周许多地方都毫无异议地接受的。和一般人不同，我不愿意仅仅由法律和事例的力量去建树，而不断地追究其来源。我发觉它的基础那么薄弱，不禁失去兴趣，虽然我的任务是要对别人把它证实。

柏拉图就是用这个他以为是最主要的单方，从事驱逐当时那些违反自然的爱情：他要舆论贬责它们，诗人，甚至每个人都要编造一些关于它们的可怕故事。有了这单方，最美丽的女儿是不会再吸引她们父亲的爱，最漂亮的兄弟亦不会吸引他们姊妹的爱。提埃斯忒斯（Thyeste）、俄狄浦斯（Œdipe）和马加勒士（Macareus）这些寓言①，带着诗的魔力，便足以把这健全的信仰渗入小孩们幼嫩的头脑里。

公开的确是一种美德，它的用处已经几乎尽人皆知。但是要依照理性去讨论或为它辩护之困难，正和依照习惯、法律、训条去替它辩护之容易相等。原始和普遍的理性是很难探讨的，我们的大师们只轻轻地掠过，或者，简直连碰都不敢碰，立刻投身到习惯的神龛：在那里可以大吹大擂，享受一种易得的胜利。那些坚持去找寻来源的遭遇更完全的失败，他们不得不接受野蛮的观点。试看克里西波斯，在那散布于他的著作的许多段文章里，对于任何乱伦的结合都显得那么不重视。

谁想摆脱习惯这猛烈的偏见，他会发觉许多被一般人毫无疑惑地接受的事体，没有别的根据，除了那些随它而来的习惯的白胡须和皱纹。但是，一经撕掉面具之后，把事体交托给真理和理性，他就会感到他的判断颠倒错乱，虽然已回复到一个更可靠的境况。比方说，我到时要问他：看着一个民族被逼去服从一些他毫不了解的法律，一切家事如婚姻、赐赠、遗嘱、买卖都受制于一些他并不懂的条例，这些条例既非用他自己的文字写和发表，到必要时他还得用钱去雇人解释和运用，还有比这更离奇的事

---

① **这些寓言** 常见于古希腊文学作品的三个人物，都和家族乱伦有关。

么？这些法律没有遵照伊索克拉底(Isocrate)的巧妙主意,他劝国王让人民贸易自由,不必交税而且有利可图,而对他们的纠纷和斗争要残酷,并科以重金。可是这些法律却根据一种怪诞的主意,把理性本身标价,把法律当作出卖品。我很感激命运,因为历史家告诉我们,第一个反对查理曼大帝(Charlemagne)把拉丁罗马帝国法律加诸我们的是一个加斯科尼人,是我的同乡。

还有什么更野蛮于看见一个国家,在那里根据合法的习惯,裁判权是出卖的,裁判是用现款买来的,在那里那些买不起的人便无从得着正义是合乎法律的,而且这货品那么被重视,以致在政府治理里面,除了原有的教会、贵族和人民三种阶级外,还组成那专事支配法律的第四种阶级的人。这阶级因为掌握着法律,对于生命财产有无上权威,在贵族里自成一个集团。因此便产生了两重的法律,荣誉法律和正义的法律,两者在许多方面往往互相矛盾。前者处罚一个忍受欺骗的人,后者处罚一个报复欺骗的人,其严厉的程度正相等。根据军法,谁容忍侮辱便要失掉荣誉和尊贵,而根据民法,谁报复同样的侮辱便要被处死刑(谁因为荣誉被侵犯,诉诸法律以求直,便要失掉荣誉;谁不诉诸法律,他就要受法律处罚)。而这两个这么不同的部分,其实只是为同一个主人负责:一个主持和平,一个主持战争;一个主持利益,一个主持荣誉;一个主持智识,一个主持道德;一个主持言论,一个主持行为;一个主持公道,一个主持勇敢;一个主持正义,一个主持武力,一个穿长袍,一个穿白短裤。

至于那无关轻重的事,譬如穿衣裳,谁愿意回到它们那原来的用处(那就是为了身体的服用和舒适,它们的美观和妩媚全在此),我给他指出一些我认为最古怪的东西:我们的四方帽子①,那挂在我们女人头上的用天鹅绒叠成的长尾巴及其五光十色的装饰,还有我们羞于称呼的肢体的无用的模型,我们都把它在大庭广众中炫耀。可是这些考虑并不妨碍一个人去遵从大众的作风。不过,在另一方面,我觉得一切离奇古怪的风气

---

① **四方帽子** 教士、法官或博士戴的帽子。

都是从疯狂或野心的矫情而来,而非来自理性。一个聪明人对于内在的思想和意见,应该把自己的心灵远离一般群众,保持它的自由,让它有自由判断一切的力量。可是对于外表,他应该依照那被大家接受的式样和风气。社会对于我们的思想毫无关系,可是在此之外,如我们的行为、工作、命运和生命,却应该完全为社会服务,交托给大众的意见。那贤哲伟大的苏格拉底拒绝去反抗判官——即使是极不公不义的判官——以自救,便是最好的榜样。因为一切规矩中的规矩,一切法律中的法律,就是每个人要遵守他所居留地方的法律:

**恪守自己的国法是无上的善。(希腊格言)**

还有这另一套。我很怀疑改革一条无论怎么坏的成法可得到的明显的利益,会超过它所包含的坏处;因为政府是一个各部分密切组成的机构,要摇动一部分而不致影响其余是不可能的。图里昂(Thurion)的立法者颁布这命令:谁提议取消一条旧法或建立一条新法,得在颈上带着 条索子去见民众,以便万一他的革新不为每个人所赞成时,他就要立刻被绞死。斯巴达的立法官毕生事业,就是要从他公民取得一个不侵犯他任何的法令的诺言。斯巴达监察官很粗暴地割掉夫里尼(Phrinys)增添在琴上的两根弦,丝毫也不费心去考虑这增添是否较善,或和弦是否更丰满。对于他,只要是对于旧习惯的改变便是有充分理由谴责了。马赛城那生满了锈的正义之剑的意义就在此。

我讨厌任何一种的改革,而且很有理由这样做,因为我目击它的惨烈的效果。已经坠压着我们这许多年的改革①虽非一切由它做,但我们可以有充分理由说,它意外地产生了一切,甚至那后来不因它或反对它而发生的灾害和毁灭。这改革应该负起一切责任。

**唉,我竟受了我自己的利矢所伤!(奥维德)**

那些摇动政体的人首先要身受其祸。作乱的果实很少为作乱的人所

———————
① **改革** 16世纪初马丁·路德发起的宗教改革运动。

得,他把水搞混了给别的渔人。这君主政体的统一和组织,这伟大的建筑,既为改革所摧毁和消融(尤其是在后期)之后,自由的入口便开给同样的灾害了。一个古代作家说,王室尊严的衰落,从顶到中部是没有从中部到基础那么容易完成的。

但是如果改革家为害较大,那些很热忱地追随的模仿者错误更大,他们已经感受过并惩罚过那些恐怖和灾祸。假如在恶行里也有荣誉的程度之分,这些模仿者当然远不及前者创始的荣光和首先尝试的勇气。

种种式的新扰乱,很容易从这富饶的源泉取得榜样和模范,来骚扰我们政府。就是在那些为了补救前一个坏处的法律里,也可以看到对于各种恶企图的传授和宽宥。于是修昔底德(Thucydide)关于当时内战所说的话又降临于我们身上,那就是为了原宥那些公共的恶习,我们用比较温和的名字来称呼它们,伪造并且和缓它们的真正头衔。目的可是要改造我们的良心和信仰,"多诚实的借口!"(泰伦提乌斯)但革新的最好的借口都是极危险的。

*切勿改弦换易辙。*(李维)

所以我觉得,坦白地说罢,一个人未免太妄自尊大了,如果他对于自己的意见那么重视,以至于为了实现之故,不惜推翻公共的治安,并且带给自己的国家那么多不可避免的坏处,跟着内战而来的那么可怕的风俗腐败,以及动摇关系那么重大的事体。为了阻止一些可争辩的错误,先造成许多大众周知的确凿的灾害,岂不是处理不善么? 还有比违背自己良心和正常知识更糟糕的坏事吗?

罗马的元老院在宗教的职务上与人民意见分歧,斗胆用这遁词来回答他们:"这事关系众神比关系他们自己多;众神会关注对他们的崇拜不被人亵渎。"(李维)这和古希腊的神谕在米底战争之役对德尔斐人的答案正相符,他们因为害怕波斯人的侵略,问神对于神殿的宝库应该如何处置:搬走或藏起来。神回答说,他们不必移动什么东西,只要照顾他们自己;因为神可以照料自己的事。

基督教具有极公正极有用的一切标志,最明显的莫过于那服从官府和维护民政的严厉劝告。神的智慧留给我们一个多么可惊奇的榜样:为要超度人类,并实现对死亡和罪恶的光荣胜利,它只愿在我们政治制度领导下进行。把一个这么崇高有益的工作的推进与发展,诿诸我们习俗的盲目和不义。它牺牲了许多宠爱的选民的血,忍受一个长期的光阴浪费,以期这无价果的成熟。

介乎一个服从国法及礼节的人和一个企图去改变及主宰它们的人之间,有着很大的差异。前者以纯朴、服从和模范为辩解理由;无论干什么,总不能归咎于恶意,最坏时也不过是他的不幸:"因为看见那被许多显赫的纪念碑所保存和证实的古代文明,谁能无动于衷呢?"(西塞罗)此外,伊索克拉底说过,这缺陷接近节制实多于接近过分。

另一个的情形就激烈得多了。因为谁不安分去自由选择和变革,就等于僭越国权,而且一定坚信自己看见废除的事物的缺点,以及提倡的事物的长处。

这极平凡的考虑坚定了我的态度,使我年青时,即使在极端胆大妄为的时候,也不敢负起一个那么重大的责任,为一个那么重大的学问负责。我不敢在这上面贸然从事,即使在曾经学过的、极容易而妄断又不会产生恶果的学问上也不敢。我觉得再没有比这更不义的事情了:用私人幻想的无当(因为私人的理性只有私人的权限)去支配那根深蒂固的公共制度和礼节,并且用一种就是政府对于民法也不能容忍的态度去对付神法。民法虽然比较受人类理性的影响,神法仍旧不失为民法裁判的裁判。神法的极高资格应该用来解释和扩展习惯的流通,而非任何的变易和革新。如果有时候神意毁弃一些强制我们的规律,目的并不是特许我们仿效。那是神手的杰作,只许我们惊羡,却不容我们学步。那是他赐给我们的一个奇迹,印着明显的特殊意旨,以证实那超出我们的秩序和能力的全能,想学步实在是疯狂和不敬。我们切勿想追随,只能惊奇地凝望。这是神性的行为,而不是人性的行为。

戈达①很合理地宣言："关于宗教，我追随克朗凯尼乌斯（T. Coruncanius）、西庇阿（P. Scipion）和色沃拉（P. Scevola），这些最高的主教，而不追随芝诺、克勒安提（Cléanthe）或克里西波斯等哲人。"（西塞罗）

上帝知道，在我们目前的纠纷里②，差不多有一百条规律，重大而且深沉的规律，需要废除或修改。多少人敢自夸很准确地认识两方面的理由和根据呢？即使有一个数目，那是一个不足以惊扰我们的数目。但是另一队人，他们往那里去呢？在什么旗帜下离开了队伍呢？他们的情况，正如应用不得当的劣药一样，想要涤除我们里面的病痛，反而引起发炎、变坏和加剧，病痛仍留在我们身躯里面。这些药不能用它的柔弱的效力治好我们，却把我们弄弱了，以致我们不能再把它除掉，它的应用只能给我们一种持久的内部痛苦。

可是命运，永远保留着它的权威在我们理性之上，有时赐给我们一个那么迫切的需要，以致我们的法律不得不让步。

对于一个何地何事都循规蹈矩的人，抗拒一个用暴力自行引荐的革新侵略，实在是一件危险的事。他处于一个极不利的地位，他面对着的是一个自由行动的人，把一切可以帮助他达到目标的手段都看作合法，不知有限制，而唯一的法律就是图谋自己利益：

**信任小人就等于赐给他为害的力量。（塞内卡）**

因为一个健全的政府的日常规则，并不能防备那些非常的事变：它假定各主要部分和职务有一个稳定的躯体，所有人答应遵守和服从。合法的行为是冷静、沉着和自我克制的，不能抗拒那放荡无羁的行为。

我们知道，直到现在大家还责备这两位伟大的人物，屋大维乌斯（Caius Octavius）和小加图（Caton LeJeune），一个在苏拉内战之役，一个在恺撒内战之役，宁可让祖国历尽极度的穷境，也不肯牺牲国法或作极轻微的改变以来救助它。因为，老实说，当着这些再无别法的最后危机，与

---

① **戈达**　西塞罗《论神性》的一个人物。
② **目前的纠纷**　法国的宗教战争。

其无济于事地坚持到底,使凶暴的人得有蹂躏一切的机会,倒不如低头去接受打击或者还比较聪明些。既然法律不能做所想做的,就不如让它们做所能做的。就是这样有人下令要法律睡眠二十四小时①;有人把一天从日历撕掉②;另一次却把六月变成闰五月③。

就是斯巴达人,那么虔诚地遵守祖国的法律,一方面为国法所限,不能把同一个人选作海军总司令,另一方面事变又需要来山得重负此责,于是指定一个名叫亚拉古(Aracus)的为海军总司令,而任命来山得为海军总督。他们一位大使被差遣去对雅典人建议法律上某种变更,也是用同样的巧妙。雅典的培里克利(Périclès)推托说:法律一经刻好之后,那牌匾是不能移动的。大使只劝他把牌匾倒转过来,因为这样做并没有明文禁止。就是为了这点,蒲鲁达克赞美菲洛皮门(Philopoemen),说他是天赋指挥之才,他不独会按照法律指挥,并且当公共事务需要这样做的时候,晓得怎样指挥法律。

原著第一卷第二十三章

初刊一九四三年《文化先锋》二卷十六期及十九期

---

① **法律睡眠** 为解决逃兵和兵士恐惧的问题,斯巴达国王阿格西劳斯二世曾暂停执行法律一天。

② **把一天从日历撕掉** 亚历山大围攻梯尔城,占卜师预言月内成功,但当日已是该月最后一天。亚历山大决定当天不算 30 号,而是 28 号,果然在当天便攻占该城。

③ **六月变成闰五月** 为了绕过马其顿王国 5 月不带兵打仗的传统,亚历山大下令把 6 月改称为"闰五月"。

# 37　论同样的计策不同的结果

　　约克·爱密乌(Jacques Amyot)，法国王室大神父，有一天告诉我这个足以为我们一个亲王光荣的故事(虽然他籍隶异国①，却不愧为我们的亲王)。据说在我们初期的混乱中②，当围攻鲁昂(Rouen)之役，国王的母后警告他有人要杀他，在信里特别提及那要施行这计划的人。那是安祖或迈恩纳的乡绅，为了这目的常常出入于亲王之家。亲王没有把这情报通知任何人。只是，第二天，当他在圣卡德莲山的时候(就是我们的炮队从那里炮击鲁昂的地方，因为那时正围攻该城)，陪着他的有上面所提及的王室大神父和另一个主教。他看见那被告发的乡绅，遣人召来。当他来到跟前时，看见他受良心的警告已经颤栗失色了，这样对他说："某某先生，你无疑猜中我为什么要见你，因为你脸上已表现出来。你什么都不能瞒我了，因为你的行径我晓得那么透澈，你的遮瞒只能增加对你不利而已。你知得很清楚某某桩事(把他的阴谋最秘密的情况头头尾尾都说出来)，你要对我坦白承认这计划的全部真相。"当这可怜的人看见自己已被发现和抓住(因为一个同犯早将整个计划泄露给母后知道)，他只能合起两手恳求亲王的宽宥和慈悲，并且要跪在他脚下，但亲王阻止他，继续这样说："看看罢，我曾经损害过你吗？我曾经因私怨伤害过你的亲戚吗？

---

①　**异国**　弗朗索瓦·吉斯公爵，其家族封爵于洛林地区，长期独立于法国之外，至16世纪中期才归附法国。
②　**混乱**　1562年至1598年，法国发生宗教战争，吉斯家族积极参加。

我认识你还不过三星期,什么理由令你谋杀我呢?"那乡绅回答,并非由于任何私己的动机,而是为了他一派的全体利益。因为有人说服他,说这是一件充满了虔敬的举动,如果用任何方法把他们的宗教一个这么有势力的敌人歼灭。"现在,"那亲王继续说,"我要对你证明我所信奉的宗教比较你所信奉的仁慈了多少。你的宗教劝告你不由分说地把我杀掉,虽然我并没有损害过你。我的宗教却劝我宽恕你,虽然你已经承认毫无理由地想暗杀我。去罢,走罢,别再让我看见你。如果你聪明的话,你今后就会找些更好的人劝告你。"

奥古斯都皇帝在高卢的时候,接到某种消息说,齐纳(Cinna)酝酿着一个阴谋反对他,他决计要报复,为了这目的召集他的朋友于翌晨开会议。但那天夜里他在极度的不安度过,因为他要把一个贵胄的青年同时又是伟大的庞培的后代处死。烦乱中他把各种考虑在心里翻来覆去。"怎么?"他自语道,"难道我要在恐惧和惊惶中过活,而让我的刺客在外面快活逍遥。难道他叫以无罪走掉,既然他要袭击我这曾经在无数的内争和外战,从陆地和海上换回来的头颅? 而且,这在奠定了世界和平之后,难道我还赦免这个不独下决心杀我,并且要把我牺牲当祭品的人?"(因为他们计划在他祭祀的时候杀他。)然后,经过了霎时的静默,他更高声地重新开始,并自谴道:"你为什么要活呢,如果那么多的人盼望你死? 难道你的残酷和报复将永无终极止么? 你的生命是否值得这许多灾祸来保存?"

他的夫人里薇亚(Livie)感到他的痛苦,对他说:"你愿否接受女人的忠告呢? 学步医师们的办法罢:当平常的治疗法不奏效的时候,就试用那相反的单方。直到现在,你的严厉于你毫无好处:勒比都(Lepidius)继着沙尔微狄奴(Savidienus),穆连纳(Murena)继着勒比都,塞皮乌(Cæpio)继着穆连纳,爱纳伊乌(Egnatius)继着塞皮乌。开始试试看,温柔与仁慈于你会不会比较成功罢。齐纳已证实有罪了,赦免他罢,他今后再不会伤害你,而这只能增加你的光荣。"奥古斯都很高兴找到自己衷曲的辩护士,感谢他的夫人,并取消朋友们的会议,单独召见齐纳。他撤走房中其余的人,请齐纳坐下,对他这样说:"首先我要求你静听我,不要打断我的话,我将给你充分时间和容许你答复我。你知道,齐纳,我既把你从敌人的营中带过来,虽然你不单是以我为敌,并且生来就如此,我还是赦了你,把你的财产交还你,继之使得你那么舒服自在,以致许多胜利者都妒忌你这被征服的人。你所请求的祭师职,我不知拒绝过许多他们的父亲一直与我并肩作战的人,却赐给了你。我这样厚待你,你还要谋杀我。"言下齐纳高声抗议他绝对没有这样的念头。"你并不守对我的诺言,齐纳,"奥古斯都继续说,"你曾经对我担保不打断我的话。是的,你要谋杀我,在某时,某地,与某人同谋,用某种方法。"于是,眼见齐纳听了这些话嗫口结舌,并非因为他那守缄默的诺言,而是因为受不过良心的压迫,接着说:"你为什么这样做呢? 是否因为想做皇帝呢? 如果只有我妨碍你占有帝位,国家事务真未免太坏了。你连自己的家也不能保护,前几天又由于一个已经解放的奴隶而败诉。怎么! 你的能力只能用来袭击一个皇帝么? 如果只有我一个人妨碍你的愿望,我宁可让位。你以为保路士(Paulus)、法比乌士(Fabius)、戈斯伊(Cosseens)及薛薇里伊(Serviliens)会容忍你么? 且别提一大批贵族,不独名义上高贵,并且以他们的美德为高贵的身份增光。"经过了一番和这相仿佛的话之后(因为他整整说了两个钟头),他说:"现在,去罢,齐纳,你这条生命从前我曾赐给一个敌人,我现在还是赐给一个叛徒和弑君之臣。愿友谊自今日起在我们俩之间开始:试试看我们俩谁比较忠诚,赐你生命的我,还是接受生命的你。"这样他便离开他。 不久,他任命齐纳为行政官,并抱怨他不敢提出请求。从此以后,齐纳变成了他的知交,并且被指定为他的财产唯一继承人。

自从这件事发生以后(那时奥古斯都正四十岁),再没有什么反对他的阴谋或企图,他的仁慈得到一个公正的酬报。我们的亲王却没有那么运气①,因为他那仁慈的行为并不能防止他后来陷于同样的奸谋。人类的智慧是一件那样轻浮和虚幻的东西! 无论我们怎样计划、审慎和绸缪,命运依然是一切事变的主宰。

---

① **没有那么运气** 弗朗索瓦·吉斯公爵于 1563 年 2 月被新教刺客杀死。

　　每当一个医生治病奏效的时候,我们称他有运气。仿佛医术是唯一不能自立的技术,基础太薄弱不能支持自己,仿佛只有它需要命运的手来帮助施行似的。我对于医术所怀的意见可以说是最好或最坏,随你想。因为我和它,多谢上帝,并没什么交易。我和一般人相反,因为我平常的确看不起它,而当我生病的时候,不独没有跟它和解,并且开始憎恶它和畏惧它。对那些勉强我服药的人,我回答说,最低限度应当等我恢复健康和元气之后,以便更能忍受药汤的效力和危险。我任体质自己施行,设想她必定具备爪牙以抵抗外来的侵袭,维持这个躯体不会崩溃。我害怕她和疾病纠缠挣扎的时候,医药不独不能援助她,反而援助她的敌人,增加新的负担。

　　所以我说,不独在医术里,就是在几种比较确定的艺术里,命运也占重要的地位。我们为什么不可以把那使作者忘形出神的诗意飞翔归功于命运呢?既然诗人自己承认这些飞翔超过他的能力,承认它们从自身以外的一些什么东西产生,和那些演说家们不寻常的情感和兴奋(这些情感和兴奋,据他们说,逼他们超出自己用意之外)一样,不在他们控制之内。绘画也是一样。有时候从画家的手下漏出几笔超过他的构思和技巧那么远,连他自己也要惊讶和羡慕。可是最显得出命运所占的地位,就是有些作品所具的美妙,作者不独没有想到,并且看不出来。一个精明的读者往往会在某些作品里找出一些作者所想及或认识以外的完美,因而给作品更美丽的面貌和更丰富的意义。

　　至于军事,人人都晓得命运占多么重要的位置,就是在我们的计划和考虑里,一定也要混进不少的机会和运气。因为我们的智慧所能做的,并没什么了不得,它越敏锐,就越自以为脆弱,越不信赖自己。我同意施拉的见解,当我密切考察战争的最炫耀的功业时,我仿佛看见那指挥战争的人只循例地考虑和计划,而把战争最重要部分交给命运。而且,倚赖命运的帮助,每次都超过理性的限度。他们在运筹中突然出现意外的兴奋和非常的狂热,往往驱使他们去作一些表面看来最冒险的决断,把他们的雄心膨胀到超出一切理性之外。所以不少古代的大将,为要使人相信他们那疯狂的雄图,对部属说他们的决心得自灵感,得自一些征兆或预言。

所以,既然由于每件事的偶然和意外所带来的困难,我们无从看清和选择那最方便的路程。我以为最稳当的方法,当我们在犹豫和疑虑中,而又没有别的理由指引我们的时候,就是挑选那最诚实最公正的办法。而且,如果不能决定那一条是最短的捷径,就选取那最直的。譬如,我们刚才所提出的两个例子,那被冒犯的人宽恕对方的罪,比较取报复手段来得慷慨和高贵是无可置疑的。即使第一个例子的吉斯公爵遭遇不幸,我们也不能归咎于他那良好的动机。我们无从知道,即使取相反的方向,他能否逃避命运呼召他的结果,或者会不会失掉一个这样伟大的仁慈的荣耀。

在历史上常常看见有好些人在这种恐怖的心情里,挑取那用刑罚和报复来预防他人阴谋的路径。但我却很少看见这药方于他们有什么用处,试看罗马许多皇帝。那些受这种威胁的人,不应该过分期望于他们的力量或警觉。因为,想要提防一个扮作最好朋友的敌人,想要认识那些服侍我们的人的心意和内在思想,是多么困难呀!他徒然要用许多外国的侍卫,和用武装的兵士做成藩篱围绕着自己。谁轻视自己的生命便有力量来处置别人的生命。何况这不断的猜忌,使王子们觉得每个人都可疑,也该是多么难受的痛楚呀!

所以狄翁(Dion)听说卡里浦(Callippus)等候时机要杀他①,无心再探问详细的情形,说他宁死也不愿活在这不独要防备敌人,并且要防备朋友的可怜状况里。这态度亚历山大表示得更显明更果决。巴尔明尼翁(Parmenion)写信通知他,说他最信任的医生斐力普受了大流士的金钱贿赂,要毒死他。他一壁把信递给斐力普看,一壁把对方捧给自己的药汤喝下去。这岂不是表示一种坚决的意志,既然朋友要杀他,就让他们这样做么?这国王是一切冒险行动的最高模范。但我不知道他一生中有比这更果敢的行为,或比这更富于多方面的灵魂美。

那些教国王要那么警戒疑忌的人,借口教他们安全,其实是教他们毁

---

① **等候时机要杀他** 狄翁最终被卡里浦暗杀。

灭和羞辱。没有高贵的事业能不冒险而成功的。我知道一个国王,他生性本来勇敢有为,他的鸿运却毁于天天这样的敦劝:他应该蜷伏在亲友中间,不应该和任何世仇和解。他应该与人隔绝,不要委身于较他强大的人,无论人家许诺他什么,无论他在这上面看见怎样的利益。我又知道另一个与此正相反,而他的事业出乎意表地蒸蒸日上。

勇敢,它的荣名是那么被人汲汲追求的,随时随地都可以一样璀璨地显现出来:无论是穿着便服或全副武装,在家里或在战场上,双手下垂或两臂高举。

那么优柔多疑的审慎是一切丰功伟业的死敌。西庇阿为要克服西法克士(Syphax)的意志,晓得怎样离开自己的军队,放弃那刚被征服尚未平定的西班牙国土,只用两只船渡到非洲,委身于一个野蛮的国王,在仇敌的疆土上,委身于一个未知的信义,没有保证也没有抵押品。唯一的保障是那过人的勇敢,他的鸿运,和他的崇高希望的前景。

> 信任往往招引信任。(李维)

反之,对于一个显赫有为的生命,必须摒绝猜疑,加以最严格的约束:畏惧和疑虑只能惹人攻击。我们一位最猜忌的国王建立许多的功业,全靠有意把自己的生命和自由交给敌人的手①,表示信任他们以便使他们信任他。对着他那武装的叛变的军队,恺撒只拿他那面目的威严和语言的骄傲相向。他把自己那么完全地交给自己和命运,以致竟毫不畏怯地把他的命运委诸一群图谋不轨的叛变的军队。

> 他兀立在山冈上昂然不动
> 他毫无所畏,所以使人生畏。(卢卡努斯)

但这一点却是很真的:这强劲的信心只能在一个不为死的影像或终要降临的恶运所惊骇的人身上,才能充分地自然地显露出来。因为如果

---

① **交给敌人的手** 路易十一在和布艮尼公爵争夺领土过程中,曾前往对方大本营谈判被扣。

显得颤栗,踌躇不定,企图求取一个重大的和解,就不能有任何成就。一个想获得别人的心和善意的最好方法,便是信任和听从对方的支配,只要这是出于不受任何需要逼迫的自由意志,有一个完全而清明的信心,最低限度带着一个摆脱一切疑惑的前额。

我在童年曾经看见一个贵族,一个大城的指挥官①,给一群叛变的百姓所威胁。为要镇压这刚开始的骚动,他决定离开所在的安全地点,把自己交给那骚乱的群众。这于他很不幸,因为他竟被杀掉。但我觉得他的错处并不在于外出,像一般人提起他时常常责备他那样,而在于他采取一种温和及顺从的态度,希望不靠指挥而靠服从,不靠告诫而靠哀求,去平息这暴怒。我相信一种从容的严肃,加上一种配合他的身份和任务的威风凛凛的坚定和自信,对于他会比较容易成功,无论如何总比较光荣和得体。再没有比慈悲及和蔼更难从这暴动的魔怪期望得到了,它比较容易接受恐惧和敬畏。我还责备他一点,就是既然下了决心(照我看是勇敢而非冒失),要穿着便服而毫无保障地投身于这波涛汹涌的疯人的大海里,他就得要饮到最后一滴,不要抛弃他所扮演的角色,而他却不这样做。一经看见危险临近之后便鼻孔出血,刚才那副柔媚谦恭的面容也一变而为慌张的状态,声音和眼色都充满了惊惶和懊悔。想要躲藏和逃避,这只能燃烧和招惹他们的暴怒。

有一次大家讨论各种武装军队大检阅(那是秘密复仇的好机会,再没有比这更能安全行事的)。有许多公开而且明显的征象,对于某些担负检阅的主要和必需责任的人很不利。像一切关系重大而又不易解决的事件一样,大家提出种种的建议。我的建议是,首先要避免表示最轻微的疑惑,要亲身参加并混入行伍中,头颅挺直而面容舒展。而且,不独不减省任何节目(这是大多数意见的意旨),反而要求那些军官命令士兵们尽量放射美丽快活的礼炮,以对观众致敬,不要吝惜火药。结果那些令人怀疑

---

① **大城的指挥官** 1548 年 8 月 12 日,波尔多地区爆发盐民抗税暴动,地方长官莫能(Tristan de Moneins)在动乱中被打死。蒙田当年 15 岁。

的军队皆大欢喜,并且从此以后产生一种健全的互相信任。

我觉得恺撒的办法是我们所能仿效的最善的办法。他首先用柔和及慈悲去争取敌人爱戴他。当人们把阴谋报告给他的时候,他只宣称已经知道了。然后,采取那极高贵的决心去等候着,没有恐惧也没有焦虑,等候任何可以降临于他的事情,安心把自己交给神灵和命运的庇佑。无疑地,当他被暗杀的时候,他是在这样的情况里。

一个生客到处宣传,说他可以教西拉古斯僭主狄奥尼修斯一个很可靠的方法,侦察和发现他的子民的造反图谋,只要肯赐给他一大笔款。狄奥尼修斯听见之后,使人召他来,以便学得一个对于他保命那么需要的艺术。这生客告诉他并无别法,除了把一达兰的钱交给他,并向人夸说已经学得一个稀有的秘窍。狄奥尼修斯赞成这意思,命人把六百金币赠给他。他把一笔这么大的款子赐给一个生人似乎是不可能的,要不是当作他对于这有用的知识的酬报。而这传闻便足以使他的敌人有戒心。

所以国王们很聪明地发表所得到的关于谋害他们的阴谋,令人相信他们消息灵通,没有什么不利的图谋不周知的。雅典公爵在佛罗伦萨新建政权时,干了不少蠢事,最惊人的可以算这个:一得到他的百姓要谋害他的报告之后,就把那报告人玛提奥·狄·摩罗梭(同谋者之一)斩首,以便把消息窒塞,不使人知道城中有人觉得他的统治无法忍受。

我记得曾经有一次读过某罗马人的故事,那是一个相当显赫的人。他逃避三头政治的专横,由于诡计多端,曾经逃脱那些追逐他的人的手不止一千次。有一天,一队奉命捉他的骑士走过他所蜷伏的丛林,差一些发觉他。而他到了这时,想起为了逃避不断的严密搜索,已经受了长期的搔扰和辛苦,从这样的生命不会再获得任何乐趣。与其永远逗留在恐慌状态里,不如一次越过那最后一步还好些。于是把他们唤回来,把他的藏身处告诉他们,自动把自己交给他们施暴,以解除他们和他自己更多的烦忧。

诉诸敌人的手是一件颇英勇的决心,可是我觉得这样做,总比永远逗留在一个无可救药的灾祸恐慌热病里好得多。但是,我们所能采取的预防措施既然充满了烦乱不安,远不如用坚决的镇定去准备一切可能的最大的灾祸,然后从"也许不致来临"这念头得到多少慰藉。

原著第一卷第二十四章

初刊一九四三年八月《文艺先锋》三卷二期

# 38　论儿童教育(部分)

## ——致迪安纳·特·华特·格尔逊公爵夫人的信

　　我还没有看见过一个父亲不肯承认儿子,即使儿子是个秃头或驼背。可是这并非说这位父亲看不见儿子的残废,除非他过分地溺爱。事实终归是事实,他是自己的儿子。我也是一样,我比任何人都更清楚,我这些试笔不过是一个只在童年略尝学问皮毛的人的梦想,他对于各种学问都只是浅尝辄止,什么都懂得一点,却什么都不透彻,一如某些法国人的作风。因为,概括地说,我懂得一点医药、一点法律、四门算学,也大致了解它们之何所用。也许我还能说出一般学问对我们日常生活有何具体用途。但是,在这里面做更深的钻研,譬如为研究近代学术之王亚里士多德而咬破我的指甲,或锲而不舍地探讨某一门学问,我从来没有做过,我也描绘不出任何一种学问的轮廓。没有一个中学生不可以夸说他的学问比我大,哪怕是他学的第一课,我也考不出。倘若我被迫去考他,我就不得不很窘地借用一些属于一般兴趣的材料去考考他的天赋判断力,这对于那些学生正如他们的功课对于我一样陌生。

　　我从没有和任何内容充实的书籍打过更多的交道,除了普鲁塔克和塞内卡,我在他们里面汲取营养,正如那些女水神(Danaïdes)一样,不断地把水斟满又倾泻出来。我把其中某些知识强记在这些纸上,又有几何呢?几乎等于零。

　　历史是我的猎品,还有我所特别爱好的诗。因为,正如克里安提斯(Cleanthe)所说,声音通过喇叭口传出来就显得更洪亮更劲锐,我觉得思想集中在诗的和谐节奏里,吟诵出来也更轻快,更能摇撼我的心灵。至于我在这里所尝试的我的天赋才力,我感觉到它们如同负重而向下弯曲。我的思考力和判断力摸索它们的路径,蹒跚着,蹉跎着,颠踬着。当我走到我力所能及的尽头,我依然丝毫不感到满足。我依然看见更远处的风景,不过景色那么昏暗模糊,我认不清是什么。我不分青红皂白地谈论任何进入我思想领域里的东西,在那里面运用我自己的天然资源,如果偶然(这于我是常有的事)凑巧在一些名作家里碰见我所试要讨论过的题材,譬如我不久前在普鲁塔克碰见谈及想象的力量的论文。当我看见自己和这些人比起来,显得那么软弱和渺小,那么愚鲁和笨重,我不禁怜悯和蔑视自己。

可是我也沾沾自喜,我的见解常常很荣幸地和他们的见解吻合。同时我又有着这样一个优点(这并非每个人都能有的),那就是认识到我和他们之间的巨大的距离。可是我仍任我的卑微可怜的意念奔突,保留原样,不加粉饰,不掩盖因比较而显现的弱点。

一个人想和那些大人物并肩而行需要有硬朗的腰身。我们现代许多轻率的作家,为了获得声誉,不惜在他们那些毫无价值的作品里搬用古代作家整段整段的文章,他们的做法和我正相反。因为这些古代作家的无限不同的光彩,使得这些作家的面目反而显得黯淡、浅薄、丑怪,得不偿失。

这是两种相反的癖好:哲学家克里西波斯(Chrysippe)把别的作家的东西,或是一整段一整段地,或是全篇地掺入自己的书稿里,譬如其中一本就是全部抄自欧里庇得斯的《美狄亚》(Médée),以致阿波洛多罗斯(Apollodore)说,如果把其中非出自他本人之手的材料全删去,就只剩下一张白纸了。反之,伊壁鸠鲁在他所留下的三百部著作中,一句别人的话也从不插进去的。

前几天我偶然碰到一段这样的文章,我一直吃力地爬行在一些蹩脚的法国文字上,它们那么无血无肉,没有内容,没有意义,的确不愧为法国文字。经过了一个冗长恹闷的旅程之后,我忽然踏上一段崇高、丰富、高耸入云的文章。如果我觉得那斜坡柔和了一点,攀登比较渐次一些,那还情有可原,可那是一个那么笔直峭削的危崖,我只读了六个字便有如突然飞升到了另一个世界。从那里我回顾我所由之而来的沼地,那么低下和深陷,以后我竟没有勇气再下去了。倘若我把那些丰富的掳掠品填塞到我的试笔中来,它们会把其余属于我的那一部分泾渭分明得太露骨了。

在别人身上指摘自己的过错,我觉得并不比在自己身上指摘别人的过错(如我所常做的)更矛盾。我们应该随处把它们抖出来,剥掉它们一切遮隐物。所以我知道我自己是多么大胆地总是试图赶上抄来的文章,与它们齐头并行,并且冒失地心存侥幸瞒过裁判人的眼睛,使他们看不出来。但那得靠机遇,不亚于靠自己的机灵和聪明。而且,我并非整个儿和这些老选手竞赛和肉搏,只进行更番的、轻易的偷袭。我并不倔强地和他们扭打,我只试探他们的力气。如果我尝试着赶上他们与之并驾齐驱,我也只是逡巡着这样做罢了。如果我真比得上他们,我就算了不起,因为我只袭击他们那最坚固的部分。

至于像我所常见的一般人那样做法,用别人的盔甲来保护自己,直至连手指尖都不露出来,用古代作家的原意东拼西凑起来以表达他的构思(对于一个博学之士,写一个普通题目这是容易的事)。但如果他们想把它们隐匿并当作自己的东西,这首先是怯懦和不公正,因为他们既无自己的资本以自树,便只想用一些纯粹借来的价值自我表现。其次,这是一个极大的愚蠢,因为如果他们用欺骗获得俗人无知的赞许而踌躇满志,将受明智之士的斥责,这些明智之士将对那借来的外壳嗤之以鼻,而只有他们的褒扬才有价值。

至于我,宁可什么事都干,也不愿意干这种事。当我引用别人的话,我的目的是要更清楚地表现自己的意思。

但这并不能应用于那些当集句发表的集句。我从前曾经见过一些极巧妙的这类作品,除了古代的以外,只有一个用卡比鲁(Capilupus)名字发表的。他们在这些及其他作品里都显出是富有才情的人,比方,利普西斯(Juste Lips)那广博而且惨淡经营的编着《政治学》(*Les Politiques*)。

我的意思是说,无论如何,无论我这些蠢话好还是丑,我并不想把它们掩饰,正如我不想掩饰任何一幅秃头或鬓发斑白的老者肖像,在那上面画家所画的不是一副完美的面孔,而是我自己的面孔。因为这些都是我自己的脾气和意见,我发表它们因为我自己相信,而不是我要别人相信。我这里的目的只在显示我自己,明天也许是另一个我,如果一些新的学识把我改变过来。我并没有也不想拥有被人言听计从的权威,我自己觉得太欠缺教育了,实不能教育别人。

前几天有人在我家里看见前一章①,说我应该对儿童教育这问题加以发挥。现在,夫人,如果对这问题我有丝毫的心得,最好的用途就是把它当作礼物献给那小人儿,他不久就要很幸福地从你那里出来(你那么高贵,第一胎不会不是男孩的)。因为,既然对于成就你的婚姻我曾经出了不少力,我当然关心一切从你那里产生出来的事物的伟大与兴隆,何况你原来拥有对我使唤的权利,更足以驱使我去祈求一切与你有关的事物的荣誉、幸福和利益。但是,我说这话的意思其实只是:人类的学问中最难而又最重要的一门就是儿童教育。

正如在农作上,播种以前的准备工作以及种植本身都比较容易进行。但是一到所播下的种子破土而出之后,怎样培育它便有许多不同的方法和困难。对于人亦是一样,播种并不需要很多的工夫,但是一出世之后,我们便有各种不同的操心,充满了烦恼和忧虑,不知要怎样养育和训练他们。

他们天性的显露在这幼稚阶段是那么暗昧,趋势又那么变化莫测,要想在这上面树立任何稳固的判断实在是很难的事。

试看客蒙(Cimon),试看地米斯托克利(Thémistocle)和千万个别的人,他们怎样违反原先的自己。小熊和小狗显出它们天然的倾向,但是人,很快受习惯、意见和法律的影响,很容易改变或遮掩他们的天性。

可是要勉强左右人类的天然倾向其实是很难的。因此,往往因为错

---

① **前一章** 即原著第 25 章《论教育》。

选了路径之故,我们徒然努力和浪费时间去训练小孩从事于一个他们不能安身的职业。不过,在这过程里,我的意见永远是引导他们向那最良善、最有用的东西,而不要过分注意从他们那些幼稚举动所看出的征兆和预言。我觉得就是柏拉图在他的《理想的共和国》里也太把这些东西看重了。

夫人,学问是一个伟大的装饰,同时也是一件用途极广的工具,尤其是对于一些像你那样高高在上的人。真的,在卑贱的手里,它并没有发挥真正的用处。协助指挥战争,治理人民,联络外国或异族的邦交,比起仅仅为了帮助辩证推论的建立,或案件的申诉,或为病人开方,学问或更觉自豪。所以,夫人,因为我相信你不会忽视儿童的教育这一点,你是曾经尝过这教育的温甜的,而你又是来自书香之家(因为我还藏有你丈夫伯爵和你自己所出身的那些古代弗华伯爵们的作品。而你叔父弗朗索瓦·特·干达勒每日都在写书,这将把你家族的这一优点传诸久远),我想告诉你我关于这问题和一般见解不同的意见,这就是我在这点上所能贡献给你的一切。

你为你儿子选择的教师(这选择将决定你儿子教育的全部成败)的责任,已包含好几种重要的任务,但我不想去讨论它们,因为我在那上面并无什么有价值的贡献。就是在我冒昧给教师忠告的这特殊问题上,我也只要他接受他所赞同的地方。对于一个好家庭的小孩,他求学并非为世俗利益(因为这样卑贱的目的是配不上艺术女神们的恩宠的,何况还要仰仗别人),也不是为了外界的便利,而是为了他自己的好处,去开拓和装备他的内心(既然你愿意他变成一个多才多艺的人,而不是成为学者)——对于一个这样的小孩,我希望你为他选择的教师是一个精明的头脑,而不是充实的头脑,一个二者兼备的人,但品行和理解力要多于学识,并且要用新方法来实践他的职务。

人们不断地在我们耳边喧嚷,像把水灌在漏斗里一样。而我们的职责似乎就是照本宣科,复述人家对我们所说的。我希望教师们要改变这种做法,而且,一开头,依照交托给他的灵魂的能力,把它引入试验,让它尝尝各种事物,加以分辨和随意选择。有时替它开路,有时要它自己去开拓。我不愿意教师老是先开口和自言自语,我要他也轮流听学生说话。苏格拉底以及后来的阿克西洛斯首先令他们的门徒说话,然后才对他说点什么。"教师的权威常常是好学的人的障碍。"(西塞罗)

最好他让学生在前面跑,以分析他的步法,判断他应该自己降低到什么程度去迁就他的力量。没有这比例我们就要败坏一切。能够选择这比例,并在适当的程度内受它指导,据我所知是最艰辛的工作之一。而能够迁就和指导学生的幼稚步态,就是一颗崇高强劲的灵魂的标志。因为,我上坡时脚步比下坡时脚步更稳定和沉着。

有些人依照我们的习惯,想要在同一功课里,用同一教法去训练许多性质和才力不同的头脑,无怪乎在无数儿童中,很难找到两三个获得他们教导成效的了。

让教师要求他的学生不独解释功课里的字,还要解释意义和内容。判断他的进步不仅根据记忆力,还要根据各方面能力的提高。要他从一百个观点去表现刚才所学得的,应用到各种不同的题材,看看他是否接受得确当和已经化为己有,这就是依照柏拉图的方法去衡量他的进步。把肉片原封不动吐出来是生吞活剥和消化不良的明证。肠胃并没有完成它的作用,除非它改变了人家交给它烹煮的东西的形体和状况。

我们的灵魂无所信赖便不能移动,它被束缚和驱使去追随别人的幻想,去做那训导权威的奴隶和囚徒。我们那么惯于被缰绳牵引,以致忘记了自由的步法。我们的精力和自由熄灭了。"他们永不能自主"(塞内卡)。我在比萨曾经会见一位忠厚的长者,他那么五体投地地信仰亚里士多德,以至于他那所持的论点竟是:"一切真理和健全意见的标准和试金石,就是皈依亚里士多德的学问。此外什么都是幻想和痴愚,因为亚里士多德已经见尽一切、说尽一切了。"他这番议论,因为稍微被人太广泛和不准确地解释之故,曾经有一次引起罗马的宗教裁判,把他拖累了许久。

要我们学生什么都筛过,不要单纯由于仰赖和信服权威把任何东西都往脑袋里装。对于他,亚里士多德的原理不能成为原理,一如苦行学派和享乐派的原理不能成为原理。把这各种学说都摆在他面前,如果他能够选择就选择,否则就停留在怀疑里。只有蠢材才自信不疑。"我喜欢怀疑并不下于知识。"(但丁)因为如果他借自己的理性去抱持色诺芬和柏拉图的意见,那已经不再是权威的意见,而是他自己的了。对别人亦步亦趋的人并不能追随到什么,找不到什么,不,他简直不寻求什么。"我们不在任何国王治下,让每个人支配自己吧。"(塞内卡)至少他要晓得他该晓得的。他该要吸收权威的品性,而不要学习他们的教条。如果他愿意,让他大胆地忘记从哪里得来这些见解,但一定要晓得怎样把它们化为己有。理性和真理是人所共具的,属于那先说出来的人并不多于那引用的人。也不是根据柏拉图多于根据我自己,既然他和我一样看见和了解它。蜜蜂到处掠取各种花朵,但后来酿成蜜糖,便完全是它们自己的了,已经不再是百里香或仙唇花了。同样,人们从别处借来的文章,加以变化和混合起来,做成一部完全属于他自己的作品。他的教育、工作和研究没有别的目的,只是要培养这种消化力。

让他把一切曾经帮助过他的事物尽量隐藏起来,只露出他用以制造出来的东西。掠夺者和借贷者们只炫耀他们的高楼大厦和购置的器物,而不会亮出从别人掠取来的东西。你看不见一个议员所得的酬报,你只看见他所获得的同盟和那带给他儿女的荣耀。没有人公布自己的收入,但显摆他的身家。

我们求学的利益就在于我们因而更良善更明慧。

厄皮卡玛斯(Épicharme)说,理解力看得见、听得见,理解力利用一切、安排一切,它施行支配和统治,此外什么都是聋、盲和无灵魂的。当然,如果不给理解力丝毫行动的自由,我们会使它变得奴性和怯懦。谁曾问过学生对修辞学和文法或西塞罗的这句或那句话的意思呢?教师只把它们原封不动地灌进我们的记忆里,和神谕一样,字母和缀音就是它的本质。背诵并不等于知道,只是保存人家交代我们记住的东西而已。我们所确知的,我们能够自由调动,用不着看模板,也用不着眼睛盯着书本。单是有书本上的一点本领又是多么可怜呀!只能期望它作装饰,而不能作基础。依照柏拉图的意见：坚定、忠信和诚实才是真正的哲学，其余的学科，另有目的，完全是脂粉。

我很想看见当代的名舞蹈家巴鲁爱尔（Paluël）或彭皮乌（Pompee）①，教我们跳舞时只许我们坐在旁边看着他们跳，用不着离开我们座位，像那些人以为不必锻炼使用理解力便可以把理解力养成一样。我很想看见有哪一个人教我们骑马、舞枪、弹琴或唱歌，用不着实地练习，像那些人以为可以教我们善于辞令和养成良好判断力而用不着训练我们说话或锻炼判断力一样。其实，我们学习的时候，我们眼前的一切都是极好的书：僮仆的刁顽，奴婢的愚蠢，桌前的一席谈，这些都是用不尽的新材料。

为了达到这目标，与人交游是再适合不过的。还有到外国游历，但不要学我们法国许多贵族的做法，光是为要告诉人圣玛利亚圆教堂（Santa Maria Rotonda）有多少梯级，或里薇亚夫人有多少条衬裤，或者，还像有些人，某城某古迹里尼禄石像的脸比某个同一古钱上的脸宽多少。而要以报告那些国家的风土人情为主，藉以切磋琢磨我们的头脑。我希望他自小就被带到外国去，而且，为要收一箭双雕之效，首先到那些语言和我们最不接近的邻国，使他可以在舌头还易于驯教的年龄及时学好那些语言。

况且这已经是公认的意见，让小孩在父母怀中受到抚育是不合理的。那出于天性的挚爱使做父母的太温柔太慈蔼了，即使是最贤慧的。他们不忍惩罚孩子的过错，不忍看见他的饮食太不讲究，不忍看着他运动回来，满身大汗和灰尘，喝热的，喝冷的，或骑着一匹难驾驭的马，或手持着钝刀跟一个粗鲁敌手作对，或第一次拨弄手铳。但是别无他法，如果要把他变成一个有价值的人，必须在年青时一点也不姑息他，必须常犯医学的戒条：

> 他得常待在旷野里，
> 在警觉中过日子。（贺拉斯）

---

① **巴鲁爱尔或彭皮乌** 两位意大利米兰舞蹈家，曾受聘法国宫廷教舞。

单是锻炼他的灵魂还不够,还得锻炼他的筋骨。如果没有助手,灵魂会过分紧张,而且会觉得独自应付两重任务很艰苦。我知道我的灵魂怎样地呻吟,去和一个那么软弱、那么柔脆、那么沉重地倚靠她的肉体作伴。我读书时,常常看见大师们在著作里赞美豁达和英勇的模范,普通都是皮厚骨硬的人。我看见有些男人、女人和小孩子体格那么坚强,鞭打对于他们简直比弹指对于我们还要轻,在乱棍下他们不皱眉也不结舌。当体育家模仿哲学家的忍耐时,与其说用心力,不如说用神经的力。而习惯于忍受劳作,便习惯于忍受痛苦。"工作造成胼胝去抵抗痛苦。"(西塞罗)他得要受运动的痛楚和辛苦的挫折,以锻炼他去受折骨、疝痛、炮灼、坐牢以及烤刑的辛苦和痛楚。因为他还会有后二者的危险,既然我们这时代,二者一样地威胁着善人与恶人。我们目前正受这考验。那些抗拒法律的人,正在用鞭子和绳索威胁善人。

而且,教师对于他的权威,应该是至高无上的,父母在身边便会妨碍和打断它。何况还有家人对他的尊敬,他对门第高贵和权势之认识,据我的意见在这样的年龄都是颇为不妙的。

在社交这学校里,我常常注意到这恶习,那就是不尝试去认识别人,而只顾把自己摆给人看,只管忙着去出售自己的物品,而忘记了采办新的物品。缄默和谦虚是社交最适当的品德。我们要训练小孩学成之后,节省和储藏他的优长。要训练他不因人家在他面前说的故事和蠢话而生气,因为惊怪一切不合脾胃的东西既无礼又讨厌。要训练他只顾完善自己,而不去责备别人所做的他不愿做的事,或非难公共的风俗。"一个人可以明慧而不骄不露。"(塞内卡)要训练他避免严峻傲慢的神气,避免幼稚的野心,不要以为与人不同就显得分外聪明,以为批评和另出心裁是件难事,可以从中获得特别的名誉。正如只有伟大诗人才能利用艺术上的自由,亦只有伟大煊赫的灵魂才有特权去超越礼教。"如果苏格拉底和阿里斯底波偶然逸出风俗和礼教,让我们的孩子别以为可以学步他们。他们那伟大而神圣的品质赐给他们这一自由。"(西塞罗)

教会他不要和人家争吵或辩论,除非遇到一个他觉得配得上作战的敌手,就是那时候也不要用尽他的法宝,而只用那最有效的几套。教他要特别缜密去选择和簸筛他的理由,要他注意切题,因而注意简练。尤其是要教他在真理面前解除武装和投降,一瞥见真理,无论出现于对方手里,或经过反省后出现于他自己心中。因为他并不坐在教授的讲座上朗诵一篇准备好的讲词,也不是投效于任何主义,除非他自己同意。他也不从事那些出卖悔过和认错的自由去换现款的职业。"没有什么可以强逼他去为一些指定或强加的课题辩护。(西塞罗)

如果孩子的教师和我的性格一样,他会把孩子教养成一个对国王极忠心、极真挚、极勇敢的仆人,但会冷却孩子在公共职务以外效忠国王的念头。且别提这些私人义务所带来的许多坏处,大得足以损害我们的自由。一个被人收买和食人俸禄的人的判断力,如其不是无法保持完整和自由,便不免为轻率和背义所玷污。一个朝臣对他主人不能有自由或意志去想或说些阿谀奉承以外的话,既然这主人把他从千万个百姓中挑选出来,亲手培养他,这恩宠和优遇并非无缘无故地腐蚀他的自由,使他眩惑。所以我们看见那些人的语言一般都和其他职业语言不同,并且不足置信。

让孩子的良心和美德从语言中照耀出来,并且只为理性所引导。使他了解坦白承认自己论证的谬误(纵使只有自己发觉了)是明辨和诚实的表现,那是他所追求的主要部分。使他了解刚愎和争论是粗俗的品质,在那些最卑下的头脑里显得最清楚。使他了解自新和悔悟,以及在兴奋的烈焰中放弃一个弱据点,是一个刚强、稀有的哲学家品质。

我们要劝孩子在人群中目光四及,因为我发觉那些重要的地位往往为最庸碌的人所占据,而鸿运很少和才能混在一起。我曾经观察到在一张桌子的上座那一端,谈话中心是地毯的艳丽和玛尔瓦赛(Malvoisie)酒的美味,而另一端所说的许多富于机智的话他们全听不见。

要他测探每个人的深处:牧人、瓦匠和旅客。他应该一切都拿来利用,向每个人借取他特有的商品,因为在家里什么都有用,甚至从别人的弱点和愚蠢也可以有所获益。由于体察每个人的姿态和作风,他就会在自己心里播下爱善仇恶的种子。

给他的幻想一种正当的好奇心,令他探寻一切事物的究竟。他应该看见四周一切不平常的东西:一座屋宇,一道泉水,一个人,一片古战场,恺撒或查理曼曾经走过的地方,

> 何处土壤因炎热而多尘,
>
> 何处因积雪而僵冷,
>
> 什么海风吹向意大利去。(普罗佩提乌斯)

他要打听这个或那个国王的性格、财富和联盟,这些都是学起来极有趣、懂得时又极有用的东西。

我认为他的朋友要包括,而且主要地包括那些只活在书本记忆里的人。借了历史的媒介,他要和那些全盛时代的伟大灵魂晤谈。这是一门空洞的学问,随你便。但是,如果你愿意,这也是一门收获无穷的学问,是那些斯巴达人为自己保留的唯一学问,这是柏拉图告诉我们的。在这方面,什么好处他不可以从阅读普鲁塔克的名人传记获得呢?但让我们的教师别忘记他任务的目的,别使学生注意迦太基衰亡的日子多于汉尼拔和西庇阿①(Scipion l'Africain)的性格,注意马凯路斯②(Marcellus)的死地多于为什么他死在那里而没有死得其所。别教历史多于教怎样批判历史。在一切科目中,我觉得这是最多方运用头脑的科目。我在李维里读到一百种许多人没有读到的东西。普鲁塔克在他里面读到一百种我所不能读到,而且,可能还有一百种作者本人并没有放进去的东西。对于有些人,那纯粹是一种文法上的研究。对于别的某些人却是一种哲学上的分析,在那里面我们彻悟我们天性的最深奥部分。

普鲁塔克里面有许多议论宏富的文章最值得读,因为据我的意见,他是这些题材的巨匠。但还有一千个题目他只轻轻带过,只指示一个我们喜欢时可去的方向。有时仅点出问题的要害而自足,我们必须把它们挖

---

① **西庇阿** 古罗马统帅,曾任执政官。

② **马凯路斯** 古罗马将领、执政官。亲身前往战场侦察时中伏死亡。

出来,陈列在空旷的地面。比方他这句话,"亚洲的居民服役于一个独夫,由于不能发出'不'这一单音",或许就是给拉博埃西的《自愿的奴役》提供论证和题材的。只要看普鲁塔克怎样从一个人的生平拾取一个微不足道的动作,或一句无关重要的话,这已经是一篇宏文了。真可惜明智的人那么喜欢简练,无疑地这于他们声誉大有裨益,于我们却是损失。普鲁塔克宁可让我们赞美他的判断力,而不是赞赏他的博学。他宁可让我们常常渴念他,而不愿我们对他生厌。他晓得即使美好的东西我们也有觉得太多的时候,而亚力山德力达(Alexandridas)①很正确地责备那个对斯巴达五位监察官②讲演得很好但太长的人说:"哦,生客,你的话很对,只是说的方式方法不对。"身体瘦弱的用填充料使它胀大,内容空虚的用文字来填满它。

与社会接触对于清理我们的判断力有一种奇妙的效果。我们个个都被挤压和堆积在自己里面,目光缩短到和鼻子一样长。有人问苏格拉底哪里人,他并不回答"雅典人",却答道:"世界人。"他,他的想象更丰富、更广阔,包揽着宇宙正如包揽着他本城。他的认识,他的交往,他的挚爱普及全人类,而不像我们只顾到我们的脚底。当严霜冻坏了我们村里的葡萄树,我的牧师坚持这是上帝的愤怒降临于世界的明证,并断定那些蛮子因此渴死。目击我们的内战谁不要大声疾呼我们的国家机器已被推翻,审判的日子已扼住我们的喉咙,殊不知许多更坏的事件曾经出现过,而这大千世界依旧继续歌舞升平呢? 至于我,眼看着他们的放荡和浑浊,不得不惊羡他们那么温柔和松软。对于一个被冰雹打在头上的人,整个半球都仿佛在暴风雨里。而一个萨瓦(Savoie)乡下人说,要是法王那傻瓜晓得怎样管理财产,他就可以变成他的公爵的管家。他的想象力拟想不出任何比他主人更高的大人物。我们大家都不知不觉犯了这个错误,一个影

---

① **亚力山德力达** 普鲁塔克《斯巴达克人之言》(*Dicts des Lacédémoniens*)提及的一个斯巴达克人。

② **五位监察官** 监察院是斯巴达最高权力机构,由人民选举 5 位监察官(Ephores)组成。

响极大、为害极烈的错误。但是谁在自己想象里,像在一幅图画里,显现出我们大自然母亲的庄严景象,从她的面庞看出一个那么普遍和不断的变化,在那里面不仅看见自己,而且看见整个王国仅像极细的笔尖的一划,只有这个人能够依照正确比例估量一切事物。

这大千世界(有人只把它当作枝节中的枝节)就是一面我们应该用来自照的镜子,从那里可以得到对自己的正确认识。总之,我希望它是我们那些学生的课本。那么多性格、宗派、主张、意见、法律和风俗,教我们去对照自己的一切作出正确的估量,并教我们以判断力以认识自己的瑕疵和天生的弱点。这并非轻微的学问。那么多朝代兴替和邦国存亡,教我们休要把自己的兴替存亡看作奇迹。那么多名字,那么多胜利和武功被埋在遗忘之丘下,使我们希望靠俘获十个轻骑兵和一个只有征服者才认识的山寨来留名万世显得可笑。那么多邦国礼仪的辉煌和骄傲,那么多宫廷和爵禄的煊赫的荣华,使我们的目力坚定和强健,可以不眨眼地去凝视自己的显耀。那么多人在我们之前被埋葬,鼓励我们不必害怕去另一个世界找到那么多的同伴,以及其他等等。

毕达哥拉斯说,人生可以和奥林匹克运动会的庞大繁杂的集会相比。有些人在那里献身去夺锦标,别的人在那里做买卖牟利。还有些(而他们并非最坏的)则并没有别的企图,除了旁观和审视每件事物怎样和为什么形成,做别人生命的旁观者,作出评价,并且安排自己的生命。

这些榜样可以适当地说明,那些是人类行为试金石的哲学最有用的理论。我们要教孩子

> 什么可希求,
>
> 金钱有何用;怎样对国家亲友;
>
> 上苍有何厚望,和怎样分配
>
> 我们在这大千世界的地位;
>
> 认识自己,和天生我材的意旨。(佩尔西乌斯)

什么是知识和愚昧,什么才是学习的目的,勇敢、节制和正义是什么,

野心和贪婪、奴役和服从、放荡和自由的差异何在，真实的满足有什么标志，我们应该畏惧死亡、痛苦和羞辱到什么程度：

> 什么艰苦要避免，哪种危难要轻视。（维吉尔）

是什么机件牵动我们和里面这许多动荡的因素？因为，我觉得我们用来浇灌培养孩子的理解力的道理，应该是那些调整他的行为和意识的道理，教他怎样自知和怎样善生和善死。

在自由艺术①(Arts libéraux)中，让我们从那给我们自由的艺术着手吧。任何艺术对我们生命及行为的训迪都有裨益，正如任何事物都多少有所补助一样。但是让我们首先挑选那直接而且专门为这目标服务的吧。

如果我们晓得怎样在大自然所给的限度里节制我们生命的机能，我们就会发觉现在流行的许多上乘的科学于我们竟毫无用处。而就是在那些有用的科学当中，有许多无谓的广博和精深，我们也大可以不必为此追求。而且，依照苏格拉底的教育法，只把我们的课程限于那些亟需的。

> 那么，敢于立行吧！并从此刻起！
> 谁想进德修业，却又徘徊观望，
> 就像村夫要等那断绝道路的小溪
> 枯涸才前进。小溪却荡荡
> 永久不息地流向前方。（贺拉斯）

这实在是大愚不智之举。在未教我们的孩子立身修行之前，先教他们

> 鱼虾的灵活，狮子的豪壮，
> 和那游泳于西海的山羊。（普罗佩提乌斯）

---

① **自由艺术** 亦称"自由七艺"。希腊哲学的教育学把人类知识系统化为三科（辩论术、修辞学、文法）和四术（几何、天文学、音乐、算术）。

以及星辰的知识和第八重天的运行。

> 昴星和金牛，于我何所有！（阿那克里翁）

阿那克西米尼（Anaximènes）写信给毕达哥拉斯说："当死亡和奴役时刻在我眼前，探索星辰的玄机有什么意义呢？"（因为那时候波斯国王正在准备进攻他的国土）。每个人都该这样说："既给野心、贪婪、冒进、迷信所征服，内部又有许多其他同样的生命的敌人，我还要到处梦想世界的运行吗？"

教完孩子那些可以使他明慧的道理之后，他的教师就要为他解释逻辑、物理、几何及修辞学的性质。他的判断力既经培养好，他很快就可以完全驾驭他所学的了。他的功课应该时而用会话时而用书本来进行，有时教师把适合这目标的作家的作品交给他读，有时却给他那经过咀嚼的实质与精华。如果教师本人对书本不够熟悉，不能在书里找出适合他目标的优美启迪，你可以让教师去和一个文人共事，这文人倒可以供给他所需要的一切粮食。谁会怀疑这课程会比迦撒（Théodore Gaza）所订的课程容易和自然呢？在迦撒那里，我们只找到一些不愉快的多刺的教条，一些空洞无物的字眼，简直无法把握住它们，更没有什么足以唤醒我们的悟性的。在这里我们的灵魂却找到那值得咀嚼和寻味的滋养品，它的果实会无比的大，也更容易成熟。

这确是一件大可哀的事，情况竟到了这地步：哲学在我们这世纪，即使是对明慧之士，已经变成了虚名，一件无论在人们意见里或在事实上都毫无价值、亦无用处的东西。我相信原因全在于那些诡辩，堵塞了哲学的通衢。把哲学描画为一件愁眉不展、面容可怕、非儿童所能亲近的东西是极大的错误。谁给它戴上这样苍白可憎的假面具来面对我呢？再没有什么比哲学更活泼、更快乐、更肥壮，而且我几乎要说，更放荡的。它只教我们享乐和宴游。一副忧郁悚栗的面孔便足以证明那里并非哲学之家。文法专家特美提里乌士（Démétrius）碰见一群哲学家坐在德尔斐圣庙里，对他们说："除非我看错了，要不然，看见你们脸色那么宁静愉快，你们一定不是讨论严肃的问题。"其中一个答道:"只有那些寻究'投射'这动词是否有两划,或考究比较形容词'好'和'坏'的出处,以及'善'和'恶'的最高级形容词的人,讨论他们的学问时才会皱眉头。至于哲学的讨论,就只能使参加的人心旷神怡,而不是颦眉蹙额。"

> 在病躯里我们常瞥见
>
> 灵魂的痛楚;她的快乐亦然,
>
> 一切都在面孔上表现。(尤维纳利斯)

由于寄寓着哲学的灵魂是健康的,那么,应该使身体也健康。灵魂应该使自己的宁静和安逸映射出来,依照自己的模型捏造外在的样子,因而赋予一种娴美的骄傲,一种活泼愉快的姿态,一副清爽欣豫的面孔。智慧最明显的标志就是恒定的欢快,它的境况有如月外的景物:永远的宁静。经院逻辑的三段论式使那些献身于它们的人乌烟瘴气,而不是哲学。他们对于哲学只能风闻而已。怎么?哲学自信可以平息灵魂的风涛,教饥饿和发烧欢笑,并非用一些想象的修辞,而是用一些自然可捉摸的理由。它的目标是道德,而道德却并非像学校里所说的,安插在一座巉岩峭削的高不可攀的山顶上。反之,那些曾经接近它的人都以为它是住在一片丰饶绚烂的美丽平原上,从那里它俯瞰脚下一切景物。谁只要认得方向,便可以很惬意地经由一些阴翳、青翠、芬芳的途径,一个像苍穹的斜坡一样平易的斜坡到达。这种道德是最高的、美丽的、可爱的、美妙的以及勇敢的,是苦恼、忧愁、恐怖和拘束的公开死敌,以自然为向导,以运气和逸乐为伙伴。那些和这种道德没有交往的人,于是依照贫弱的想象去虚构那忧郁、易怒、暴烈、恐吓、蹙额的愚蠢形象,把它放在荆棘丛中一块孤石上:一个唬人的鬼影!

我的教师既晓得他的责任是要用对道德的挚爱多于对道德的尊崇来充满学童的心,他就会告诉孩子,诗人们和一般人的见解是一致的,并让他切实了解到,众神们安排到达爱神的香闺之路,比到达智神的卧室之路更为艰辛。而到了他情窦初开时,你试介绍给他一个白拉达曼德

(Bradamant)或一个安琪里克（Angélique）做情人①，一个是天真、活泼、慷慨、雄壮但并不强悍的美，另一个却温柔、娇嫩、矫饰多姿。一个扮作少年，戴着闪光的头盔，另一个却穿女服，戴着珠饰的头巾。如果孩子所选择的与那菲里芝（Phrygie）的女人气牧人②不同，教师便能判断他的爱情是男性的。

他要给学童这教训：道德的崇高和价值就在于实践时容易、快乐和有用，它和困难相距那么远，就是儿童也和成人一样，简单的头脑也和精明的头脑一样可以得到它。获得的方法是自然，而不是勉强。苏格拉底，它第一个宠爱的儿童，故意放弃强求的途径，以便循着那容易而自然的途程达到它那里。道德是人类快乐的乳母。它对我们的快乐加以纠正，使它们变为纯洁和可靠，加以节制，使它们变为活泼和有趣，裁掉那些不愿给我们的快乐，以鼓励我们去追求那些专为我们而设的快乐。而且道德像母亲那样，把天性所需要的一切很丰盛地遗给我们，直到我们满足，如其不是直到我们厌饫（除非我们把那阻止酒客酩酊、馋人腹胀或淫夫发秃的节欲看作一切快乐的仇敌）。如果道德缺乏一般庸俗的命运，它也不致因此受制，或者简直用不着它，而另造一些全属于自己的不再飘摇无定的命运。它晓得怎样变为富强、博学和睡在温馨的床褥上。它爱生命、爱美丽、爱光荣和健康。但道德的特殊职责是要有节制地使用这些幸福，或者懂得无所遗憾地失掉它们。这是一个高贵多于艰苦的职责，没有这职责，生命将成为不自然，成为躁暴和凶残，而这样的生命才真是布满了礁石、荆棘和魔怪。

如果这学童碰巧禀性那么乖异，爱听寓言多于美丽的游记或至理名言，或者听到激起同伴的青春热情的鼓声，却转身去听呼唤他去看卖艺者把戏的声音，或者由于爱好，并不觉得从战场满身硝烟尘土得胜回来，比

---

① **白拉达曼德和安琪里克**　阿里奥斯托戏剧《疯狂的奥兰多》的两位女性人物。
② **女人气牧人**　特洛伊王子帕里斯（Paris）。

从球场或跳舞场带着锦标归来更高兴快乐，①那我找不到别的办法，唯有把他放到某一个城市去当面包匠，管他是否公爵的儿子。遵照柏拉图的教训，安置小孩不要看他父亲的财产，而要看他的心灵能力。

既然哲学教我们怎样生活，既然童年和其他年龄一样有一份儿，为什么不传授给他呢？

> 粘土是易塑的；趁它还润潮，
>
> 让旋转的轮赶快把它捏造。（佩尔西乌斯）

当生命已经过去，人家才教我们怎样生活。一百个学生在未读到亚里士多德《论节欲》一书之前，早已染上了花柳病了。西塞罗说即使他有两个人的寿命，也不会抽时间去研究那些抒情诗人。而我觉得那些饶舌的诡辩家们无用得更可怜。我们的儿童迫不及待得多了，一生只有最初十五六年是受教于教师的，其余就用来做事。让我们把这短促时间用在必需的教育上吧。辩证学那些艰难的精微无补于生命，学它是错误的，让我们摒弃它吧。学习哲学的简单教训，学会选择和论证得恰到好处吧。它们比卜伽丘（Boccace）的故事还易领会。儿童离开保姆之后，学哲学比学写读还容易。哲学对初生婴儿和对老年人一样有它的道理。

我和普鲁塔克意见相同：赞成亚里士多德不浪费他那伟大门人②的光阴，不去玩弄三段论式和几何学原理一类的把戏，而只教他许多关于刚毅、勇敢、豪侠、节制和大无畏的镇定的训言。而且，有了这些武器后，趁他还是童子便遣他带领仅仅三万步兵、四千骑兵和四万三千枚金币去征服全世界。至于其他艺术和科学，他说，亚历山大当然也尊重它们，赞美它们的优越和魔力。可是，无论怎样有兴趣，他总不至于钟爱到要学习它们。

> 老或少，在这上面运用你的心思吧，

---

① 原刊缺本段以下句子，由《蒙田试笔》（华东师范大学出版社 2016 年版）编者根据法文原版补译。

② **伟大门人** 后来成为马其顿国王的亚历山大大帝。

它们支持你的心灵，宽慰白发的暮年。（佩尔西乌斯）

这正是伊壁鸠鲁在写给墨尼色士（Meniceus）的信开头所说的：“别让最年轻者逃避哲学，或最年老者厌倦它。”谁不这样做，就等于说，幸福生活的时期还未到，或者已经过去了。

为了这些原故，我不愿意把儿童像囚徒般关起来。我不愿意把他交给一个脾气忧郁、易怒的教师。我不愿意像别人所做的，勉强他和挑夫一样每天劳苦十四五小时，以摧毁他的心灵。我也不觉得这是善法，如果发觉他生性沉静，过分专注书本，便鼓励这种倾向，这会使他不适于社交的晤谈，分散对于较好事业的注意。我曾经见过多少人给这种对待学问的不审慎的热忱弄得昏庸。卡尔纳亚德（Carnéade）那么迷恋，连梳头和剪指甲的工夫都没有。

我也不愿意他那高贵的风度被别人的野蛮和无礼所沾染。法国的智慧自古便被公认为一种很早就栽植却不能生根的智慧。其实我们还可以看见没有什么像法国小孩那么温雅的，但他们普通都不能副大家对他们的期望。一长大成人之后，你便看不出他们有什么优异了。我听见有些聪明人说，这完全因为他们被送去读书的学校（这在我们国内到处皆是）把他们弄蠢了。

对于我们的儿童，小房间、花园、书桌和床，或独处、或群居、或早或晚，什么时刻对他都应该是一样，什么地方都是他求知的书房，因为那陶铸我们的判断力和德性的哲学，那将作为他的主要功课的哲学，有这样一个长处，那就是到处都有份。有人在筵席上请演说家伊苏格拉底（Isocrateen）阐说他的艺术，他这样回答道：“我所能做的，现在不合时宜。现在合时宜的，我不能做。”大家都觉得他有理由。因为对一群为欢宴而聚会的人滔滔演说或辩论修辞学，未免太不调协了。关于其他学问也可以一样说法。至于哲学，在讨论人及其义务与职责的一部分里，所有圣哲都一致主张它适于交谈，无论宴会、游乐都不应该排斥。而当柏拉图把它请到他的《宴会》（Le Banquet）时，我们看见它带着何等切合时与地的温蔼态度和座众攀谈，虽然所涉及的是那最崇高、最健全的理论。

> 无论贫与富,不可须臾离:
>
> 忽略它,老幼都要把亏吃。(贺拉斯)

　　这样,无疑地,儿童会没有别人那么空闲。可是,正如我们在走廊上散步,虽然多走三倍,也不会像为一定的目标赶路那么累。同样,我们的功课像随意地进行,没有指定的时间和地点,而且掺杂在我们一切行动里,将在不知不觉中进行。连游戏和运动都成为一部分重要功课:赛跑、摔跤、音乐、狩猎、武艺和骑术。我要他的仪表和风度都与灵魂同样受陶铸。我们所训练的,并不仅是灵魂,亦不仅是肉体,而是一个人,二者是分不开的。而且,正如柏拉图所说的:不应该培养一方面而忽略另一方面,而要使二者齐头并进,犹如两匹套在同一根辕木上的马。照此说来,他似乎没有主张把更多的时间、更多的心思用于身体锻炼,他认为既然智力可随着体质的增强而发展,难道反之不一样?

　　……①

原著第一卷第二十六章

初刊湖南人民出版社《蒙田随笔》(一九八四年初版)

---

①　原刊不完整,缺以下约三分之一篇幅。

# 十六、罗曼·罗兰

# 《歌德与贝多芬》
# 序曲

当一个年逾六旬的人在西克洛柏（Cyclope）①的洪炉深处——《创造者贝多芬》(*Beethoven：Les grandes époques créatrices*)②——开始一个需要许多年工作的长途旅行，谨慎要求他不得在路上耽搁。直达目标！

但我从不关心到达。使我发生兴趣的是路……只要它是在我所选择的方向里。我丝毫也不忙。身体孱弱，而且，自幼便刻刻有被截断之虞，我时常在活着仿佛我可以活到一百岁——或明天便死去：这于我毫无差异。问题只在于全神贯注于你所从事的工作。

在我的《贝多芬》的路上，我碰到不少使我停留的人物，他们有许多话对我说，而我随时都准备去倾听他们：我生来就是活人和死者的心腹朋友。——这里就是两个曾经把他们的生存线和贝多芬的生存线混在一起的人。一个是贝婷娜，疯狂而又明慧，梦似的度过一生，但她那梦游者的眼睛曾经在梦的深渊看见了许多当代那些最清醒的人也认不出的天才：贝多芬，赫尔德林（Friederich Hölderlin，1770—1843）③，并且预告了大革命。——另一个便是我毕生的大师和伴侣：歌德。从三十岁以后，我在一定的时期便咨询他那无数的著作，像以往那些在日落，当思想敛翼的时

---

① **西克洛柏** 为雷神制造雷斧的巨匠们。——译者原注
② **《创造者贝多芬》** 罗曼·罗兰系列著作，原书名《贝多芬：伟大的创作时期》。
③ **荷尔德林** 德国大诗人。——译者原注

辰——(浮士德在书房的阴影里静默而且梦想着)——叩问他们那古旧的圣经一样。没有一次,我从我的探访回来,口里只得到一些枯燥的答案,或者手臂上载满了许多无生命的原理,抽象的、先天的观念;没有一次不是给一道活生生的经验的洪流,一道从深处溅射出来的泉水恢复我的青春的。即使在天才的队伍里,那些和地灵①有着恒久的密契的也并不多呀!歌德和贝多芬便是这些"母亲们"②的心腹中的两个。但其中一个——那聋子——倾听着却看不见那从深渊里发出的呼声。另一个什么都看见,却不能什么都听见。贝婷娜呢,跟在他们后面,陶醉于爱和她自己的梦里,也不看见也不听见,却用她那发烧的手指在夜里摸索着。

对于我的《贝多芬》的读者们,我奉献这段我在贝多芬内在的海里的奥德赛旅行的插曲,愿他们和我一起停留,像在阿尔辛拿乌士国一样!

在这旋风似的时代,我欢喜从容自在地呼吸着,而且,在新城(Villeneuve)③的山谷里,两手交叉在脑后躺着,在这新春的日子,在樱花下,去从那无底的长空凝望着世纪的永久的圈……于是波希米亚(Bohème)林中的会晤回来了,在特普列兹,这两个双生子:歌德和贝多芬,和贝婷娜的缱绻的挽歌——"宁娜,那为爱而发狂的少女……!"

这部书包含四篇文章。第一篇也就是最长的曾在《欧洲》(Europe)杂志上发表。我已把它增改过。其余三篇也是属于同一的题材,不过从另外几个观点研究。歌德的问题是那么浩大,而且,在他死后百年,依旧那么动荡(因为这个人的"生命箭"的特征是,一经射出之后,它永不停止,永远追逐着那逃避它的目标)——我觉得对于这几篇独立的研究保持它们那活动的弹性比较符合真理,这是我唯一可以把它们接近那伟大模型的不可企及的可塑性的希望。

---

① **地灵** 显现给浮士德的神灵。——译者原注
② **"母亲们"** 在第二部《浮士德》里,这些"母亲们"住在无空间、无时间的深渊,"形成、改作,便是她们永久思想的永久谈资"。——译者原注
③ **新城** 罗曼·罗兰在瑞士居住的地方。

音乐又一度是我的女主角。在这里,她不独是贝多芬的狄安尼索士(Dionysus)的伴侣,她也是魏玛(Weimer)的阿波罗的女神,并且不是最生疏的一个。大家都不大知道。这部书的主要目的便是要提醒法国的读者,告诉他们近代欧洲最大的诗人也属于我们的音乐同业会。他是这两条双生的小河汇合的大河流——像地球上所有的河流一样。

一九三〇,四,十五,罗曼·罗兰。

# 十七、梁宗岱创作诗英译

# 1  Eventide（暮）

Like an old nun,

The dusk, pale and slow,

Draws near from her ancient convent...

初刊一九二九年二月法国《鼓》(*Tambour*)一期

# 2 Souvenir（回忆）

The setting sun is still on the mountain,
The light breeze of May blows mildly,
The darkening bamboos waver in the twilight,
And the fragrance of the yellow cicada-flowers
Pervades the silence of a dream-like evening.

I pace alone along the hedged lane.

Bowing her head, with hesitating steps,
She passes smiling, with a blush,
While I, blushing and bowing my head,
Pass smiling with hesitating steps

Slowly and gracefully
She comes from the other end of the alley.
Amidst the dark, scattered shade of the wavering bamboos,
We recognize each other.

Only this:—
One moment of the summer evening,

The chord of the heart,

As if in a dream,

Vibrates with blushes and smiles and silence.

初刊一九三六年一月《天下月刊》(*Tien Hsia Monthly*)二卷一期

# 3   Vespers（晚祷）

—To Tsong Ming-Wei.

I stand alone by the hedge.

In this dimness of the twilight, Lord, soft shadows silently come and go, while the shepherd begins his dream of the wild rose.

Standing alone here, I regret and ponder my passionate past, when I madly plucked the flowers of the world.

In tears, I am only waiting for a delicate petal, carelessly blown by the languid wind of the late spring：

With it, solemly, devotedly, in the warm penitent light of the evening star, I shall complete my evening prayer.

初刊一九二九年二月法国《鼓》(Tambour)一期

# 梁宗岱译事年表

**1924 年　21 岁**

创作诗歌《晚祷》(二),后自译成法文、英文,在法国发表。

**1926 年　23 岁**

是年春天,经巴黎大学一名美国同学引荐,梁宗岱有幸结识了法国后期象征派诗歌大师保尔·瓦雷里(梁译梵乐希)。他们初次会面,彼此均被对方的风度和学识所征服。他们从诗歌、音乐、绘画这些艺术话题入手,长时间、深入地交换了意见。

**1927 年　24 岁**

是年秋,梁宗岱与瓦雷里在绿林苑散步,聆听瓦雷里讲解自己的《水仙辞》的意境。1928 年,梁宗岱将这首长诗及另一首《水仙辞》译成中文,寄回国内刊在《小说月报》上,使法国大诗人的精品首次与中国读者见面。

留法期间,他将 1923 年发表在《小说月报》上的《途遇》一诗译写成法文,于 1927 年 12 月刊登在《欧罗巴》杂志上。

**1928 年　25 岁**

他法译王维的《酬张少府》一诗,于 3 月在《欧罗巴》杂志刊出,获得好评。

**1929 年　26 岁**

是年冬天,梁宗岱利用寒假空闲时间,将晋代陶渊明的代表作,散文三篇——《归去来兮辞》《桃花源记》《五柳先生传》,以及《归田园居》《饮酒》《咏贫士》《和郭主簿》等 10 余首诗译成法文,深得罗曼·罗兰和保尔·瓦雷里的赞赏。

**1930 年　27 岁**

梁宗岱的法译《陶潜诗选》在巴黎由勒玛日出版社(Editions Lemarget)出版,书前附有瓦雷里撰写的盛赞译者的序言。

**1936 年　33 岁**

《蒙田试笔》(译文)在郑振铎主编的《世界文库》刊载。

**1937 年　34 岁**

译诗集《一切的峰顶》由商务印书馆出版。

**1941 年　38 岁**

《罗丹论》(译著)由正中书局出版。

**1943 年　40 岁**

《交错集》(小说与短剧译集)由桂林华胥社出版。

**1970 年　67 岁**

教研工作之余,翻译莎士比亚十四行诗和《浮士德》。

**1978 年　75 岁**

梁译《莎士比亚十四行诗》问世,收入人民文学出版社出版的《莎士比亚全集》第 11 卷中。

**1980 年　77 岁**

　　重译《浮士德》时,中途发病,赶着把上卷译完,还想完成下卷,但已力不从心,开始瘫痪。80 岁那年辞世。

**图书在版编目(CIP)数据**

中华翻译家代表性译文库. 梁宗岱卷 / 黄建华编.
—杭州：浙江大学出版社,2020.12
ISBN 978-7-308-20772-0

Ⅰ.①中… Ⅱ.①黄… Ⅲ.①梁宗岱(1903—1983)
—译文—文集 Ⅳ.①I11

中国版本图书馆 CIP 数据核字(2020)第 220688 号

中华翻译家代表性译文库·梁宗岱卷
黄建华 编

| | |
|---|---|
| 出 品 人 | 褚超孚 |
| 总 编 辑 | 袁亚春 |
| 丛书策划 | 张 琛 包灵灵 |
| 责任编辑 | 包灵灵 |
| 文字编辑 | 徐 旸 |
| 责任校对 | 黄静芬 |
| 封面设计 | 闰江文化 |
| 出版发行 | 浙江大学出版社 |
| | (杭州市天目山路 148 号 邮政编码 310007) |
| | (网址:http://www.zjupress.com) |
| 排 版 | 浙江时代出版服务有限公司 |
| 印 刷 | 浙江海虹彩色印务有限公司 |
| 开 本 | 710mm×1000mm 1/16 |
| 印 张 | 27.25 |
| 字 数 | 375 千 |
| 版 印 次 | 2020 年 12 月第 1 版 2020 年 12 月第 1 次印刷 |
| 书 号 | ISBN 978-7-308-20772-0 |
| 定 价 | 88.00 元 |

浙江大学出版社市场运营中心联系方式 (0571)88925591;http://zjdxcbs.tmall.com

# 中华译学馆 ·中华翻译家代表性译文库

许 钧 郭国良 总主编

## 第一辑